MARK BRAVERMAN

DIE MAUER ÜBERWINDEN

Eine Vision für Israelis und Palästinenser

Aus dem Englischen
von Christian Kercher

WDL-VERLAG

Bibliografische Information Der Deutschen Bibliothek:
Die Deutsche Bibliothek verzeichnet diese Publikation in der Deutschen Nationalbibliografie; detaillierte bibliografische Daten sind im Internet über <http://dnb.ddb.de> abrufbar.

Bibelzitate: Die Bibel wird, sofern nicht anders angegeben, in der Übersetzung von Martin Luther zitiert, in der revidierten Fassung von 2017 (Lutherbibel, revidiert 2017, © 2016 Deutsche Bibelgesellschaft, Stuttgart Deutsche Bibelgesellschaft).

Soziolinguistischer Hinweis: Um der Lesbarkeit willen gebrauchen wir die jeweilige nominative Grundform geschlechterübergreifend. Beispielsweise umfasst der Begriff „Südafrikaner" sowohl Frauen als auch Männer.

Umschlagsfoto: Ursula Mindermann fotografierte 2016 von Abu Dis aus die von Israel erbaute Mauer durch palästinensische Viertel Ostjerusalems, den Blick auf die Rückseite des Ölbergs freigebend, über dem die Kuppel des Felsendoms in der Altstadt hervorragt.

Original-Ausgabe: Mark Braverman, *A Wall in Jerusalem. Hope, Healing and the Struggle for Justice in Israel and Palestine*, New York, Jericho Books, 2013

© WDL-Verlag Dr. Dietmar Lütz
1. Aufl., Hamburg 2017
vollständig überarbeitet und aktualisiert
Übersetzung aus dem Englischen: Christian Kercher
Umschlag-Grafik: WDL-Verlag
Foto auf der Vorderseite: Ursula Mindermann
Foto auf der Rückseite: MVP Pictureworks Inc.
Gesamtherstellung: SDL, Berlin
ISBN 978-3-86682-162-0
www.wdl-verlag.de

INHALTSVERZEICHNIS

ZUM GELEIT
Geleitwort von Manfred Kock, Präses und EKD-Ratsvorsitzender (em.) . 15
Geleitwort von Michel Sabbah, Patriarch von Jerusalem (em.)......... 17
Statt eines Vorwortes: Fragen an den Autor...................... 21

DIE MAUER ÜBERWINDEN
1. Kapitel: Die Mauer in meinem Herzen....................... 29
2. Kapitel: Die Mauer fällt................................. 41
3. Kapitel: Willkommen in unserer Synagoge 57
4. Kapitel: Die Herausforderung für die Kirche 67
5. Kapitel: Jesus und das Imperium.......................... 88
6. Kapitel: Bis an die Enden der Erde - Die Bedeutung des Landes .. 105
7. Kapitel: Meine Beine beteten - Die Kirche der Schwarzen und die Bürgerrechtsbewegung in den USA............ 121
8. Kapitel: Wie die Kirche Südafrika gerettet hat................ 140
9. Kapitel: Stimmen aus Palästina 163
10. Kapitel: Heilung und Hoffnung - Stimmen aus der jüdischen Welt . . 194
11. Kapitel: Zeit für Kairos - Ein Weckruf 225

Nachwort zur deutschen Ausgabe........................... 257
Danksagung 267
Über den Autor und den Übersetzer 270

ANHANG
Weitere Informationen (Organisationen, Initiativen, Internet)........ 275
Bibliografie 280
Landkarten 285
Wittenberger Erklärung 2017: „Die Reformation radikalisieren" 289

Für Susie

„Und als er aus dem Tempel ging, sprach zu ihm einer seiner Jünger: Meister, siehe, was für Steine und was für Bauten!

Und Jesus sprach zu ihm: Siehst du diese großen Bauten? Hier wird nicht ein Stein auf dem andern bleiben, der nicht zerbrochen werde."

Markus 13,1-2

Vox victimarum vox Dei: Der Schrei der Opfer ist die Stimme Gottes.

Johannes Calvin

Stimmen zum Buch

„Ein notwendiges Buch, das gerade uns Deutschen in Bezug auf Israel und Palästina Orientierung stiftet und uns zum Engagement ermutigt."
Pfr. Manfred Kock, ehem. Ratsvorsitzender der Ev. Kirche in Deutschland

„Klug und voller Empathie für beide, Juden und Palästinenser. Schafft die Grundlage sowohl für Mut als auch für Heilung."
P. Richard Rohr OFM, Amerikanischer Franziskanerpater und Autor

„Selten gelingt es einem jüdischen Autor so unbefangen und unparteiisch, aus Liebe zu beiden Völkern, eine der tragischsten Begebenheiten unserer Zeit mit Hoffnung zu füllen. Was aussichtslos erscheint, ist für Mark Braverman die Herausforderung, Lösungen zu finden, die im Bereich des Möglichen sind. Eine bittere Feindschaft könnte - und müsste - auf diesem Wege entfeindet werden."

„Wer den Mut hat, über Israel und Palästina von Neuem nachzudenken, kann nichts Besseres tun als mit Mark Braverman anzufangen."
Rev. Dr. Paul Oestreicher, Brighton, ehem. Vorsitzender von Amnesty International Großbritannien

„Als ich ihm in Stuttgart 2015 begegnete, da war mir, als schaute ich in den Spiegel: ein jüdischer großer Bruder im Geiste. Die Wand, durch die so viele von uns mit dem Kopf voran gehen wollen, die möchte Mark Braverman weglächeln. Dem möge Segen beschieden sein - Soll sejn mit Bru'che."
Prof. Dr. Rolf Verleger, Psychologe und Autor, ehem. Mitglied im Zentralrat der Juden

„Obwohl oder vielleicht gerade weil Mark Braverman kein Theologe ist, lebt er die biblische Botschaft der Propheten. Uns Deutschen hat er zu sagen, dass wir als Europäer unseren Antisemitismus nicht dadurch wieder gut machen können, dass wir die Palästinenser dafür zahlen lassen. Diese betonierte Meinung hilft er, in unseren Hirnen zu überwinden.

Nun sind wir dran, unsere Politik zu ändern und einem Frieden in Gerechtigkeit dienen zu lassen."
Dr. Ulrich Duchrow, Professor der Theologie, Heidelberg

❧

„Ein starkes prophetisches Zeugnis eines leidenschaftlich engagierten jüdischen Amerikaners."
Pfr. Dr. Mitri Raheb, Palästinensischer Befreiungstheologe

❧

„Ein jüdischer Tabubrecher, dem man zuhören sollte."
Ruth Fruchtman, Autorin, Mitbegründerin der „Jüdischen Stimme für gerechten Frieden in Nahost", Berlin

❧

„Das Verständnis des Nahostkonfliktes ist heute durch Voreingenommenheiten, Ideologien und alte Feindschaften verstellt. Es gleicht einer geistigen Revolution, dass nun aus der Mitte des Judentums Stimmen laut werden, die diese alten Überzeugungen selbstkritisch auf ihren Wahrheitsgehalt befragen. Mark Braverman räumt auf mit den Vorurteilen, die jeden Friedensprozess zwischen Israel und Palästina im Keim ersticken. Er braucht mutige Leser, die bereit sind, Neues zu denken."
Bischof Dr. Hans-Jürgen Abromeit, Greifswald

❧

„Braverman versammelt starke, leidenschaftliche und mutige Stimmen über nationale, ethnische und religiöse Grenzen hinweg in ein Netzwerk der Hoffnung und Heilung für Palästinenser und Israelis."
Rev. Dr. Naim Ateek, Mitgründer des palästinensischen Befreiungstheologischen Zentrums Sabeel in Jerusalem

❧

„Mark Braverman steht in der Tradition der jüdischen Propheten. Er erforscht den Glauben, ruft nach Gerechtigkeit, überschreitet Grenzen und sucht mitfühlend nach einer Lösung für die Krise in Israel und Palästina."
Marc H. Ellis, Professor für Judaistik, jüdischer Befreiungstheologe, USA

ZUM GELEIT

GELEITWORT

MANFRED KOCK

Mark Braverman hatte mich mit seinem 2011 erschienenen Buch „Verhängnisvolle Scham. Israels Politik und das Schweigen der Christen" beschämt.

Beschämt, weil ich einer Kirche angehöre, die sich als neuer Bund Gottes verstand, der den alten Bund mit Israel überflüssig sein ließ. Das ist eine der Wurzeln des Antisemitismus und rechtfertigte in der Nazizeit diejenigen, die die Vernichtung der Juden organisierten, während die Kirchen bis auf wenige Einzelne dazu schwiegen. Die danach notwendige theologische Neubesinnung hat auch zur Solidarität mit dem Staat Israel geführt. Doch leider auch zu weitgehendem Schweigen über die Leiden der Palästinenser, die 1948 vertrieben und seit dem Krieg 1967 nun schon unter fünfzig Jahre dauernder Besatzung leiden.

Erfreut bin ich, wie Braverman jetzt in seinem zweiten Buch die Lage der Menschen in Israel und Palästina darstellt. Er schreibt als Jude, der seiner Tradition und seinem Volk eng verbunden ist. Dabei stellt er in eindrücklicher Weise dar, was im eingemauerten Westjordanland durch die Besatzungsmacht mit der palästinensischen Bevölkerung geschieht. Geschichte und gegenwärtige Politik provozieren nicht nur die eingemauerte Bevölkerung. Sie führen auch zur Verrohung der Besatzer und schaden der friedlichen demokratischen Entwicklung Israels.

Braverman vergleicht diese Lage mit der Geschichte zur Zeit Jesu unter der römischen Besatzung. In diesem Zusammenhang erweist sich der Autor als ein Kenner des Neuen Testamentes und vermittelt die Botschaft des Juden Jesus als einen Friedens- und Widerstandsruf auch in der Gegenwart. Er sieht Parallelen zwischen dem Unrecht der

Apartheid in Südafrika und erwartet von den Kirchen heute ähnliche Solidarität wie zu Zeiten von Nelson Mandela und Desmond Tutu.

So wirkt Braverman wie ein Prophet für den Staat Israel, damit sich der aus der Unterdrückerrolle befreit. Glaube und Religion dürfen weder missbraucht werden als Rechtfertigung für Krieg und Gewalt noch zur Legitimierung von Landraub. Ich bin beeindruckt, wie deutlich Braverman die religiösen Nationalisten in Israel für den Missbrauch biblischer Landverheißungen für heutige Annexionen kritisiert. Und dabei nicht zionistische Christengruppen ausspart, die diese Theologie unterstützen.

Dem Buch wünsche ich viele Leser und Leserinnen, die diese jüdische Stimme als eine prophetische wahrnehmen. Sie brauchen sich nicht zu rechtfertigen, wenn ihnen vorgehalten wird, Kritik an der Politik Netanjahus sei antisemitisch.

Köln, im August 2017

Manfred Kock, ehemaliger Präses der evangelischen Kirche im Rheinland und Ratsvorsitzender der EKD

GELEITWORT AUS JERUSALEM

MICHEL SABBAH

Dieses Buch ist ein Zeugnis von Mark Braverman für die Wahrheit und gleichzeitig ein Akt der Solidarität mit allen, Palästinensern und Israelis, die seit über einem Jahrhundert in einen Konflikt verwickelt sind. Das gibt er gleich zu Beginn des ersten Kapitels deutlich zu verstehen: Wir unterstützen das Existenzrecht Israels und sein Sicherheitsbedürfnis, aber nicht auf Kosten eines anderen Volkes.

Die Wahrheit bleibt eine schwierige Aufgabe, wenn man solidarisch mit beiden Kontrahenten ist. Mark Braverman, selbst Jude, will der Verbreitung der Wahrheit über das palästinensische Volk dienen. Zu seinen verschiedenen Anstrengungen, dies zu tun, gehört sein Eintreten für das „Wort der Wahrheit" oder „Kairos", das palästinensische Christen 2009 veröffentlicht haben. Der Staat Israel beurteilte dieses nur wenige Seiten umfassende Dokument als antiisraelisch und antisemitisch und als solches wurde es von Freunden Israels, Christen wie Juden, harsch kritisiert. Aber es gab auch moderatere Stimmen, die versuchten, es objektiv zu analysieren. Andere erkannten darin einen großen Wert, ein Zeichen des Glaubens, der Hoffnung und der Barmherzigkeit und machten es sich zu eigen. Sie sehen in dieser Gruppe von Christen aufrichtige Gläubige, die ihre Freiheit einfordern, das Ende der schon viel zu lange dauernden militärischen Besetzung ihres Landes. Und die handeln wollen nach einer Logik von gegenseitigem Verständnis und Respekt, basierend auf dem Gesetz der christlichen Liebe, dem aktuellen Zustand von Zwang und Gewalt zum Trotz.

Mark Braverman hat den positiven Geist des christlichen Wortes von Kairos-Palästina gespürt und in diesem Sinne hat er sich in den Dienst des Friedens gestellt, der Gerechtigkeit und der Versöhnung. Diese ist nicht unmöglich. Vorausgesetzt, beiden Seiten gelingt es, zu verstehen, dass militärische Stärke alleine nie Sicherheit oder Gerechtigkeit und Frieden garantieren wird.

Im zweiten Kapitel stellt Mark Braveman eine Frage, die es immer zu stellen gilt, solange dieser Konflikt dauert: „Wie kommt es, dass Jerusalem, das Symbol von Heiligkeit und Hoffnung, jetzt zu etwas geworden ist, dass man mit militärischer Gewalt ‚einnimmt'? ... Was ist passiert, dass sich diese Vision von umfassender Harmonie verwandelt hat in eine Vision von Eroberung und weltlicher Herrschaft?"

Auf den letzten Seiten stellt er Fragen, die alle Gläubigen ebenso herausfordern: „Kann Religion wirklich den eisernen Käfig der Geschichte öffnen? Kann Religion eine qualitativ andere Form von Gesellschaft schaffen? Ist das Reich Gottes eine reale Möglichkeit?" Er fügt hinzu: „Es gab ja bereits solche Aufbrüche. Und sie können wieder geschehen. Es ist die Aufgabe der weltweiten Kairos-Bewegung, die Kirche und alle anderen Hoffnungsträger, die für die Zeichen der Zeit Zeugnis ablegen, an ihre historische und heilige Berufung zu erinnern."

Ich hoffe, dass das aufrichtige Wort von Mark Braveman viele Menschen erreichen kann und eine Veränderung bewirkt in der stagnierenden Situation, unter der viele seit langen Jahren leiden, Palästinenser und Israelis. Ich hoffe, dass die Botschaft von Kairos, die er weiter trägt, zu einer Botschaft der Freundschaft und Hoffnung für all jene werden kann, die weiterhin im Heiligen Land leben und leiden, in diesem Land der Heiligkeit und der menschlichen Konflikte.

Jerusalem im März 2017

Michel Sabbah, Lateinischer Patriarch emeritus
(römisch-katholischer Bischof)

STATT EINES VORWORTS

STATT EINES VORWORTES: FRAGEN AN DEN AUTOR

Für die deutsche Ausgabe dieses Buches hat Mark Braverman ein ausführliches Nachwort geschrieben. An dieser Stelle haben wir uns anstatt eines Vorwortes für ein Interview entschieden, das der Übersetzer Christian Kercher mit dem Verfasser geführt hat.

Herr Braverman, was bedeutet es Ihnen, dass Ihr Buch jetzt auf Deutsch erscheint?

Ich freue mich sehr darüber. Wir beide haben ja intensiv an der Aktualisierung und dem Bezug auf die deutschsprachigen Leser gearbeitet. Ich fühle mich meiner jüdischen Herkunft sehr verbunden, aber es gibt da eine dunkle Seite, die ich ablehne. Ich bekam beigebracht, dass wir in einer feindlichen Welt leben, vor der wir uns schützen müssen: „wir gegen sie". Es war eine Art Festungsmentalität. Unsere Hauptfeinde waren die Deutschen und die Araber. Die Deutschen wegen dem, was sie uns angetan haben. Wir wären nie einen Volkswagen gefahren oder hätten deutsches Bier getrunken. Und die Araber, wegen dem, was sie uns antun würden, wäre da nicht der Staat Israel, um uns zu beschützen.

Haben Sie die alten Vorbehalte noch?

Nein, ich bin glücklich, dass ich mich von der Angst und dem Hass befreit habe. Ich komme gerne her, nicht nur wegen des Biers und der Bahn. 2017 war ich zweimal in Deutschland. Im Januar hat mich mein Freund Ulrich Duchrow nach Wittenberg eingeladen, um an der

Konferenz „Die Reformation radikalisieren" teilzunehmen. Martin Luther und heutige Krisen! Ich habe viele der Theologen aus aller Welt kennengelernt, die für dieses Forschungsprojekt „94 neue Thesen zum Kapitalismus und zur Gewaltfreiheit" aufgestellt haben. Zum Abschluss haben wir die Wittenberger Erklärung 2017 *Gerechtigkeit allein!* formuliert. Besonders relevant ist für mich der Abschnitt zur interreligiösen Solidarität für Gerechtigkeit in Palästina/Israel.[1] Und im Juli bin ich nach Leipzig gereist. Zum Treffen des Reformierten Weltbundes, wo ich Berater zum Thema Israel/Palästina war.

Sie sprechen von Mauern, die Sie überwinden.

Ja, in Deutschland habe ich eine psychologische Mauer in mir überwunden, so wie ich die Mauer aus Beton zu den Palästinensern durchbrochen habe, indem ich 2006 zum ersten Mal in das Westjordanland gefahren bin, um ihnen zu begegnen. Ich sehe in den Deutschen mein Spiegelbild. Ich habe bei ihnen das Bedürfnis gespürt, von ihren Mauern befreit zu werden.

Wie war das auf der anderen Seite der israelischen Mauer?

Ich überwand die Mauer, die mein Volk gebaut hat, um sich vor dem angeblichen Feind zu schützen. Den traf ich und siehe da: die Palästinenser hatten keine Angst vor mir. Ich hörte ihr Narrativ von 1948, das von ihrer ethnischen Säuberung und Enteignung. Aber noch wichtiger war, die Menschen selbst kennenzulernen und in ihnen meinen Bruder, meine Schwester zu sehen. Sie umarmten mich. Sie waren dankbar für mein Kommen. Das war ein starkes Bekehrungserlebnis.

Wie können denn die Israelis ihre Mauer überwinden?

Man kann sich nicht als Opfer oder als Täter definieren. Man bleibt immer in Bezug auf den anderen stecken. Beides ist zerstörerisch für die

---

[1] siehe Anhang; www.radicalizing-reformation.com/index.php/de/3-internationale-abschlusskonferenz/166-erklaerung.html, Zugriff 31. Oktober 2017

Statt eines Vorwortes: Fragen an den Autor

Seele. Was ich von der Westbank-Seite der Mauer aus entdeckt habe, ist, dass es die Israelis sind, die sich selbst gefangen genommen haben. Die Palästinenser wissen, wer sie sind. Sie werden unterdrückt, aber sie haben keine Angst. Sie sind wütend, aber sie hassen Israel nicht. Doch die israelische Gesellschaft basiert größtenteils auf Angst und Rassismus. Wie sie über die Palästinenser reden, ist die Projektion ihrer Angst. So haben die jüdischen Bürger Israels keine Zukunft. Sie werden erst ein nachhaltiges Projekt haben, wenn sie bereit sind, die Mauer abzureißen, die Palästinenser zu integrieren und das Land zu teilen.

Warum funktioniert der Friedensprozess nicht?

Erstens weil die israelischen Regierungen das ganze Land haben und keinen souveränen Staat Palästina zulassen wollen. Aber weil Israel die Palästinenser nicht loswerden kann, so setzt es ein Maximum an Kontrolle und Beschränkung durch. Zweitens sind die USA kein ehrlicher Makler, sondern meine Regierung ist Israels Bankier und Rechtsanwalt. Das Wort ‚Nahostkonflikt' gaukelt vor, dass es sich um zwei gleichrangige Konfliktpartner handelt. Aber des Übels Wurzel ist die fortgesetzte Enteignung von Palästinensern. Wir haben das in Südafrika nicht akzeptiert und wir können das hier auch nicht akzeptieren. Deswegen kommt es darauf an, dass eine globale Bewegung von unten wächst, die das israelische Regime delegitimiert und die Unterstützung unserer Regierungen für Israel nicht länger toleriert.

Und da sollen ausgerechnet die Deutschen mit ihrer Vergangenheit mitmachen?

Ja, Deutschland ist wichtig für diese Protestbewegung, aber auch anders herum: Sie ist die Gelegenheit für die Deutschen, ihr Trauma des Dritten Reiches zu überwinden, ihre innere Mauer. Solange sie es für unmöglich halten, die Palästinenser zu unterstützen und damit den Israelis und Juden bei der Befreiung von ihrer Angst zu helfen, solange bleiben Sie in den 1930er und 1940er Jahren des 20. Jahrhunderts stecken. Jetzt ist die Gelegenheit, sich zu emanzipieren.

Warum appellieren Sie besonders an die Kirchen?

Die Kirchen sind eine gesellschaftliche Kraft. Sie haben ein enormes Potential. Ich war jung in der Zeit der Bürgerrechtsbewegung in den USA und begeistert von Martin Luther King. Desmond Tutu und seine Mitstreiter inspirieren mich wegen ihres Kampfes gegen die Apartheid in Südafrika. Und in Ostdeutschland haben die Kirchengemeinden beim Engagement für Frieden und Gewaltlosigkeit, für Demokratie und Bürgerrechte eine wichtige Rolle gespielt.

Was sagen Sie den Bischöfen mit ihrer offiziellen Haltung der besonderen deutschen Verantwortung gegenüber Israel, wegen der man etwa den Boykott nicht unterstützen könne, sondern immer im Dialog mit dem jüdischen Volk bleiben müsse?

Zum einen setzen sie damit die Juden mit dem Staat Israel gleich. Das ist falsch. Zum anderen halten sie beide, Deutsche und Juden, in ihrem Trauma gefangen, wenn die Bischöfe so selbstbezogen in ihrer Rolle als Täter bleiben, die sühnen müssen. Ich akzeptiere diese Idee der deutschen Besonderheit nicht. Aber selbst wenn ich sie gelten ließe und die Deutschen den Juden besonders hilfreich und liebevoll gegenüber sein wollen, dann sollen sie die palästinensische Sache zu der ihren machen, den Staat Israel mit seinen Menschenrechtsvergehen konfrontieren und ihn von seiner Rolle als Unterdrücker befreien. Leider geht es aber den Amtsträgern in der Kirche meistens darum, die Beziehung zu den jüdischen Gemeinden und zu ihren Kollegen im christlich-jüdischen Dialog nicht zu stören. Und sie fürchten sich davor, heftig kritisiert zu werden.

Ist nicht das Ausmerzen der Judenfeindlichkeit im christlichen Glauben eine gute Sache?

Zweifellos. Aber da fehlt der Jesus der Evangelien, der vor dem Tempel stand und sagte, der wird zerstört werden und durch meinen Leib ersetzt werden. Jesus war der beste Jude, sage ich immer. Er hat die Mächtigen herausgefordert und ist für die Armen und Unterdrückten aufgestanden. Matthäus Kapitel 25! Ich bete für den Tag, an dem die Christen nicht die Erlaubnis eines Juden brauchen, um Jesus wirklich nachzufolgen, aber für den Moment sehe ich das als meine Aufgabe.

Was gibt Ihnen Kraft?

Wie gehe ich mit den Anflügen von Verzweiflung um? [lacht] Damit, dass ich in Synagogen nicht sprechen darf und Verräter genannt werde? Es ist die Gemeinschaft der Engagierten. So stark fühlte ich mich noch nie zugehörig. Ich fühle mich auch in den Kirchen zu Hause. Nicht dass ich konvertiert bin, aber es ist, als hätte ich den größten Reformer des Judentums, Jesus, umarmt. Mich für die Rechte der Palästinenser einzusetzen fühlt sich jüdischer an als alles andere in meinem Leben.

DIE MAUER ÜBERWINDEN

I. KAPITEL

DIE MAUER IN MEINEM HERZEN

Es funktionierte nicht. Den Leuten, die in das Gebäude hineingingen und herauskamen, missfiel unsere Anwesenheit auf der Straße vor dem nationalen Konferenzzentrum in Washington, D.C. Keiner nahm die Flugblätter, die wir anboten und alle Bemühungen um ein Gespräch oder wenigstens um einen kurzen Wortwechsel scheiterten, abgesehen von der gelegentlichen Beleidigung: „Schande über Sie!"

Wir standen vor den Türen der Jahreskonferenz des American Public Affairs Committee, besser bekannt als AIPAC oder die „Israel-Lobby". Wir protestierten gegen die massive, bedingungslose Militärhilfe unserer Regierung für Israel und ihren diplomatischen Blankoscheck für den jüdischen Staat auf der internationalen Bühne.

Meine Mitstreiter und ich befürworteten das Recht Israels, in Frieden und Sicherheit zu leben. Aber wir forderten, dass die USA Israel für seine Missachtung des Völkerrechts beim Umgang mit den Palästinensern zur Verantwortung ziehen sollten. In unserem Flugblatt erklärten wir, dass eine Änderung der US-amerikanischen Politik der bedingungslosen Unterstützung Israels nicht nur geboten sei, sondern auch in unserem eigenen Interesse liege: die Unterstützung von Israels Unterdrückung der Palästinenser isoliere die USA weltweit, weil die Wahrnehmung und die Sympathie für die palästinensische Sache zunehme und das Wissen um Israels Menschenrechtsverletzungen wachsende Aufmerksamkeit nicht nur in der arabischen Welt auf sich ziehe, sondern auch in Europa, Asien, Afrika und Lateinamerika. Seit 1974 hat Israel jedes Jahr drei Milliarden Dollar als Direkthilfe von den Vereinigten Staaten erhalten, zusätzlich zur Unterstützung für besondere Rüstungsprojekte. Israel ist seit 1974 der größte Empfänger von amerikanischer Auslandshilfe, ungeachtet der Tatsache, dass die USA oftmals offiziell Einspruch gegen die israelische Politik in den seit 1967 besetzten Gebieten erhoben haben. Seit 1972 haben die USA bei 29 Resolutionen der Vereinten Nationen (UN) und bei 14 Resolutionen des UN-Sicherheitsrates von ihrem Vetorecht Gebrauch gemacht, weil sie Israel zurechtwiesen.

Ich habe mich an jenem Tag im Jahr 2008 vor dem Konferenzgebäude dazu bekannt, als ein Jude untröstlich und, offen gesagt, entsetzt über die Politik Israels zu sein, über das Vorgehen eines Staates, der angeblich existiert, um mich in einer Welt zu beschützen, die mein Volk seit Jahrtausenden verfolgt hat. Aber ich habe da auch als Amerikaner gestanden, der Einspruch gegen die verfehlte Politik meines Landes im Nahen Osten erhob. Sie ist verfehlt, weil die Vereinigten Staaten die eigentliche Ursache des israelisch-palästinensischen Konfliktes nicht ansprechen, nämlich die Enteignung der einheimischen arabischen Bevölkerung, um Platz zu schaffen für den jüdischen Staat, ein Unrecht, das die USA noch unterstützen und aufrecht erhalten.

Seit der Gründung Israels 1948 haben die Vereinigten Staaten Israel diplomatisch und finanziell den Rücken gestärkt und dabei das Elend der Millionen Palästinenser ignoriert, die durch die Errichtung Israels zu Flüchtlingen gemacht wurden. Sie haben der fortgesetzten Landnahme Vorschub geleistet und die Beschneidung der Menschenrechte sanktioniert durch die Blockade der UN-Resolutionen und der Appelle der internationalen Gemeinschaft an die Genfer Konventionen. Ich habe eine enge Bindung an Israel. Ich habe als junger Mann dort gelebt. Ich spreche die Sprache und habe tiefe familiäre Wurzeln in Jerusalem. Aber ich konnte angesichts eines solchen Verhaltens nicht schweigen. Ich wusste, dass der Weg zum Frieden nicht durch militärische Gewalt, durch Beschlagnahmung von Land oder das Einmauern der Palästinenser gefunden wird. Der einzige Weg, den Frieden zu sichern, ist, das Land mit den Menschen zu teilen, die schon dort gelebt haben, als die Juden Europas auf der Suche nach Schutz vor Verfolgung am Ende des 19. Jahrhunderts kamen. Mir war von frühester Jugend an beigebracht worden, dass der Konflikt, der dem jüdischen Staat von Anfang an zu schaffen machte, auf dem ewigen Hass der „Araber" gegen die Juden beruht. Aber ich war gerade erst von einer

Reise nach Israel zurückgekommen, auf der ich Palästinenser kennengelernt hatte und ich wusste, dass sie mich nicht hassten.

In meinen Händen hielt ich an dem Tag einen Stapel Kopien des Kommentars von der Meinungsseite der *Los Angeles Times*, in dem sich vor kurzem ein palästinensisch-amerikanischer Professor beredt und moderat für die Rechte der Palästinenser eingesetzt hatte. Ich wollte die Leute, die in das Konferenzgebäude gingen, dazu bringen, das Papier anzunehmen und, was noch besser gewesen wäre, sie zu einem Gespräch bewegen. Nach Stunden vergeblichen Bemühens auf der ganzen Linie wollte ich gerade aufgeben und nach Hause gehen, als ein gut gekleideter Mann auf seinem Weg zur Konferenz auf mich zukam, mich ansah und sagte: „Ich nehme eins".

„Großartig", sagte ich und gab es ihm. Er nahm es, riss es in viele Schnipsel und warf sie mir ins Gesicht, wandte sich um und ging ohne ein weiteres Wort davon.

Wie, habe ich mich oft gefragt, wenn ich an diesen Tag denke, *bin ich bloß dahin gekommen?*

Eine Mauer in Jerusalem

Zu Beginn des Frühlings im Jahr 2009 saß ich im Büro von Lana Abu-Hijleh in der Stadt Ramallah im von Israel besetzten Palästina. Lana ist die Landesdirektorin einer internationalen Entwicklungsorganisation und eine muslimische Frau aus einer alten, angesehenen palästinensischen Familie. Wie alle Palästinenser, die unter der Besatzung leben, hat sie eine Geschichte. Sie erzählte mir von dem Morgen im Oktober 2002, an dem ihre Mutter von israelischen Soldaten erschossen wurde, während sie auf der Terrasse vor ihrem Haus in Nablus saß, einer der größten und ältesten Städte Palästinas. „Noch Tee?" fragte sie mich, während sie mir von dieser Tragödie erzählte. Diese Geschichten werden nicht um des Mitleids willen erzählt oder um zu schockieren. Sie bringen einfach auf den Punkt: *Wir sind Palästinenser. So ist unser Leben.* Lana sagte mir, dass sie jetzt in Jerusalem lebe und nach Ramallah pendle, eine kurze Autofahrt, wenn die militärischen Kontrollstellen (Checkpoints) nicht wären. Die acht Kilometer lange

Fahrt führt an der neun Meter hohen Mauer entlang. Sie wurde von Israel entlang der Straße gebaut, welche die nördlichen von Israel annektierten Vororte dem jüdischen „Groß-Jerusalem" zuschlägt und von dem trennt, was vom palästinensischen Westjordanland wohl übrig bleiben wird. Eines Tages wandte sich Lanas achtjährige Tochter, die mit ihr im Auto saß, an ihre Mutter und fragte: „Mama, warum lassen sie die Juden hinter dieser Mauer leben?"

Ich kannte diese Mauer. Sie war gebaut worden, um Israel zu „schützen", aber dies kleine Mädchen verstand, dass die Erbauer der Mauer die Gefangenen waren, nicht die Palästinenser. Ich gab ihr Recht. Es entsprach meiner Erfahrung, dass die Palästinenser - eingesperrt in ihre immer kleiner werdenden ummauerten Enklaven, abgeschnürt von ihrem Ackerland, den Märkten, ihren Familien und dazu gezwungen, an jeder Kurve demütigende und unberechenbare Verzögerungen über sich ergehen zu lassen - ihre Würde und sogar ihre Hoffnung nicht verloren haben. Im Gegensatz dazu sind die allermeisten jüdischen Bürger Israels Gefangene ihrer eigenen Angst, einer Angst, die Folge ihrer Unfähigkeit ist, ihre palästinensischen Nachbarn als die zu sehen, die sie wirklich sind. Als ich das erste Mal im Sommer 2006 vor der Mauer auf einer durch sie abgeschnittenen Straße Ostjerusalems stand und mich ihre Höhe zu einem Zwerg machte und ich überwältigt von ihrer Hässlichkeit war, verkrampfte sich etwas in mir: Ich kannte diese Mauer. Sie lebte in mir.

Die Identität einer Gruppe ist eine starke Kraft. Sie prägt die Kultur von Nationen, Völkern und Organisationen - und sie hat eine dunkle Seite. Samuel Huntington schrieb in seiner 1993 veröffentlichten Theorie vom „Kampf der Kulturen": „Kulturen und kulturelle Identitäten prägen die Muster von Zusammenhalt, Auseinanderfall und Konflikt in der Welt nach dem Kalten Krieg."[1]

Dem Zitat Huntingtons fügt Douglas Johnston vom Internationalen Zentrum für Religion und Diplomatie hinzu, dass „ein Konflikt un-

---

[1] zitiert in Douglas M. Johnston Jr., *Religion, Terror, and Error: U.S. Foreign Policy and the Challenge of Spiritual Engagement*, Santa Barbara, CA: Praeger Security International, 2011, S. 53

Die Mauer in meinem Herzen

lösbar wird, wenn Identität die Form annimmt, dass man sich selbst im Gegensatz zu jemand anderem definiert."[2] Heute begründen und unterstreichen Nationen, Religionsgemeinschaften und ethnische Gruppen ihre Identität, indem sie weiterhin das „wir" und „sie" betonen, insbesondere in Zeiten von Stress und Veränderung. Für Juden ist das tiefgehende Gefühl, abgesondert und gefährdet zu sein, seit zweitausend Jahren Teil unserer kollektiven Erfahrung. Unser starker Sinn für die Gruppenidentität, der durch Jahrtausende von Verfolgung und Marginalisierung entstanden ist und verstärkt wurde durch die religiös begründete Überzeugung, ein besonderes, auserwähltes Volk zu sein, hat uns geholfen, als Volk zu überleben.

Dieses Selbstbild hat meine Erziehung tiefgreifend geprägt. Ich wurde hineingeboren in den sicheren und wohlhabenden Kontext des jüdischen Amerika in der Mitte des zwanzigsten Jahrhunderts. Ich bin in den tiefen, schützenden Wassern einer alten und majestätischen Tradition geschwommen. Mein frühes Leben wurde von schönen Ritualen, herrlichen Ferien, einer monumentalen Literatur bereichert - und vielleicht am meisten dadurch, dass ich mir eine glanzvolle Geschichte zu eigen machte. Als Juden fühlen wir den wohlverdienten Stolz auf unser Überleben und auf unsere außergewöhnlichen Beiträge zur Kultur über drei Jahrtausende hinweg. Aber dieses Heranwachsen hatte auch eine andere Seite und das war eine, mit der ich mich zunehmend unwohl fühlte, sobald ich als Erwachsener aus meiner jüdischen Inselwelt heraustrat. Es war ein Paradox: aufzuwachsen im offenen, wenn auch etwas langweiligen und nach ethnischer Herkunft getrennten großstädtischen Amerika der Ostküste in den 1950er Jahren, kannte ich keinen Antisemitismus - aber andererseits wagte ich mich nie sehr weit hinein in die, wie ich sie zu nennen gelernt hatte, „nichtjüdische Welt". Als Jude heranzuwachsen, hatte die „dunkle Seite", dass ich gelehrt wurde, die *Goyim* zu meiden und zu fürchten - , so nannten meine in Europa geborene Großmutter und sogar meine eigenen in Amerika geborenen Eltern die Gesellschaft um die jüdische Blase herum, in der wir lebten. *Goyim* aus dem Hebräischen des Alten Testaments heißt ein-

---

[2] ebd., S. 54

fach „die Völker". Sie waren „die anderen". Aber über die Jahrhunderte bis ins Amerika des 20. Jahrhunderts wurde das Wort mit einer dunkleren Bedeutung aufgeladen. Auch wenn es nicht immer ausgesprochen wurde, eine Tatsache über die Goyim war mir besonders bewusst: Sie waren gefährlich.

Deswegen hatten wir Israel.

Ich wurde nur drei Jahre nach dem Ende des Zweiten Weltkrieges und im gleichen Jahr wie die Gründung des Staates Israel geboren. Ich wurde von einer starken Mischung aus rabbinischem Judentum und politischem Zionismus geprägt. Ich wurde gelehrt, dass meiner Generation ein Wunder widerfahren sei, geboren aus Heldentum und Tapferkeit. Der Staat Israel war nicht einfach ein historisches Ereignis. Er war die Erlösung aus Jahrtausenden von Marginalisierung, Dämonisierung und mörderischer Gewalt. Das Vermächtnis dieser Geschichte war die kollektive Identität einer zerbrechlichen Überlegenheit: Wir waren besonders dadurch überlegen, dass wir überlebt hatten, dem Bestreben der anderen zum Trotz, die „in jeder Generation" versuchen, uns auszulöschen. So heißt es in dem Gebet, das wir an jedem Passafest beten.

Um in dieser feindlichen und mordbereiten Welt der Goyim zu überleben, mussten wir immer wachsam und misstrauisch bleiben und - nicht immer offensichtlich und doch grundsätzlich - abgesondert. Ob nun von religiösen Juden biblisch begründet oder, wie es die zionistischen Gründer Israels behaupteten, einfach aufgrund unserer leidvollen Geschichte, der Staat Israel existierte jedenfalls, um unsere Sicherheit zu garantieren und um unsere einzigartige Identität in einer Welt zu unterstreichen, der man nie trauen konnte. Deswegen schätzte ich das Wunder des neuen Staates Israel sehr. Es bedeutete das Ende unserer Geschichte der Unsicherheit und des Leidens sowie die lang ersehnte Lösung für unser immerwährendes Gefährdetsein. Mein religiöser Glaube war mit dieser neuen politischen Wirklichkeit vollständig verwoben. War nicht hier wahrhaftig Gott am Werk, der seine Versprechen aus längst vergangener Zeit erfüllte? Es heißt wörtlich in unserer täglichen Liturgie, der Staat Israel sei „das erste Aufblühen unserer Erlösung". Die Geschichte von Geburt und Überleben des jungen Staates sprach von unserem Vermächtnis, anders zu sein und gefährdet, aber auch, besonders zu sein. Dieses Erbe machte ich mir zu eigen.

Bis ich die Besatzung erlebte.

Die Reise begann für mich im Sommer 2006. Ich war mit Interfaith Peace-Builders nach Israel und in die besetzten Gebiete gekommen, einer Organisation, die Nordamerikaner in die Region bringt, damit sie Israelis und Palästinenser kennenlernen und unmittelbar die Fakten vor Ort sehen. Ich hatte mich dafür angemeldet, weil mich ein Gefühl nicht losgelassen hat: dass es noch eine andere Version der Geschichte geben musste als die, die mir als heranwachsendem Juden im Nachkriegsamerika beigebracht worden war. Da ich sowohl mit israelischen als auch palästinensischen Friedensaktivisten in Verbindung treten wollte, sah ich mich als Progressiven oder gar als „Linken". Ich hatte nicht geahnt, wie sehr sogar diese Perspektive hinterfragt werden sollte. Als ich durch das Westjordanland fuhr und Palästinensern begegnete, die unter der Besatzung leben und auch israelische Soldaten traf, die diese Besatzung durchsetzen und dann mit den mutigen Leuten auf beiden Seiten sprach, die sich gewaltfrei dafür einsetzen, die Spirale der Gewalt und des Misstrauens zu durchbrechen, erfuhr ich aus nächster Nähe, welchen Schaden die Besatzung den Palästinensern, aber auch der israelischen Gesellschaft zufügt. Ich wurde Zeuge davon, wie die israelische Trennmauer sich durch das Westjordanland schlängelt, auf Land, dessen Enteignung eindeutig gegen das Völkerrecht verstößt. Ich sah die entwürdigenden Checkpoints, die die Bewegungsfreiheit der Palästinenser einschränken, das Netzwerk von Straßen nur für Juden, den massiven, immer weitergehenden Bau illegaler Siedlungen und Städte nur für Juden auf palästinensischem Land, die bösartigen Taten ideologischer jüdischer Siedler, die palästinensische Obstplantagen zerstören und Bauern, Hausfrauen und Schulkinder körperlich angreifen. Und ich erlebte die destruktive Wirkung der Militarisierung und des andauernden Konflikts auf die israelische Gesellschaft. Mir wurde bewusst, dass hier ein humanitäres Verbrechen begangen wird und dass die Rolle des Besatzers Israel in eine politische Katastrophe führt und das Judentum spirituell in höchste Gefahr bringt.

Als ich vor der riesigen Mauer aus Beton und Stahl stand, wurden mir die düsteren Folgen unseres Projektes einer nationalen Heimstätte qualvoll bewusst. Es war nicht so, dass ich „die zweitausendjährige Hoffnung, ein freies Volk in unserem eigenen Land zu sein", wie es in der israelischen Nationalhymne „Hatikvah" heißt, nicht verstanden hätte. Ich fühlte sie in meinem Innersten. Aber mein Konfrontiertwerden mit der Besatzung Palästinas drängte mich dazu, das Konzept eines jüdischen Staates als solches in Frage zu stellen. Ich fing an zu begreifen, dass wir darüber hinauswachsen müssen, hin zu einer erneuerten jüdischen Identität, in der die Freiheit von Angst bedeutet, Mauern einzureißen anstatt sie höher zu bauen. An diesem Tag begann die Mauer in meinem Innern zu bröckeln.

Eine geteilte Stadt

In jenem Sommer reiste ich täglich zwischen zwei Welten hin und her. Ich wachte jeden Morgen im Haus meines Onkels und meiner Tante in der so genannten deutschen Kolonie in Westjerusalem auf, einem Stadtviertel mit Herrenhäusern, die bis 1948 wohlhabenden palästinensischen Familien gehörten, welche heute als Vertriebene im Westjordanland oder im Ausland leben. Das Viertel ist eins der vornehmsten in Westjerusalem und ausschließlich von Juden bewohnt. Keiner von ihnen wagt sich jemals ins arabische Ostjerusalem, höchstens manchmal zum Einkaufen auf den arabischen Markt in der Altstadt oder zum religiösen Pilgergang an die Klagemauer, nahe dem Ort, wo der jüdische Tempel im Jahre 70 n. Chr. zerstört wurde. Zwischen 1948, als sich die jüdischen Truppen vor der „Arabischen Legion" aus der ummauerten Altstadt und der östlichen Hälfte Jerusalems zurückzogen, und 1967, als die israelische Armee Ostjerusalem im Sechs-Tage-Krieg wieder einnahm, teilte eine Mauer wie in Berlin die Stadt. Diese Mauer aus Holz und Mörtel, die die Stadt zweigeteilt hatte, war jetzt verschwunden, aber die ethnografische Barriere war geblieben. Jeden Morgen verließ ich das jüdische Westjerusalem und ging auf die Ostseite zu einem Tag voller Begegnungen mit israelischen und palästinensischen Organisationen, die politisch und aufklärend für einen gerechten Frieden arbeiten. Ich überquerte die Straße, auf der früher die Grenzmauer verlief, und mit einem Schritt - wie beim Spezialeffekt in einem Film - verließ ich die jüdische Westseite, um das arabische Ostjerusalem zu betreten. Im Gegensatz zum gemächlichen, frommen, gepflegten und ordentlichen Westjerusalem war Ostjerusalem ausgelassen in seinen Farben und stürmisch in seinen Emotionen. Diesen Kontrast zwischen den beiden Kulturen erlebte ich täglich. Auf der einen Seite war die einheimische palästinensische Gesellschaft: leidenschaftlich, fleißig, weise und tief mit dem Land verbunden. Auf der anderen Seite war die neue israelische Zivilisation: aus Europa verpflanzt, eingeritzt in die antike Landschaft, wunderbar kreativ, hart arbeitend und lebenshungrig - und die Menschen nicht beachtend, die durch sie vertrieben werden. An einem Tag hielt ich einen würdevollen Mann in traditioneller arabischer Kleidung an, um ihn nach dem Weg zu fragen und ich hätte ihn beinahe auf Hebräisch angesprochen. Ich hatte vergessen, dass ich die unsichtbare Grenze überschritten hatte, die Juden und Palästinenser trennt.

Bis dahin hatte ich Israel im Laufe meines Lebens viele Male besucht. Dazu gehörte auch der Aufenthalt in einem Kibbuz für ein Jahr nach dem College. Aber ich hatte nie zuvor die Trennlinie zwischen Juden und Palästinensern überquert. In diesem Sommer, in dem ich das Westjordanland bereiste - und die Trennmauer erlebte, die Checkpoints, das Geflecht von zugangsbeschränkten Straßen (zwei verschiedene Nummernschilder - eines für Juden, eines für Araber!), die Hauszerstörungen, die Vertreibung der Araber aus ihren Dörfern und Stadtteilen und den massiven, ständigen Neubau illegaler jüdischer Siedlungen und Ortschaften - da kamen mir solche Worte wie *Apartheid* und *ethnische Säuberung* in den Sinn, ungebeten aber unabweisbar. Obwohl ich mich selbst als wohlwollend gegenüber der palästinensischen Sache einschätzte, hatte ich mich immer gewunden, wenn ich das Wort *Nakba* hörte, diesen arabischen Ausdruck für „Katastrophe", den die Palästinenser für die Vertreibung von einer dreiviertel Million Menschen aus ihren Städten, Dörfern und Bauernhöfen im Jahr 1948 verwenden. Ich spürte diese Mischung aus Angst und Abwehrhaltung nicht deshalb, weil ich das Wort Katastrophe für die Palästinenser ablehnte, sondern weil ich dachte, es entwerte die jüdische Realität: War 1948 nicht ein Selbstverteidigungskrieg, der ein weiteres Abschlachten von Juden verhindern sollte? Hatten sie nicht uns angegriffen? Waren sie es nicht, die 1947 den Plan der Vereinten Nationen abgelehnt hatten, das Land in einen jüdischen und einen arabischen Staat aufzuteilen und hatten sie dadurch nicht selbst die Katastrophe über sich gebracht? War Israel nicht dazu da, uns vor dem ewigen, unerbittlichen Hass unserer Feinde zu beschützen? Aber als ich die andere Geschichte kennenlernte, das Narrativ dieser sogenannten „Feinde", erkannte ich, dass unser eigenes Vorgehen den Kreislauf der Gewalt begonnen hatte.

Bei meinen täglichen Grenzüberschreitungen, morgens nach Osten und abends nach Westen, geschah etwas Außergewöhnliches: Ich begann, mich in Westjerusalem unter meinen Leuten, deren Sprache ich sprach und deren Traditionen ich verstand, immer weniger zugehörig zu fühlen. Im Gegenteil, ich fühlte mich im arabischen Ostjerusalem immer wohler, unter Muslimen und Christen und mitten in einer Kultur, die mir neu war und deren Sprache ich nicht einmal sprach. Auf der Ostseite der Stadt wurde ich in palästinensische Häuser eingeladen, saß an ihrem Esstisch und lernte manches über ihre Geschichte. Sie ließen mich Anteil nehmen an ihrer Traurigkeit über die erlittenen Verluste, an ihren Zukunftsträumen und an ihrer größer werdenden Verzweiflung. Die sprachlichen und kulturellen Unterschiede schienen hinweg zu schmelzen. Eines Tages dämmerte es mir, dass ich mich auf der Ostseite zuhause fühlte. Dort wollte ich sein. Das verstörte mich tief. Was passierte da mit mir?

Was passierte, war, dass ich dem „anderen" begegnete, von dem ich in meinem ganzen Leben abgetrennt gewesen war. Und das war keine Übung in Kulturtourismus oder ein Forschungsprojekt über die Ursachen des Konflikts. Dies war eine eindringliche, schmerzvolle Reise der Selbstfindung, eine Suche nach dem Teil von mir, von dem ich immer empfunden hatte, dass er mir fehlte. Was paradox war - und wirklich ganz wunderbar - war, dass dieser Weg mich mitten unter die Menschen führte, die ich für meine Todfeinde zu halten hatte, wie mir beigebracht worden war. Was passierte und was einem Wunder für mich gleichkam, war, dass die in meinem Herzen errichtete Mauer bröckelte, diese Mauer aus Angst und Misstrauen, die Jerusalem in eine jüdische und eine arabische Hälfte zerschnitten hatte und die das allergrößte Hindernis zum Frieden in diesem kostbaren Land darstellte. Stein für Stein, Stück für Stück stürzte diese Mauer in meinem Innern ein.

Dieses Buch

Dieses Buch ist mein Zeugnis als Jude, der seiner Tradition und seinem Volk leidenschaftlich verbunden ist. Es ist mit einer Wut geschrieben, die angesichts der Ungerechtigkeit brennt, unter der unschuldige Menschen auf beiden Seiten der israelisch-palästinensischen Trennlinien leiden. Die Palästinenser haben ihr Land verloren und leben täglich mit vernichtenden Demütigungen. Die jüdischen Bürger Israels leben hinter einer Mauer von seelentötendem Rassismus. Sie ahnen nicht, dass dieser „Feind" das Potential zum besten Freund hat, den sie haben könnten, wenn sie nur Vertrauen lernten und Teil der Umwelt werden könnten, zu der sie vor einem feindseligen und mörderischen Europa geflohen waren. Ich habe dieses Buch auch in tiefer Traurigkeit geschrieben - Traurigkeit darüber, wie mein Volk sich versündigt hat. Wir, sogar wir, mit der so frischen Erinnerung an unsere eigene Verfolgung, die so in unser Bewusstsein und unsere Identität hineingebrannt ist, sind die Tyrannen geworden. Es ist die Geschichte, wie ich, ein in der Mitte des 20. Jahrhunderts geborener Jude, ein Erbe des Vermächtnisses vom Gefährdetsein und dem tief eingeprägten Gefühl des Opferseins, durch Gottes Gnade auf die andere Seite der Mauer gegangen bin, die mein Volk gebaut hat, um uns vor diesem „Feind" zu schützen. Es ist die Geschichte, wie ich, Jakob gleich, der sich mit seinem Bruder Esau versöhnt hat, im Gesicht meines entfremdeten Bruders das Gesicht Gottes erkannt habe.

Dieses Buch ist auch die Geschichte der Kirche, die durch das Feuer des Schlimmsten geprüft wurde, das die Welt je erlebt hat, die beauftragt ist, der ganzen Menschheit eine Botschaft der Hoffnung und der Liebe Gottes zu bringen. Die Kirche verwirklichte diesen Auftrag im zwanzigsten Jahrhundert dadurch, dass sie die Bürgerrechtsbewegung in den Vereinigten Staaten ins Leben rief und eine Schlüsselrolle im Kampf zur Überwindung der Apartheid in Südafrika spielte. Wir werden uns eingehend damit befassen, was wir von diesen früheren Kämpfen um Freiheit und Menschenwürde lernen können, während wir der Frage nachgehen, wie die Kirche von neuem aufgerufen ist, ihrer Berufung zu folgen - nämlich danach zu streben, Tyrannei und Ungerechtigkeit zu allen Zeiten entgegenzutreten, sich selbst zu erneuern und wiedergeboren zu werden. Wir stehen jetzt wie an jedem historischen Wendepunkt hinter dem Mann aus Nazareth, bereit, dem prophetischen Ruf zu antworten:

Der Geist des Herrn ist auf mir, weil er mich gesalbt hat,
zu verkündigen das Evangelium den Armen;
er hat mich gesandt, zu predigen den Gefangenen,
dass sie frei sein sollen, und den Blinden, dass sie sehen sollen,
und den Zerschlagenen, dass sie frei und ledig sein sollen,
zu verkündigen das Gnadenjahr des Herrn.

Lukas 4,18-19

Es geht in diesem Buch um Stimmen. Um Stimmen von Frauen und Männern, die in die Nachfolge gerufen wurden, ihre eigenen Schriftrollen von Jesaja ausbreiten und verkünden: „Dies ist das Jahr, dies ist die Zeit." Stimmen, die aufschreien in ihrem Schmerz, in ihrem Glauben und ihrer Hoffnung. Es sind diese Stimmen, die diese Seiten füllen. Der Rest, wie ein großer Rabbi einmal sagte, ist Kommentar.

2. KAPITEL

DIE MAUER FÄLLT

Eines Tages, nicht lange nach meiner ersten Konfrontation mit der Mauer, saß ich in den Ostjerusalemer Büroräumen von *Sabeel*, einer Organisation palästinensischer Christen.

Das arabische Wort bedeutet „der Weg", aber auch „die Quelle Leben spendenden Wassers". Sabeels Mitarbeiter begegnen der Herausforderung des heutigen Lebens in Palästina, indem sie die Mission und das Leben Jesu nachahmen und sich für Gewaltlosigkeit entscheiden. Nora Carmi ist eine von ihnen. Sie sprach zu uns. Nora kommt aus Jerusalem und ist ein Flüchtling in ihrem eigenen Land - ihre Familie verlor 1948 ihr Westjerusalemer Haus. Der Konflikt bedeutet für Nora (und auch für ihre Mutter und ihre Großmutter) Schmerz, Verlust und Angst. Aber dies hat ihren Glauben noch gestärkt. Ich fragte Nora, wie sie damit umgeht, enteignet und besetzt zu werden, in einer Situation, die jedes Jahr schlimmer wird. Ich werde ihre Antwort nie vergessen: „Wir folgen Jesus."

Nora fuhr fort: Wer war Jesus? Er war ein palästinensischer Jude, der unter römischer Besatzung lebte. Angesichts einer Gewaltherrschaft, die nicht nur die physische, sondern auch die ethische Grundlage der jüdischen Gesellschaft im Palästina des ersten Jahrhunderts zerstören wollte, entschied er sich gegen den Hass auf seine Unterdrücker und das Anstiften zum bewaffneten Aufstand. Vielmehr lehrte er die Liebe zu allen Menschen, die Verpflichtung auf Gottes Forderung, sich für soziale Gerechtigkeit einzusetzen und hartnäckigen, unbeugsamen, gewaltfreien Widerstand gegen Unterdrückung. „Liebt eure Feinde", unterwies Jesus sein Volk. Erlaubt ihnen nicht, euch eure Würde wegzunehmen oder euch von der Erfüllung der Gebote abzuhalten, eure Nächsten zu lieben und die Schöpfung zu bewahren. - „Wir folgen

Jesus", sagte Nora. „Die Reiche der Welt kommen und gehen. Wir sind hier."

Ein weiterer Stein löste sich aus der Mauer in mir. Hier war eine Frau, deren Familie aus dem Stadtteil, vielleicht aus der gleichen Straße, vertrieben worden war, in dem ich bei meiner Tante und meinem Onkel in Westjerusalem wohnte, eine Frau, deren Glaube und Mut mich so inspirierte, wie ich es noch nie erfahren hatte. Als ich Sabeel an diesem Tag verließ, nahm ich ein Exemplar des Buches von Naim Stifan Ateek mit, dem palästinensischen anglikanischen Pfarrer, der Sabeel gegründet hat: *Justice and Only Justice: A Palestinian Theology of Liberation*. Ateek war 1948 acht Jahre alt - in dem Jahr, als jüdische Streitkräfte seine Familie aus ihrem Haus, ihrer Kirche und ihrem Dorf vertrieben. Sein Buch beschreibt, wie die Erfahrung von Enteignung und Besatzung sein Leben bestimmt und seinen Glauben geprägt hat. Ich las das Buch an einem Tag durch. So hatte mich die Geschichte dieses Palästinensers gepackt, der von meinem Volk in dem Jahr enteignet wurde, in dem ich geboren wurde. Ich erkannte, dass ich meine Geschichte las - *meine andere Geschichte* - die, die mir nicht berichtet worden war, aber die dennoch zu mir gehörte. Nach dem Erzählen seines persönlichen Narrativs taucht Ateek gleich in die Theologie ein, von der er sich in seinem Dienst leiten läßt, indem er eine direkte Verbindung von den Propheten des Alten Testaments hin zu Jesus von Nazareth zieht. Folgende Fragen stellten sich mir sofort:

Glaubte ich an den Ruf der Propheten nach Gerechtigkeit? Hatte ich nicht gelernt, dass der Kern meines Jüdischseins ein Bekenntnis zur Gleichheit und zu tätigem Mitgefühl für alle Menschen ist? Ich erkannte, dass mein Entsetzen über die Verstöße gegen die Menschenrechte, die ich erlebt hatte, sich jüdischer als alles andere in meinem Leben anfühlte, und dass ich nichts Jüdischeres tun konnte, als mich für Gerechtigkeit in Palästina einzusetzen.

Das war eine schöne, wundervolle Ironie. Da stand ich als jüdischer Mann, dem als Kind beigebracht worden war, eine Kirche nicht einmal zu betreten, weil Christen gefährlich seien, für den der Name Jesus keine Gefühle von Freude und Andacht hervorrief, sondern Angst. Jetzt entdeckte ich, dass Jesus beispielgebend das gelebt hat, was für mich als Jude am kostbarsten und heilig ist: der Respekt für die Menschenrechte, die Menschenwürde und die Gleichheit aller Menschen. Und die leidenden palästinensischen Christen waren es, insbesondere die Schriften eines anglikanischen Pfarrers, die mir den Zugang zu dieser fehlenden und wertvollen Seite in mir geöffnet hatten!

Während ich das Heilige Land genau in diesem Moment seiner Geschichte bereiste, konnte ich gar nicht anders, als die verblüffenden Parallelen zwischen unserer Zeit und dem Kontext des ersten Jahrhunderts, in dem Jesus lebte, zu bemerken.

Das Palästina, in das Jesus hineingeboren wurde, war ein Land, in dem die einheimische Bevölkerung aus Schaf- und Ziegenhirten, Bauern, Händlern, Gelehrten und religiösen Würdenträgern unter der Tyrannei des römischen Reiches litt, wo jeglicher Widerstand mit brutaler militärischer Gewalt unterdrückt wurde.

Es traf mich - mit einer Kraft so stark wie die Mittelmeersonne, die auf mich niederbrannte, während ich in jenem Sommer die Straßen und Hügel durchquerte, dass dies genau die heutige Situation in Palästina beschreibt, nur dass die Unterdrückten die Palästinenser sind und der Unterdrücker ironischer- und tragischerweise die israelische Regierung, unterstützt von den Vereinigten Staaten und deren westlichen Verbündeten.

Ich „ging nicht nur dort, wo Jesus gegangen war", sondern sah auch, *was Jesus gesehen hatte*. Und ich lernte ihn als einen Juden kennen, der aus Liebe zu seinem Volk, zu seiner Tradition und zu seinem Gott eine Bewegung ins Leben gerufen hatte, die gewaltfreien Widerstand gegen die herrschende Macht leistete, sowohl die römische als auch die jüdische, deren Handeln den zentralen Grundsätzen seines Glaubens widersprach. Ich erkannte, dass wir uns dringend seiner Lehre zuwenden müssen. Jetzt verstand ich, vielleicht zum ersten Mal, was ich über Theologie gelesen hatte, dass sie eine Antwort auf die „Zeichen der Zeit" sei - in der Geschichte verwurzelt und zugleich auf sie antwortend. Ich erkannte, dass gerade dann, wenn das politische System versagt, die notwendigen Änderungen in der Gesellschaft herbeizuführen - im Klartext, wenn das politische System das Problem *ist* - dass wir dann, wie die unterdrückten Juden zur Zeit Jesu, nicht nach militärischer Gewalt rufen dürfen oder nach politischen Manövern, sondern nach spiritueller Autorität bei prophetischen Anführern. Ich erkannte, indem ich die Zeichen unserer Zeit deutete, dass wir Jesus jetzt mehr als je zuvor nötig haben.

Der Blick in den Spiegel

Jerusalem ist eine Stadt der uralten Steine. Sie sprechen eine starke Sprache. Mir begegnete einer solcher Steine, als ich im Labyrinth des jüdischen Viertels in der Altstadt um eine Ecke bog. Jemand hatte auf der Mauer, die die enge Gasse begrenzte, die blau-weiße Fahne des Staates Israel gemalt. Auf der Mauer direkt unter diesem patriotischen Bild war eine Plakette befestigt, auf der Folgendes eingraviert war:

AN DIESER STELLE WURDE ELHANAN AARON ATTALI
- MÖGE DIE ERINNERUNG AN IHN EIN SEGEN SEIN -
ERMORDET DURCH DIE HÄNDE DER SÖHNE DES BÖSEN.
IN SEINEM BLUTE WERDEN WIR WEITERLEBEN,
UND WIR WERDEN JERUSALEM ERLÖSEN.
"DENKT DARAN, WAS AMALEK EUCH
AUF DEM WEG AUS ÄGYPTEN ANGETAN HAT!"

Elhanan Attali war ein Schüler an einer Yeshiva, einer jüdischen Bildungseinrichtung, die sich dem Studium traditioneller Texte widmet, der 1991 in der Altstadt ermordet worden war. Die israelische Polizei glaubt, dass Attali von Palästinensern angegriffen wurde, aber offiziell ist niemand angeklagt worden. Es hatte Wut und Spannungen in diesem Stadtviertel gegeben, wobei es um den Streit wegen einer palästinensischen Immobilie in der Nähe ging, die von einer Yeshiva übernommen worden war. Palästinenser behaupteten, dass dies Teil des typischen Vorgehens beim Eindringen der orthodoxen Juden in das christliche und muslimische Viertel der Altstadt gewesen sei.

Im traditionellen Judentum sind die Amalekiter das Symbol für das Böse, für die immerwährende Bedrohung unseres Überlebens. Amalek steht für den Feind, der in jeder Generation danach trachtet, uns zu zerstören. Es bezieht sich auf ein Ereignis während des Exodus, bei dem die Israeliten ohne Warnung und von hinten von diesem kanaanäischen Stamm angegriffen wurden. Das vollständige Bibelzitat lautet:

> Denke daran, was dir die Amalekiter taten auf dem Wege, als ihr aus Ägypten zogt: wie sie dich unterwegs angriffen und deine Nachzügler erschlugen, alle die Schwachen, die hinter dir zurückgeblieben waren, als du müde und matt warst, und wie sie Gott nicht fürchteten. Wenn nun der HERR, dein Gott, dich vor allen deinen Feinden ringsumher zur Ruhe bringt im Lande, das dir der HERR, dein Gott zum Erbe gibt, es einzunehmen, so sollst du die Erinnerung an die Amalekiter austilgen unter dem Himmel. Das vergiss nicht!
> 5. Mose 25,17-19

Anscheinend gab es Amalek immer noch, und ich sollte es nie vergessen. Wer, fragte ich mich, waren diese Leute, die derart nach Rache dürsteten, derart bereit, diese uralte, kultische Feindschaft auf die Palästinenser zu projizieren? Wie hat sich das Projekt der Wiederherstellung unserer Würde und Unabhängigkeit als Volk zu einem Projekt verwandelt, das von Angst und Hass getrieben ist? Wie können solche Äußerungen etwas damit zu tun haben, Jerusalem zu „erlösen"? Wir waren offensichtlich nicht auf dem Gebiet des Sinai und des Bundes zwischen Gott und Mose, sondern im Buch Josua - ein Narrativ von Krieg, Eroberung und Beherrschung. Und doch, inmitten meines Schocks und Entsetzens, verstand ich das Gefühl allzu gut. Was mich in dieser engen Gasse der uralten Stadt wie angewurzelt stehen bleiben ließ, war die Erkenntnis, dass ich in den Spiegel blickte, als ich die Botschaft von Hass und Angst anstarrte. Als Jude war ich aufgewachsen mit eben so vielen Geschichten über das Opfersein (Sklaverei in Ägypten, jahrtausendelange Verfolgung, Genozid der Nazis) wie mit Geschichten über den Triumph (Befreiung aus der Sklaverei, Eroberung des verheißenen Landes Kanaan, Überleben trotz der Verfolgung über Jahrtausende, Errichtung des Staates Israel). Ich verstand die komplexe

Herkunft der angsterfüllten Botschaft auf dieser Gedenktafel. Als Amerikaner außerdem geprägt vom aktuellen Narrativ „Krieg gegen den Terror", erkannte ich die Botschaft der Angst vor dem anderen. Waren wir als Amerikaner nicht verpflichtet, Krieg gegen ein Volk zu führen, das, wie sie uns sagten, einem fremden Gott huldigte und eine dunkle, gewalttätige Religion, die sie lehrte, „unsere Freiheit zu hassen"?

In den Spiegel schaute ich an jeder Ecke. Eines Abends bei meiner Rückkehr von einem Familientreffen im Norden Israels sechs Jahre später kam ich am zentralen Busbahnhof in Westjerusalem an. Ich wollte nach Ramallah ins palästinensische Westjordanland, acht Kilometer nördlich. Der Weg führt durch das arabische Ostjerusalem über den palästinensischen Busbahnhof am Damaskustor, wo ich den Bus nach Ramallah nehmen wollte. Ich brauchte ein Taxi vom Westen in den Osten, vielleicht einen Kilometer entfernt. Aber es war nicht leicht, einen Westjerusalemer Taxifahrer zu finden, der mich über die Linie auf die Ostseite bringen würde - Feindesland für die meisten Westjerusalemer. Endlich hatte ich einen gefunden. Die Funkzentrale versicherte ihm, dass er nur einen kurzen Wohnblock lang in den Osten hinein über die unsichtbare Grenze fahren müsse, mich dort rauslassen und auf die sichere Seite zurückkehren könne. Auf der kurzen Fahrt redete ich mit dem Fahrer, fand heraus, dass er vor kurzem als jüdischer Einwanderer aus der früheren Sowjetunion gekommen war und dass es bei seinem Geburtsort gut möglich ist, dass unsere Großeltern verwandt gewesen sind. Dann änderte er das Thema und fragte mich, was ich in Ostjerusalem mache. Das sollte heißen: *Was hat ein Jude wie Sie dort „drüben" zu suchen?* Ich hatte nicht vor, mit ihm über Politik zu sprechen - ich war müde und darauf konzentriert, wo ich hin wollte - also erzählte ich ihm nichts von Ramallah. Stattdessen erfand ich eine Geschichte über einen Auslandskorrespondenten, mit dem ich mich an einem beliebten Treffpunkt in Ostjerusalem verabredet hatte. Aber an Politik als Gesprächsthema kommt man im Heiligen Land nicht so einfach vorbei.

Nach einem Moment der Stille sagte mein Fahrer: „Ich mag sie nicht, diese Cousins von uns." Das war eine interessante Äußerung: er

sprach natürlich von den Palästinensern, aber er identifizierte sie als Familie! Ich ließ mich jetzt doch auf das Gespräch ein und fragte ihn, „Warum mögen sie sie nicht?"
„Sie sind dreckig, und sie sind Diebe", war seine Antwort. Anstatt ihm direkt zu widersprechen, machte ich es indirekt: „Es ist nicht einfach für sie", erklärte ich, „schließlich waren wir es, die hergekommen sind und ihnen ihr Land weggenommen haben." Darauf reagierte mein russisch-israelischer Freund mit Entrüstung. Das Land sei natürlich „unseres"; es könnte unmöglich „ihr" Land sein. Als ich aus dem Taxi ausstieg, machte ich einen letzten Versuch: „Sie kommen aus der Sowjetunion. Sie wissen also, was Propaganda ist, nicht wahr?" - „Ja." - „Haben Sie in Erwägung gezogen, dass Ihre jetzige Regierung Sie auch mit Propaganda versorgt?" Als ich ihn verließ - ziemlich sicher, dass dieser „Cousin von mir" meine Anregung nicht ernst nehmen würde - fühlte ich eine tiefe Traurigkeit. Ich war traurig über das, was mir die Weltsicht dieses Mannes über mein Volk zeigte, nämlich wo unsere Suche nach Schutz und Sicherheit hingeführt hat. Aber während ich die Straße zum Busbahnhof überquerte und in den Bus mit der Aufschrift Ramallah (Hügel Gottes auf Arabisch) stieg, wurde ich getröstet. Der Busfahrer begrüßte mich auf Arabisch und bot mir eine Zigarette an. In meinem rudimentären Arabisch tauschte ich Grußworte mit Kopftuch tragenden Frauen aus, die Säcke mit Apfelsinen zum fünf Kilometer entfernten Flüchtlingslager trugen. Nachdem ich es auf die Ostseite geschafft hatte, fühlte ich mich seltsamerweise und gegen alle Wahrscheinlichkeit zuhause. Und dann kehrte meine Traurigkeit zurück, als ich mir überlegte, dass mein Taxifahrer, ein russischer Jude, der, hätte es ein Zufall der Geschichte nicht anders gewollt, ich selber hätte sein können, ebenso wenig diese Ostjerusalemer Straße überquert hätte wie er von der Kante einer Klippe gesprungen wäre.

Es ist auch wahr, dass sechs kurze Jahre zuvor die Ähnlichkeiten zwischen diesem Mann und mir die Unterschiede überwogen hätten, abgesehen von dem unverhohlenen Rassismus, den er geäußert hatte. Ich mag wohl nicht so verängstigt gewesen sein wie er, aber ich hätte mich gesträubt, in diesen palästinensischen Bus einzusteigen und damit die Welt der Fremden und Feinde zu betreten. Diese Haltung zeigte sich noch im Sommer 2006, als ich während meines ersten Besuchs im Westjordanland begann, mich mit Palästinensern zu treffen. Egal ob ich da mit einzelnen oder einer Familie zusammensaß, fing ich das Gespräch mit rückhaltloser Offenlegung an: „Ich bin ein Jude, und ich komme von *da drüben*, der anderen Seite der Grenze." Und die Antwort war immer die gleiche: „Warum meinst du, uns das sagen zu müssen? Wir wissen, dass du ein Jude bist. Du bist hier willkommen. Danke für dein Kommen," sagten sie mir, „dass du die Trennlinie überschritten hast, dafür, dass du uns als Menschen anerkennst, die hier leben."

Ich erinnere mich besonders an einen jungen Mann, den 21-jährigen Awad. Er erinnerte mich an meinen Sohn Jacob: braune Locken, große, tiefe, dunkle Augen und hochgewachsen mit starken Händen. Awad schloss gerade sein Studium in Wirtschaft an der Bethlehemer Universität ab. Nach seinem Abschluss würde es für ihn so gut wie keine Chance auf einen Arbeitsplatz im besetzten Palästina geben. Er wollte seine Familie oder seine Heimatstadt nicht verlassen, aber er sagte mir: „Hier gibt es für mich keine Zukunft." Dieser junge Mann war wütend, frustriert, sogar bitter. *Aber er hasste mich nicht.* Und er hatte keine Angst vor mir. Das war bei den meisten meiner jüdischen Familie und Freunde in Israel nicht so, die mir sagten, nachdem ich ihnen mitgeteilt hatte, dass ich nach Ramallah oder Bethlehem oder zu den Hügeln von Jenin reise, ich sei verrückt, dass ich mich dem Risiko aussetze, von den mörderischen Leuten auf der anderen Seite der Grenze umgebracht zu werden. Wofür gäbe es sonst die Mauer?

Die Aussaat der Samen

Wie kam es also, dass ich in einem Wohnzimmer in Bethlehem saß, anstatt sicher „zu Hause" in einem Café in Tel Aviv oder in einem jüdischen Haus in Westjerusalem? Was hatte mich hierher gebracht? Was hatte mir die Grenzüberschreitung erlaubt? Zu der Zeit, inmitten dieser stressigen und wunderbaren Verwandlung, ist mir gar nicht eingefallen, diese Frage zu stellen. Als ich jedoch Zeit zum Nachdenken hatte, wuchs die Einsicht, dass die Samen, die diese Frucht hervorgebracht haben, lange vorher ausgesät worden waren.

Die Mauer fällt

Meine Familiengeschichte als amerikanischer Jude ist ungewöhnlich. Die große Mehrheit der jüdischen Bürger in den Vereinigten Staaten heute sind Nachkommen der zwei Millionen Juden, die zwischen 1881 und 1924 aus Osteuropa eingewandert waren. Die Eltern meines Vaters waren Teil dieser Einwanderungswelle. Aber der Vater meiner Mutter ist in Palästina geboren, um 1900 in der Jerusalemer Altstadt, wortwörtlich im Schatten des Tempelbergs, der von den Juden seit Jahrhunderten als heilig verehrt wird. Er war die fünfte Generation einer bekannten chassidischen (ultra-orthodoxen) Familie, die im neunzehnten Jahrhundert ins Heilige Land eingewandert ist. Die arrangierte Heirat mit meiner Großmutter, der Tochter eines frommen Juden aus Philadelphia, war sein Fahrschein aus der Armut in Jerusalem. Stolz erzogen sie ihre vier Kinder als Amerikaner, pflanzten ihnen aber eine tiefe Verbundenheit zu ihren jüdischen Wurzeln ein. Mein Großvater mag zwar das Heilige Land verlassen haben, aber das Herz der Familie blieb in Jerusalem. Zwei seiner vier Kinder und einige seiner Enkel sind nach Israel ausgewandert. Sylvia, die jüngere Schwester meiner Mutter, war die erste, die im Jahr 1947 in Palästina eingewandert ist als Teil einer Welle amerikanischer Juden, die sich der Verwirklichung des zionistischen Traums widmeten, der nach dem Holocaust der Nazis Überzeugungskraft gewann. Sylvia wurde Mitglied der religiösen zionistischen Organisation Hashomer Hadati, nahm ihren hebräischen Namen Yaffa an und schiffte sich ein, um eine *Halutza* zu werden, wie es im zionistischen Sprachgebrauch heißt, eine Pionierin. Dort traf sie einen tschechischen Flüchtling, der als einer der wenigen seiner Familie Hitler entkommen war. Sie heirateten und ließen sich nieder, um das jüdische Heimatland aufzubauen.

Es war der Sommer 1965. Ich war siebzehn und zu meinem ersten Besuch in Israel als Teilnehmer einer jüdischen Jugendpilgerfahrt, als ich den israelischen Zweig meiner Familie zum ersten Mal traf. Ich saß auf der Terrasse meiner Tante Yaffa in K'far Haroeh, einem religiösen, landwirtschaftlichem Dorf auf einem Hügel mit Blick auf Israels Küstenebene. Eine große Yeshiva mit Kuppeldach am höchsten Punkt beherrschte die Siedlung, die mit Zitronenhainen und einfachen, weiß verputzten Häusern bebaut war. Es war das Israel der Bilderbücher und Romane meiner Kindheit. Ich hatte die Brüder meines Großvaters kennengelernt, die aussahen wie er (und wie ich) und die warmherzig und liebevoll zum Enkelsohn desjenigen waren, der zugunsten der „goldenen Straßen" Amerikas das Heilige Land im Stich gelassen hatte. Ich war der Junge, der „nach Hause gekommen" war. Siebzehn Jahre Vorbereitung und Unterricht in Sprache, Geschichte und Kultur hatten ihr Ziel erreicht. Stolz auf das Wunder des modernen Israel, darauf, was mein Volk getan hatte, um dies lebendige Land aus der Asche von Auschwitz erstehen zu lassen, war ich - besser kann ich es nicht ausdrücken - verliebt.

Meine Tante, ihre drei Kinder und ich saßen am Esstisch zusammen. Sie redeten über „die Araber". Ich erinnere mich nicht mehr an den Inhalt der Gespräche, aber sehr wohl an den Ton und die Einstellung: So redeten in Philadelphia die Weißen über die Schwarzen in der Zeit vor der Bürgerrechtsbewegung, in der ich aufgewachsen war. Ich wusste, dass es Araber im Land gab - wir sprachen damals nicht von „Palästinensern" - aber in der Geschichte, die ich erzählt bekommen hatte, kamen sie nur als die Feinde vor, die im Krieg besiegt worden waren und die weiterhin die Sicherheit des jungen Staates bedrohten. Aber in dem Augenblick, in dem ich den Rassismus hörte und zumindest irgendwie die Angst verstand, die unter der Oberfläche lag, wusste ich, da ist in der Geschichte etwas ausgelassen worden. In dem Augenblick, mitten in meiner Verzauberung und Freude über das Wunder des jüdischen Staates und mitten im schönsten Familienglück, das ich je erlebt hatte, wusste ich, das es da ein Problem gibt, einen verhängnisvollen schwarzen Fleck im zionistischen Traum. Der Traum, das Bilderbuchland der Kibbuzim und der Städte aus weißem Stein und der Männer mit den schwarzen Hüten, die ihre alte Welt des Geistes und Thorastudiums wieder errichten konnten, war auf wackeligem Fundament gebaut, einem Fundament der Verdrängung. Es gab andere Menschen hier. Sie waren da, als wir von den Küsten eines ungastlichen, mörderischen Europas ankamen. Ich wusste das, und ich konnte auch sehen, dass bei der Sammlung meines Volkes diese „anderen" nicht zählten. Und irgendwie wusste ich sogar damals schon, dass dieser grundlegende schwarze Fleck wachsen würde und letztlich den Traum von Unabhängigkeit und Sicherheit verschlingen würde.

Ein Samen war ausgesät worden.

Fünf Jahre später nahm ich eine Auszeit nach meinem ersten Abschluss an der Universität und lebte ein Jahr lang in einem Kibbuz in Galiläa. Es war eine wunderbare Art und Weise, mich mit meinem Jüdischsein zu verbinden, den zionistischen Traum zu leben und mich von der Synagogenfrömmigkeit zu distanzieren, in der ich aufgewachsen bin - alles gleichzeitig. Wie die meisten Kibbuzim war dieser offiziell nichtreligiös: keine Beschwörung des frommen europäischen „Ghettojuden" sollte die ideale, egalitäre und sozialistische Gesellschaft stören, die errichtet worden war.

Während ich auf diesem schönen Hügel im Norden Galiläas lebte, schaffte ich es, die Tatsache nicht zur Kenntnis zu nehmen, dass sich hier bis 1948 ein palästinensisches Dorf befand, seine Einwohner vertrieben wurden und ihre Nachkommen heute in armseligen Flüchtlingslagern im Libanon zusammengepfercht sind. Ich ignorierte die Überreste der palästinensischen Häuser von vor 1948, die es immer noch auf dem Gelände des Kibbuz gab, und auch die uralten, jetzt nicht abgeernteten Olivenbäume an den Rändern der Felder und Wege. Was ich jedoch in dem Jahr nicht aus dem Gedächtnis verbannen konnte, war eine Begegnung mit einer palästinensischen Familie, die in einer kleinen Stadt ganz in der Nähe lebte. Die Familie war vertrieben worden, indem ihr Dorf, dessen Überreste in Sichtweite meines Kibbuz lagen, in einen Haufen Trümmer verwandelt wurde. Sie erzählten mir, wie sie nach ihrer Vertreibung durch jüdische Soldaten 1948 immer wieder in ihre Häuser zurückgekehrt waren, obwohl ihnen von der israelischen Armee gesagt wurde, ihre Präsenz dort sei ein „Sicherheitsrisiko". Schließlich, so erzählte mir die Familie, wurde das Dorf mit Sprengladungen zerstört. „Golda hat unser Dorf in die Luft gesprengt!", so drückten sie sich aus. *Golda? My Golda Meir*, die Heldin meines Volkes, gemeinsam mit David Ben-Gurion die Architektin des Staates Israels und seine erste Premierministerin? *Meine Golda* ließ Menschen aus ihren Häusern werfen, stahl ihre Bauernhöfe und sprengte ihre Dörfer in die Luft?

Ein weitereres Samenkorn war ausgesät worden.

Heiliger Boden

Jerusalem ist voller Denkmäler. Nicht lange nach meiner Konfrontation mit der Attali-Plakette besuchte unsere Delegation eine andere, viel größere Erinnerungsstätte, eine der berühmtesten in Israel, wenn nicht auf der Welt. Oben auf einem der Hügel westlich von Jerusalem steht Yad Vashem, Israels nationale Gedenkstätte für die jüdischen Opfer des Völkermords der Nazis und das Holocaust-Museum. Unmittelbar vor dem Museum schritt ich durch einen riesigen Steinbogen, auf dem die Worte des Propheten Hesekiel aus dessen berühmter Vision der verdorrten Gebeine eingemeißelt sind:

ICH WILL MEINEN ATEM IN EUCH EINGEBEN,
DASS IHR WIEDER LEBEN SOLLT,
UND ICH WILL EUCH IN EUER LAND SETZEN
Hesekiel 37,14

Diese Inschrift ließ mich wie angewurzelt stehen bleiben. Ich war vier Tage lang in Jerusalem und im Westjordanland gewesen. Ich platzte vor Wut über das, was ich gesehen hatte. Ich fühlte mich dem erlösenden zionistischen Traum nicht verbunden. Und da sollte noch mehr auf mich zukommen: seit meinem letzten Besuch in Yad Vashem vor sechs Jahren war eine neue Ausstellung aufgebaut worden, eine, die dich mit allem konfrontiert, sobald du hineingehst.

Ich stand vor einer riesigen Landkarte von Mittel- und Osteuropa. Darauf wurde ein Panorama aus Bildern der verlorenen Welt der europäischen Juden projiziert: Kunsthandwerker, Musiker, Arbeiter, Lehrer, Dörfer, Lernhäuser, Kinder. Alles vergangen. Der Film endete mit einer Fotografie eines jüdischen Kinderchors, irgendwo in Europa, der die zionistische Hymne Hatikva (Die Hoffnung) sang, die jetzt die Nationalhymne Israels ist. Es war niederschmetternd. Eine Hand hatte in mich hineingegriffen, mein Herz erfasst und mich in meine Vergangenheit zurückversetzt, in das kollektive Gedächtnis meines Volkes. Ja, ich war entsetzt über das, was ich als Augenzeuge im Westjordanland

Die Mauer fällt

erlebt hatte, aber wie konnte ich meiner eigenen Geschichte den Rücken zukehren? Wie sollte ich mich abwenden von diesem unermesslichen, unfassbaren Verlust, oder, vielmehr noch, von Israel, meiner Errettung? Es hatte funktioniert - es hatte mich gepackt. Was sollte ich jetzt machen? Ich hatte keine Wahl. Betäubt, innerlich leer und verwirrt drehte ich mich um und ging durch die Eingangshalle zum Museum.

Es ist eine brillante Ausstellung. Der Raum liegt unterirdisch - keine Fenster, kein Licht, kein Entkommen. Man geht *nach unten hinein*. Du wirst durch Gänge und Tunnel geführt, ohne einen anderen Weg heraus als hindurch. Man durchquert die ganze bekannte Geschichte: von den judenfeindlichen Gesetzen, die in den dreißiger Jahren erlassen wurden, von den Mauern der Isolation, der Not und der Erniedrigung, die sich immer enger schlossen, bis zur Endlösung: den Verbrennungsöfen, den aufgestapelten Leichen und den Gesichtern der verhungernden und verängstigten Kinder. Dunkelheit nimmt dein Herz gefangen. Du fühlst dich, als wenn du diesem Ort des Bösen und der Verzweiflung nie entkommen wirst. Aber gerade wenn du dich vom Schrecken überwältigt fühlst, gehst du um die Ecke und findest dich im letzten Teil der Ausstellung wieder, wo das Wunder gezeigt wird: Hier hängen vergrößerte Fotos der Schiffe, die die Flüchtlinge an Israels Strände bringen. Gesichter voller Hoffnung und Dankbarkeit. Dort ist David Ben-Gurion abgebildet, wie er bei der Geburt des Staates Israel die Unabhängigkeitserklärung verliest. Dann auf einmal, indem du eine breite Treppe emporsteigst, tauchst du auf ins Licht und an die frische Luft, wo sich dir auf einer großen Terrasse der Blick auf die Hügel von Jerusalem auftut. *Das ist das letzte Exponat*. Und da traf es mich - das war nicht nur ein Museum. Das war eine Unterrichtsstunde, das war Indoktrination: von dem Bibelzitat am Eingang, dem Gang durch die Tiefen hindurch zu diesem Ausblick. Unser Land. Unsere Belohnung. Unsere Bestimmung.

Als wir das Museum verließen, drehte sich Diane, eine Mitreisende, zu mir um. Ob ich gesehen hätte, was sie gerade gesehen habe? Ob ich bemerkt hätte, wie die Methoden von Enteignung, Ausgrenzung und Demütigung, deren Augenzeugen wir in den letzten Tagen waren, an

DIE MAUER ÜBERWINDEN

die Art und Weise erinnerten, wie die Juden nach der Machtübernahme durch die Partei der Nazis behandelt wurden - in den Jahren vor den Vernichtungslagern und den Verbrennungsöfen? Ja, antwortete ich, ich hatte es bemerkt. Und in dem Augenblick ließ etwas sehr tief in mir los.

Ich hatte, wie schon so oft, den heiligen Boden des Holocausts der Nazis betreten. Zum ersten Mal hatte ich *die Regel* übertreten: *Unser* Holocaust, *der* Holocaust, darf niemals mit irgendeinem anderen Unglück oder Völkermord verglichen werden. Er muss als das endgültige Verbrechen gegen die Menschlichkeit gelten. Ich hatte noch eine Regel verletzt, die nicht oft ausgesprochen wird, aber dennoch voll gültig ist: Man darf nie das Vorgehen der Israelis mit den Verbrechen der Nazis vergleichen. „Obszön" wird der Vergleich genannt. Jetzt weiß ich, was obszön ist, nämlich den Vergleich nicht zuzulassen und zu sagen: „Das sind *sie* - das können wir gar nicht sein."

Ich erkannte, wie gefährlich diese Vorschrift für die jüdische Psyche ist, ja für jede Gruppe und jeden Einzelnen, die für sich das ausschließliche Recht auf die Opferrolle in Anspruch nehmen. Ich sah diese Mentalität bei der Trennmauer. Ich sah sie in Jerusalem, wie es Stein für Stein und Stadtviertel für Stadtviertel von meinem eigenen Volk vereinnahmt wird, wobei mein Volk sich seine geistliche Erlösung und körperliche Unversehrtheit auf Kosten der Palästinenser erschaffen will. Demgegenüber die Augen zu schließen - das ist die Obszönität.

Als ich an dem Tage das Museum verließ, wusste ich, wie das Unheil des Nazi-Holocausts im Kontext heutigen jüdischen Lebens zu verstehen ist. Obwohl ich drei Jahre nach der Niederlage des Dritten Reiches geboren worden bin, sollte der Mord an den sechs Millionen meines Volkes ein prägendes historisches Ereignis in meinem Leben bleiben. Aber jetzt fand ich den Sinn dieser Tragödie für mein Volk darin, mich für Gerechtigkeit für die Palästinenser einzusetzen. Es gab zu viele Parallelen, zu viele Arten, in denen Israel den Palästinensern das antut, was die Nazis uns angetan haben. Nein, wir haben keine Vernichtungslager gebaut. Aber wir haben uns in Bestien verwandelt und wir sind dabei, eine Zivilisation zu beseitigen.

Der Auftrag

An dem Freitagabend des letzten Wochenendes unserer Reise nahm unsere interreligiöse Delegation an einem jüdischen Gottesdienst in Westjerusalem teil. Die Synagoge, die wir besuchten, richtet sich an Juden aus den USA, die Israel besuchen oder hier leben. Sie wurde von der Vereinigten Synagoge für konservatives Judentum gegründet, eine US-amerikanische Konfession zwischen orthodoxem und reformiertem Judentum, in der ich aufgewachsen bin. Am Freitagabend geschieht die traditionelle Begrüßung des Sabbats, der wie alle jüdischen Feiertage mit dem Sonnenuntergang am Vorabend beginnt. Es ist ein schöner Gottesdienst, der mit einem freudigen und geheimnisvollen Geist erfüllt ist. Der Gottesdienst fängt mit dem Singen von Psalmen und mittelalterlichen Chorälen an, in denen die göttlichen Taten der Erneuerung und Besinnung gepriesen werden, die wir nachahmen, indem wir uns an das Gebot halten, uns auszuruhen, wie Gott es am siebten Tag tat. Als der Gottesdienst begann, spürte ich, wie mich der Gesang und der Geist einnahmen.

In dem Moment kam eine große Gruppe herein: Ich kannte sie nicht persönlich, aber ich wusste, wer sie war, nämlich eine Gruppe von Jugendlichen auf der Sommerreise, die von derselben amerikanisch-jüdischen Glaubensgemeinschaft gefördert wurde. Sie nahmen den vorderen Teil des Raumes ein und begannen, ihre Stimmen und Arme gen Himmel zu erheben. Wie die mittelalterlichen Kabbalisten hießen sie so ekstatisch den Sabbat willkommen. Mir lief es kalt den Rücken herunter. Ich sah mich selbst vor vierzig Jahren, einen Siebzehnjährigen auf der gleichen von der Synagoge finanzierten Reise. Ich wendete mich zu Maia aus unserer Delegationsleitung, die als Quäkerin viele Jahre für Frieden in Palästina gearbeitet hatte, und flüsterte ihr zu: „Ich kenne diese Gruppe. Sie sind in ihr Judentum verliebt, und sie sind in Jerusalem verliebt. Die Palästinenser existieren für sie nicht. Sie sähen sie am liebsten tot, um des Vergnügens willen, ihr Judentum in ihrem Jerusalem feiern zu können." Maia schaute mich einfach an und nickte. Sie verstand.

Es war eine emotional gewalttätige Reaktion. Ich war überrascht über mich selbst. Einige der Mitreisenden, die meine Bemerkung zu

Maia gehört hatten - die Geschichte machte die Runde - waren entsetzt über das, was ich gesagt hatte, und wütend auf mich. Sicherlich war meine Charakterisierung dieser Jugendlichen unfair: Ich kannte sie nicht. Das war „mein Zeugs", das sprach - meine eigene Wut und meine Scham, meine noch nicht verarbeiteten Gefühle darüber, wie ich als Kind programmiert worden war. Ich war mir fast sicher, dass die Jugendlichen, die ich beobachtete, nicht das gesehen hatten, was ich gesehen hatte und sich dessen nicht bewusst waren, was den Palästinensern widerfahren ist und immer noch widerfährt. Aber zum Teil ging es genau darum: Sie sind mit dem zionistischen Narrativ indoktriniert worden wie ich in meiner Jugend. Ohne den Preis zu ahnen, den das palästinensische Volk für ihr „jüdisches" Jerusalem bezahlt hat, waren sie nicht trotzdem mitschuldig?

Nach dem Gottesdienst saß ich mit Said zusammen, unserem palästinensischen Reiseführer. Das Vertrauen zueinander war während der zwei Wochen unseres Zusammenseins gewachsen. Ich beschrieb ihm, was in der Synagoge passiert war, indem ich ihm erklärte, wie heftig es war, derart den Spiegel vorgehalten zu bekommen. Und ich wiederholte meine Äußerung, indem ich sie auf seine Person zuspitzte: „Sie würden dich am liebsten tot sehen, Said, damit sie das Privileg haben, in ihrem Jerusalem Gott zu lobpreisen." Er schwieg und nahm das ruhig auf. Auch er verstand.

„Das sind meine Leute", sagte ich. „Das sind die, zu denen ich zurückkehren werde."

Said antwortete, „Dann weißt du, was du tun musst."

Ich nahm den Auftrag an. Aber ich hatte keine Ahnung, was das konkret heißen würde. Ich hatte nichts als Fragen zu dem, was ich mit meinen neu erlangten Kenntnissen und den starken Gefühlen anfangen sollte. Aber zu Hause warteten die Antworten auf mich.

3. KAPITEL

WILLKOMMEN IN UNSERER SYNAGOGE

Den Auftrag meines palästinensischen Freundes auszuführen, sollte schwierig werden.

Als ich in die Vereinigten Staaten zurückkam, stieß ich auf eine Situation, die ebenso verstörend war wie das, was ich im Westjordanland gesehen hatte. Ich redete mit jedem aus meiner jüdischen Gemeinde, der zuhören wollte, um zu erklären, dass unser Heimatland-Projekt voller Mängel sei, und dass wir, anstatt uns vom Leiden und der Unsicherheit befreit zu haben, uns einem ungeheuren Risiko ausgesetzt hätten. Es gibt eine andere Geschichte von 1948, erklärte ich, und das ist die palästinensische Geschichte, und diese sollten wir schleunigst lernen und etwas tun, bevor es zu spät ist.

Aber die Mehrheit der Juden hatte sich meiner Botschaft verschlossen. Was ich über Israel sagte, war inakzeptabel und einfach nicht gutzuheißen. Die freundlichste Charakterisierung meines Standpunkts war, dass ich „naiv" sei und von den Menschen und Kräften beeinflusst, die uns Böses wollten. Die Argumente variierten zwar, aber sie basierten alle auf einer einzigen Prämisse: den jüdischen Staat zu verteidigen, musste das wichtigste Anliegen sein. Ja, es sei beklagenswert, dass unschuldige Palästinenser leiden müssten, aber die Sorge für Israels Sicherheit habe Vorrang gegenüber allen anderen Überlegungen. Die Mauer sei bedauerlich, aber sie schütze Israel vor dem Terrorismus.[1] Und schließlich: Israel sei nicht perfekt, aber Israel offen zu kritisieren,

---

[1] Dies Argument für die Notwendigkeit der Mauer ist suspekt. Schätzungen zufolge kommen täglich 10.000 Palästinenser aus dem Westjordanland illegal nach Israel (d.h. auf die westliche Seite der Grenze, die sie de facto durch die Mauer ist), um zu arbeiten. Ein Blick auf die Landkarte und den

helfe jenen und unterstütze diejenigen, die uns zerstören wollten. Ob ich nicht erkennen würde, dass Antisemitismus überall sei und dass wir uns vor dem unerbittlichen Hass unserer Feinde verteidigen müssten? Außerdem, selbst wenn wir anerkennen würden, dass die Palästinenser enteignet wurden, wie könnten wir erwägen, ihrer Not abzuhelfen, ohne den jüdischen Charakter (d.h. die jüdische Mehrheit) Israels zu zerstören?

Ja, eine kleine Anzahl von Rabbinern hatte begonnen, ihre Stimme zu erheben, und Organisationen mit jüdischen Aktivisten widmeten sich der Aufgabe, die Menschenrechtsverletzungen Israels anzuprangern und die Politik unserer Regierung, die dieses Verhalten unterstützte. Aber das etablierte Judentum - die Synagogen der verschiedenen Bekenntnisse, die gemeinnützigen und sozialen Wohlfahrtsverbände, die Lobby- und Aufpassergruppen, die *Political Action Committees*[2] - waren darauf getrimmt, jedes Wort zum Schweigen zu bringen, dass von den Grundsätzen des politischen Zionismus abwich oder sie in Frage stellte. Sie kämpften, und zwar hart, um die bedingungslose finanzielle und diplomatische Unterstützung, die Israel genoss, zu schützen. Jede Person, besonders ein Mitjude, der das vorherrschende Narrativ eines gefährdeten Israels, das von mächtigen Feinden belagert wurde, anzweifelte, war mit einer Phalanx von Widerstand konfrontiert, untermauert mit Vorwürfen des Antisemitismus.

Es tat weh, solche Reaktionen von meinen eigenen Leuten entgegengebracht zu bekommen. Aber neben dem Schmerz und der Empörung, die ich fühlte, wurde mir etwas anderes bewusst: etwas, das sogar stärker war als die Glut meiner Wut über die Ablehnung durch meine

---

Verlauf der Mauer zeigt deutlich, dass sie große, völkerrechtswidrige Siedlungsblöcke einschließt. Das legt nahe, dass ihr Zweck die Landnahme ist, um effektiv eine neue Grenze festzulegen, die über die Waffenstillstandslinie von 1949 hinausgeht, welche die anerkannte Grenze vor Israels Besetzung des Westjordanlandes im Jahr 1967 war. Ein weiterer Zweck der Mauer ist der, dass sie den Israelis als psychologische Barriere dient.

2   Bezeichnung für eine Lobbygruppe in den USA, die Geld für Kampagnen sammelt und sich gezielt für oder gegen Abgeordnete im Wahlkampf einsetzt, auch bei Gesetzesvorhaben oder Petitionen.

eigene Gemeinschaft oder als die Scham und das Entsetzen über das, was ich gesehen hatte. Es war eine Sehnsucht, aber eine andere als die in der „Hatikvah" ausgedrückte. Ist es möglich, fragte ich mich, dass wir Juden, die wir darauf bestanden, den Staat Israel als eine Belohnung anzusehen, die uns als privilegierter und exklusiver Gruppe verliehen wurde, uns einer neuen Vision öffnen könnten? Könnten wir lernen, uns eine Idee zu eigen zu machen, die größer und nachhaltiger ist als die, unsere „Erlösung" durch politische Macht und militärische Gewalt zu erreichen? Ich wünschte der Gesellschaft, die in Israel geschaffen worden ist, dass sie ihren jüdischen Charakter beibehalten kann, aber dass sie auch eine Vision für sich in Anspruch nimmt, die über das Recht auf eine nationale Heimstätte im historischen Palästina hinausgeht, das sich die Juden vor hundert Jahren selbst zugesprochen haben.

In Yad Vashem hatte ich zu begreifen begonnen, was diese Vision sein könnte. Ich erkannte, dass die Bedeutung des Holocausts nicht die war, sich hinter immer höheren Schutzmauern zurückzuziehen, sondern vielmehr unsere Herzen der Universalität des menschlichen Leidens zu öffnen und unserer Verpflichtung als Teil der Menschheit, es zu lindern. Ich wusste, dass die Befreiung aus einer Geschichte von Unterdrückung und Leid nicht erreicht werden konnte, indem man auf der Würde eines anderen Volkes herumtrampelte oder ihm seine Menschenrechte verweigerte. Ich konnte erkennen, dass das nationalistische Projekt, das uns Sicherheit garantieren sollte, nicht funktionierte. Weil Israel weiterhin palästinensisches Land wegnimmt und die indigene Bevölkerung zu Unterworfenen macht, ist es in der Welt zunehmend isoliert. Und die israelische Gesellschaft leidet. Ich wusste, dass die Israelis niemals eine gesunde Gesellschaft auf dem Fundament der Überzeugung aufbauen können, dass die Welt ein feindlicher Ort ist und ein zweiter Holocaust an der nächsten Wegbiegung lauert. Je mehr ich den Wahnsinn dieser sogenannten Lösung für das Problem des Antisemitismus verstand, desto dringender fühlte ich das Bedürfnis, etwas dagegen zu tun. Ich musste handeln, sowohl aus Sorge um Israel, als auch wegen meiner Empörung über die Menschenrechtsvergehen, die ich gesehen hatte. Allerdings schien es, dass ich bei denen, die ich vor allem erreichen wollte, kein Gehör finden sollte.

Die Kirche öffnet ihre Türen - und ihr Herz

Das jüdische Establishment hatte sich vergraben - stur, blind und, wie ich meine, tragischerweise. Es verweigerte die Einsicht, dass der Kurs, den Israel verfolgte, katastrophal verfehlt war. Ich trauerte darüber und, offen gesagt, es machte mir Angst. Aber ich sollte keine Gelegenheit bekommen, darüber nachzugrübeln. Denn wie es oft geschieht, wenn sich eine Tür schließt, öffnet sich eine andere. Gerade als ich den Widerstand der jüdischen *Community* erlebte, machte ich eine Entdeckung, die mein Leben veränderte.

Die meisten in der Gruppe, mit der ich in Israel und im Westjordanland gereist bin, waren Christen. Wir hatten vereinbart, nach unserer Rückkehr in die USA über unsere Erfahrungen zu sprechen. Deshalb hatten meine neuen Freunde angefangen, für mich in ihren Kirchen Vortragstermine zu organisieren. Und etwas Außergewöhnliches geschah: Die Türen wurden weit geöffnet. Ich fand heraus, dass Christen, wie die meisten Amerikaner, nichts von dem wussten, was den Palästinensern 1948 zugestoßen ist. Ebenso wenig war ihnen bewusst, unter welch repressiven Bedingungen die Palästinenser heute lebten. Wenn meine Zuhörer von den historischen und aktuellen Ungerechtigkeiten erfuhren, die den Palästinensern zugefügt wurden, reagierten sie, wie sie es bei jedem Bericht über ein unterdrücktes Volk getan hätten. Während ich in einer Kirche nach der anderen sprach, spürte ich eine große Leidenschaft für Gerechtigkeit und eine größtenteils noch ungenutzte Bereitschaft zum Engagement für dieses Thema. Ich merkte, wie wichtig die Kirchen sein könnten für das Überwinden der politischen Blockade, die so verheerend ist, nicht nur für die Palästinenser, sondern auch für die Juden.

Aber ein großes Hindernis stand den Kirchen im Weg, sich speziell dieses Menschenrechtsthemas anzunehmen. Überall, wo ich hinkam, traf ich Christen, die meine Botschaft dankbar hörten, dass etwas gegen Israels Misshandlung der Palästinenser getan werden müsse, die aber meinten, weil die Christen eine solch große Verantwortung für das Leid der Juden trügen, könnten sie nichts sagen oder tun, was dem jüdischen Staat schade oder was auch nur als Kritik an Israel aufgefasst werden könnte. Das begriff ich gleich während eines meiner allerersten Vorträge kurz nach meiner Rückkehr in die Vereinigten Staaten.

Ich sprach in einer historischen Kirche in der Innenstadt von Washington, deren Gemeinde für ihr Engagement für Menschenrechte und soziale Gerechtigkeit im In- und Ausland bekannt ist. Ich sprach offen darüber, wie entsetzt ich als Augenzeuge der israelischen Menschenrechtsverletzungen war und über mein gebrochenes Herz und die Angst um mein Volk. Ich zeichnete meine „Bekehrung" nach von einem Juden, der kritisch gegenüber einem Teil von Israels Politik eingestellt war, zu einem, der jetzt ernsthafte Zweifel am zionistischen Projekt selbst hat. Ich sagte, dass ich die Enteignung der Palästinenser von 1948 und die andauernde Kolonisierung palästinensischen Landes seit 1967 für die Hauptursache des Konflikts halte. Und dass ich dem Streben nach Gerechtigkeit für die Palästinenser als einzigem Weg zum Frieden verpflichtet sei.

Der Pastor der Gemeinde war da und hörte aufmerksam zu. Danach kam er zu mir und sagte, dass er zwar damit übereinstimme, dass die Rechte der Palästinenser eingeschränkt werden und dass er mich für meine deutlichen Worte bewundere, er aber doch meine, dass wir beim Gespräch über die Situation sensibel den Gefühlen der Juden gegenüber sein müssten. „Was meinen Sie?" fragte ich. Er antwortete: „Als Pastor habe ich Kirchengeschichte studiert und ich fühle mich persönlich für den Nazi-Holocaust verantwortlich. Ich habe mich während meiner ganzen Karriere für soziale Gerechtigkeit engagiert, inklusive jahrelanger Arbeit mit einer interreligiösen Gruppe aus christlichen, muslimischen und jüdischen Geistlichen. Bis vor kurzem kamen ‚Israel und die Palästinenser' dabei gar nicht vor. Aber als das Thema des Kapitalabzugs (*Divestment*) der Presbyterianischen Kirche 2004 auf die Tagesordnung kam, also das Geld aus ihrem Pensionsfonds den Unternehmen zu entziehen, die von Israels Besatzung profitieren, entschieden wir aus Respekt vor den Rabbinern, die gegen *Divestment* sind, dieses Thema auszuklammern."[3]

---

[3] Erst 2014 hat die Synode der Presbyterianischen Kirche der USA dafür gestimmt, die Geldanlagen aus ihrem Pensionsfonds den Unternehmen Caterpillar,

Es gibt Momente, da sagst du Sätze, von denen du nicht wusstest, dass sie in dir waren. „Herr Pfarrer", sagte ich, „Sie müssen etwas anderes mit Ihrer christlichen Schuld tun. Wir Juden haben riesige Probleme mit unserem Projekt eines Nationalstaates. Die Augen davor zu verschließen, ist das Schlimmste, was wir machen können. Die Rabbiner, die sich auf keine offene Diskussion über Israel und den Zionismus einlassen wollen, erweisen Israel damit keinen Dienst. Israel wird zusehends in der Welt isoliert und immer mehr als Schurkenstaat wahrgenommen und als Bedrohung des Friedens in der Region, wenn nicht in der ganzen Welt. Wenn wir Juden das nicht einsehen können, dann sind wir umso mehr angewiesen auf Ihre Hilfe als christliche Verantwortungsträger und als Arbeiter für Gerechtigkeit und Frieden. Und Christen, *besonders* Geistliche, die sich den Mund verbieten, erweisen dem jüdischen Volk damit keinen Dienst. Wir sind darauf angewiesen, dass Sie Ihre Stimme erheben und nicht den Maulkorb anlegen und damit das Totschweigen noch fördern." Er starrte mich an und sogar mir selbst verschlug es für einen Moment die Sprache. Wo war das hergekommen? Aber ich war noch gar nicht fertig. Meine nächsten Worte überraschten mich noch mehr. „Herr Pfarrer", sagte ich, „als Amerikaner und als Mann der Kirche muss das zu Ihrem Anliegen werden. Sich zurückzuhalten ist nicht das, was Jesus von Ihnen erwarten würde."

Es war mein „Damaskuserlebnis". Vielleicht war ich auch von einer Stimme aus dem Himmel zu Boden geworfen worden. In dem Augenblick erkannte ich, dass mir eine Stimme gegeben war, um sie zu erheben, und Ohren, um zu hören. Es war eine Stimme, die zu den nordamerikanischen Christen sprechen konnte, die das Schicksal der Palästinenser nicht länger unberührt ließ und die das Problem mit dem Narrativ des jüdischen Staates aus dem Geschichtsbuch erkannten, das sie so lange eingetrichtert bekommen hatten.

Hewlett Packard und Motorola Solutions zu entziehen, weil sie mit Bulldozern, Marinetechnik und Sicherheitselektronik an der israelischen Besatzung und Blockade des Gazastreifens verdienen. Im Januar 2016 entschied die zweitgrößte protestantische Konfession der USA, die Methodistische Kirche, fünf israelische Banken wegen deren Siedlungsfinanzierung von ihren Kapitalanlagen auszuschließen.

Es war eine Stimme, um diese Christen zu ermutigen, die Theologie zu überprüfen, welche die Fragen unterdrückt hatte, die sich zwangsläufig aus dem den Juden von Gott verliehenen Recht, über die anderen Völker im Land zu herrschen, ergaben. Es waren Ohren, um die gequälte Frage zu hören: „Was soll ich tun, wenn meine jüdischen Freunde, Familienangehörigen und Geschäftspartner mir sagen, ich dürfe das Verhalten Israels nicht in Frage stellen?"

Diese Frage höre ich immer wieder von Menschen, die nach meinen Vorträgen zu mir kommen. Während einer kirchlichen Tagung kam einmal eine Frau auf mich zu, die mir unter Tränen beschrieb, wie die Beziehung zu ihrer besten Freundin, einer Jüdin, entzweiginge, weil diese auf jeden Hinweis auf das Leiden der Palästinenser wütend reagierte. Ich hörte von einem Geistlichen nach dem anderen, wie sie nach viel Zögern und Beten das Thema dem Rabbiner gegenüber ansprachen, mit dem sie seit Jahren zusammenarbeiteten, und gesagt bekamen, manchmal freundlich und manchmal nicht so freundlich, sich da herauszuhalten: *„Das ist unsere Sache, nicht Eure."*

Willkommen in unserer Synagoge

Meine Begegnung mit dem Pastor an jenem Tag in Washington war der Beginn dieses Buches. Trotz meiner Dreistigkeit - hier belehrte ein jüdischer Psychologe einen presbyterianischen Pastor darüber, was Jesus von ihm erwartete! - hatte der Pastor nicht mit der Wimper gezuckt. Er war weder von seinem Standpunkt zurückgewichen, noch hatte er meine Herausforderung abgelehnt. Unsere Begegnung an dem Tag war der Anfang eines andauernden Dialogs und einer Freundschaft, die ich schätze.

Sie war auch ein Ruf - ein Moment, der mein Leben veränderte. Bis dahin hatte Religion bei mir nur innerhalb meiner geschlossenen jüdischen Welt eine Rolle gespielt. Es tat gut, so eindringlich mit einer anderen Glaubenstradition in Verbindung zu treten. Das sah ich nicht als eine Ablehnung des Judentums oder meiner jüdischen Identität an. Das genaue Gegenteil war der Fall: indem ich diesem Ruf gefolgt bin, habe ich mir mein Innerstes zu eigen gemacht, das Jüdischsein, das ich

DIE MAUER ÜBERWINDEN

im Herzen immer gefühlt habe, der Jude, zu dem ich Schritt um Schritt geworden bin.

Eines Abends fand ich mich im Altarraum einer Kirche in New England bei einem Vortrag vor einer Gruppe wieder. Jemand fragte mich, zu welcher Synagoge ich gehöre. Die Frage kam überraschend und genauso unvermittelt spontan war meine Antwort. Ich sagte, „Sie sitzen darin. Diese Arbeit und dieses Bezeugen ist mein Gotteshaus. So drücke ich meine Hingabe zu meinem Glauben aus." Wir waren in einer katholischen Kirche. Ein Kruzifix hing über dem Altar hinter mir. Ich fuhr fort: „Und ich weiß, dass der galiläische Rabbiner und Visionär, dessen Bild über meiner rechten Schulter hängt, meine Aussage voll und ganz unterstreichen würde. Also," und damit breitete ich meine Arme weit aus, „willkommen in meiner Synagoge!" Ich sah, wie Münder offen standen - und dann brach Applaus los. Und ich wusste, dass der Beifall nicht mir galt, sondern der Bedeutsamkeit des Augenblicks.

Und dies war passiert: eine Glaubensgemeinschaft feiert ihre Verpflichtung zu sozialer Gerechtigkeit, zu einem grundlegenden Wertekanon, der, obwohl er oft dem herrschenden politischen System oder der Gesellschaftsordnung widerspricht, seinen Ausdruck darin findet, sich einer gerechten Sache anzunehmen. Ich lernte, dass ein entschiedener, kämpferischer Einsatz für Gerechtigkeit genau dem Entstehen und dem Geist der frühen Kirche entspricht: gewaltfreie Widerstandsnester gegen die Tyrannei. Die ersten Christen lebten ihren Glauben in kleinen, mutigen Gemeinschaften. Während sie sich in ihren Häusern versammelten und in ständiger Angst lebten, entdeckt zu werden und Schikanen und Schlimmeres zu erleiden, bezeugten sie eine andere Art zu leben, mitten im Römischen Reich, einer Zivilisation und einem Machtapparat, die die Werte von Barmherzigkeit und Gleichheit zu untergraben versuchten, welche die Fundamente ihres Glaubens und Handelns waren.

Mir war die Wirkung dieser Forderung nach Gerechtigkeit auf verschiedenen Ebenen der US - amerikanischen Kirchen begegnet. Ich habe kleine, aber zielstrebige Zellen von Aktivisten in den Ausschüssen für Mission auf Gemeindeebene gefunden, in den Arbeitsgruppen für

Menschenrechte auf Kirchenleitungsebene und in lokalen Friedensgruppen, die bereit dazu waren, wenn sie sich noch nicht des Schicksals der Palästinenser angenommen hatten, Israel und Palästina ganz oben auf die Tagesordnung zu setzen. Das wächst quer durch eine richtig ökumenische Landschaft. Es passiert in progressiven katholischen Organisationen und Orden, die Referenten einladen und Nonnen und Priester ins Heilige Land aussenden, um palästinensische Menschenrechte zu verteidigen. Es lässt sich ablesen an den konsequenten und mutigen Taten der amerikanischen protestantischen Konfessionen, die Beschlüsse verabschieden, ihre Geldanlagen den Unternehmen zu entziehen, die mit der Besatzung Palästinas Geschäfte machen. Und es passiert auf ökumenischen Konferenzen über den Kampf für Menschenrechte in Palästina und in anderen Konfliktregionen.

Ich habe Evangelikale kennengelernt, die mit dem Klischee ihnen gegenüber, religiöse Extremisten zu sein, die nach jüdischer Vorherrschaft in Jerusalem rufen, um Jesu Wiederkommen zu beschleunigen, aufräumen: Sie drücken ihre Solidarität mit dem Ruf der Palästinenser nach Gerechtigkeit aus, besuchen das besetzte Bethlehem, um ihre Unterstützung für die christlichen und muslimischen Palästinenser zu zeigen und ihre verzweifelte Situation besser zu verstehen.

Ich merkte, dass ich es mit einer großen Kraft zu tun hatte: tief, weitreichend, leidenschaftlich und bereit, sich dieses Themas auf weltweiter Ebene anzunehmen. Ich erkannte sie als eine Bewegung, welche die Politik des Konflikts ändern würde, als eine Kraft, an Stärke und Einsatzbereitschaft ebenbürtig der Bewegung von Gemeindepfarrern und anderen Verantwortlichen, die die amerikanische Bürgerrechtsbewegung für die Gleichberechtigung der Schwarzen angeführt haben, und auch ebenbürtig der weltweiten Kampagne, die südafrikanische Apartheid zu beenden, welche von den Kirchen auf der ganzen Welt unterstützt wurde. Mich haben die Menschen, die ich getroffen habe, inspiriert, ermutigt, tief berührt und begeistert mit ihrem Hunger - es gibt kein besseres Wort dafür - über die Situation vor Ort informiert zu werden und Wege zu finden, sich zu engagieren.

Zwei Fragen

Ich war aus dem Heiligen Land mit einer einzigen brennenden Frage zurückgekommen: Warum macht mein Volk das? Sie wurde bald von einer zweiten, ebenso dringlichen Frage begleitet: Warum helft Ihr, unsere christlichen Landsleute, dabei?

Obwohl ich voll Hoffnung war über das, was ich an der Basis sah, erfuhr ich auch, wie einflussreich, tief verwurzelt und verbreitet die Einstellungen waren, die der Politik der bedingungslosen Unterstützung unserer Regierung für Israel zugrunde liegen und dass unsere Gesellschaft insgesamt diese Politik unterstützt, inklusive (und vielleicht insbesondere) die religiösen Institutionen.

Ich habe erkannt, dass Amerikaner ihr Verständnis von Israel und Palästina grundlegend verändern müssen, um zum Frieden beizutragen, der auf Gerechtigkeit für die Palästinenser beruht, der so dringend notwendig ist, sowohl für die Israelis als auch für die Palästinenser. Ich hatte auch verstanden, angefangen mit jener ersten Begegnung mit meinem Pastorenfreund, welch wichtige Rolle die Kirchen spielen würden, wenn wir als Gesellschaft unsere Unterstützung für Israels Politik hinterfragten und mehr so handelten, wie es unseren kulturellen und politischen Werten entspricht und unseren nationalen Interessen in der Welt.

Als ich mir die Einstellungen unserer Gesellschaft zu Israel und dem jüdischen Volk genauer ansah, verstand ich, dass diese Einstellungen sich völlig mit den Überzeugungen und Glaubenssätzen vermischt haben, die wir aufgrund unserer geteilten Erfahrung entwickelt hatten. Da wir jetzt mit dieser dringenden Situation konfrontiert sind, müssen wir diese Überzeugungen hinterfragen: Was erwartet Gott von uns? Sind bestimmte Völker für eine besondere Rolle, für besondere Verantwortung und Privilegierung auserwählt? Wem „gehört" das Land wirklich? Und was sagt die Bibel dazu? Wie soll sich die christliche Welt gegenüber den Juden nach dem Nazi-Holocaust verhalten? Was als Erforschung meiner eigenen, persönlichen Geschichte in Bezug auf den Staat Israel begonnen hatte, nahm mich mit in die tiefen Wasser der Theologie, der Kirchengeschichte und der Geschichte einiger der stärksten und inspirierendsten sozialen, politischen und religiösen Bewegungen unserer Zeit.

4. KAPITEL

DIE HERAUSFORDERUNG FÜR DIE KIRCHE

Vor 72 Jahren stand die christliche Welt vor den Verbrennungsöfen von Auschwitz und fragte: „Was haben wir getan?"
Der Kirchenhistoriker Aarne Siirala schreibt, dass sein Besuch in den Vernichtungslagern ihn schockiert und ihm offenbart hat, dass etwas im Zentrum unserer Tradition schwer krank ist. „Auschwitz hat eine Botschaft, die gehört werden muss: Es offenbart eine Krankheit - nicht am Rande unserer Kultur, sondern mitten im Herzen, im Allerbesten von dem, was uns überliefert wurde ... Es ruft uns dazu auf, sich der negativen Seite unseres religiösen und kulturellen Erbes zu stellen."[1]

Die Jahrzehnte nach der versuchten Auslöschung des jüdischen Volkes im Herzen des christlichen Europa waren geprägt vom zielstrebigen Bemühen, die Christenheit von den schädlichen antijüdischen Glaubenssätzen zu reinigen, die den Glauben in der zweitausendjährigen christlich-jüdischen Geschichte vergiftet hatten.

Diese Konzentration auf die Versöhnung mit dem jüdischen Volk hat das theologische Denken, das Predigen und die Kirchenpolitik seitdem bestimmt. Und sie tut es bis heute. „Gegen Juden zu sein", schreibt der evangelische Theologe Robert T. Osborn, „ist die christliche Sünde."[2] Wohlgemerkt, Osborn nennt den Antijudaismus nicht eine Sünde, die Christen begehen. Vielmehr steht sie an erster Stelle.

---

[1] Aarne Sirala, zitiert in Rosemary R. Ruether, *Faith and Fratricide: The Theological Roots of Anti-Semitism*, Eugene, 1996, S.7

[2] Robert T. Osborn, „The Christian Blasphemy: A non-Jewish Jesus", in James H. Charlesworth, hg. *Jews and Christians: Exploring the Past, Present, and Future*, New York 1990, S. 214

Sie zu korrigieren, erfordere eine grundlegende Neuausrichtung des Glaubens.

Es ist nicht überraschend, dass der Weckruf in Deutschland zuerst laut wurde. In der Folgezeit des Krieges blickten die Verantwortlichen in der Kirche mit Schrecken auf die Tatsache, dass die deutschen Kirchen aktiv und sogar voller Eifer mit den Nazis zusammengearbeitet hatten, abgesehen von einigen heldenhaften Ausnahmen. „Wie", fragte Hans Joachim Iwand, ein Mitglied der Bekennenden Kirche, der kleinen Gruppe innerhalb der evangelischen Kirche, zu der auch der Märtyrer Dietrich Bonhoeffer gehörte, „kann ein Volk rein werden, das den - freilich vergeblichen - Aufstand gegen Israel und seinen Gott hinter sich hat? Wer wird diese Schuld einmal von uns und unseren Vätern - denn dort begann es - nehmen?"[3] Dieser bußfertige und bekennende Geist breitete sich bis Nordamerika aus, wo der protestantische Theologe Paul van Buren seit den 1970ern die Voraussetzungen für ein weitreichendes Projekt der christlich-jüdischen Verständigung und Versöhnung schuf. Nach van Buren ist das Bauen von Beziehungsbrücken zum Judentum und zum jüdischen Volk nichts weniger als eine Neubesinnung dessen, was es heißt, ein Christ zu sein. „Wenn die Kirche aufhört, die Juden als den zurückgewiesenen Rest des Volkes Israel zu betrachten", schreibt er, „wenn sie anfängt, von dem weiterhin gültigen Bund zwischen diesem Volk und Gott zu sprechen, dann muss sie ihre eigene Identität überdenken."[4]

Das Problem sei, sagt von Buren, dass das Christentum bedenkenlos auf dem Fundament des Antijudaismus gebaut wurde. Er machte sich daran, diese theologische Verirrung zu korrigieren, indem er Gottes Bund mit dem jüdischen Volk zur Grundlage der christlichen Offenbarung erklärte. Und das war keine Haarspalterei in einer theologischen Nebensache. Das führte zu einer Revolution in der Art und Wei-

---

[3] Hans Joachim Iwand, Theologie in der Zeit, KT 85, München 1992, S. 179

[4] Paul van Buren, „The Jewish People in Christian Theology: Present and Future", in Darrell J. Fasching, hg., *The Jewish People in Christian Preaching*, Lewiston, NY, 1984, S. 23

se, wie Christen sich selbst sehen. „Das Christentum muss sich auf das Judentum beziehen, um sich selbst zu verstehen", schreibt van Buren. Dies diene der „Umkehrung der kirchlichen Einstellung gegenüber dem Judentum vom Antijudaismus zur Anerkennung des ewigen Bundes zwischen Gott und Israel."[5] Nur indem sie das jüdische Volk tief ehren, betont van Buren, können Christen wirklich Christen sein.

Starke Worte!

Judenfeindschaft, eher bekannt als Antisemitismus, ist so bösartig wie jede Form von Rassismus oder Diskriminierung. In Anbetracht der riesigen Last der Verantwortung, die die Kirche für das Leid der Juden über die Jahrhunderte hinweg trägt, warum sollte die Kirche dies auf ihrer Liste nicht nach ganz oben setzen? Besteht nicht der Kern des Christentums darin, in den Worten des Apostels Paulus, „die trennende Mauer der Feindschaft zu zerstören" zwischen den nichtjüdischen Nachfolgern Jesu und dem jüdischen Volk, aus dessen Mitte sich der neue Glaube entwickelt hat. Theologen machten sich an die Arbeit, die falsche und zerstörerische Doktrin der „Ablösungstheologie" zu widerlegen, die besagt, dass die christliche Kirche das jüdische Volk als das von Gott auserwählte und geliebte Volk abgelöst hat, und dass als Strafe dafür, dass die Juden Jesus nicht als den Messias anerkannt haben, Gott sie zurückgewiesen und sie dazu verdammt hat, bis ans Ende der Zeiten auf der Erde herumzuirren.

Hört auf Paulus, wurden die Christen belehrt: Er hat die Juden nicht aus der Kirche hinausgeworfen! Vielmehr war es seine Leidenschaft, eine Gemeinschaft aufzubauen, eine *ecclesia*, um Juden, Nichtjuden, Griechen, Männer und Frauen, Sklaven und Freie zusammenzubringen in der Gemeinde von Jesus Christus, welcher „der Eckstein ist", so schreibt es Paulus in seinem Brief an die Epheser, „auf welchem der ganze Bau ineinander gefügt wächst zu einem heiligen Tempel in dem Herrn" (Epheser 2, 21). Anstatt den Glaubenssatz zu verbreiten, die Christen hätten die Juden als Gottes geliebtes Volk ersetzt, müssen wir die besondere Beziehung zwischen Gott und dem jüdischen Volk

---

[5] James H. Wallis, *Post-Holocaut Christianity: Paul van Buren's Theology of the Jewish-Christian Reality,* Manham, MD, 1997, S. 85

hervorheben. Das Judentum solle nicht mehr als der Schatten des Christentums angesehen werden. Stattdessen würde es den ihm zustehenden Platz einnehmen als das Fundament des christlichen Glaubens. Durch die Ablehnung des Antijudaismus kehrten die Christen also zu den Fundamenten des Christentums zurück, zu einer Mission der Einheit, nicht der Spaltung, der Liebe, nicht des Hasses. Die römisch-katholische Kirche folgte den evangelischen Kirchen mit dem Zweiten Vatikanischen Konzil (1963-65), das „den gegen Juden gerichteten Hass, Verfolgungen und jegliche Erweise von Antisemitismus zu jeder Zeit verurteilt."[6]

Generationen von Theologen und Pfarrern sind bereits gemäß dieser revidierten Theologie ausgebildet worden. Von der Kanzel sollen judenfeindliche Gedanken und Bilder nicht mehr verkündigt werden. Verletzende Stellen in den Evangelien werden immer mehr vermieden oder so interpretiert, dass sie sich nur auf eine bestimmte Gruppe von Juden beziehen und nicht auf ein ganzes Volk. Kirchen und Synagogen fördern interreligiöse Kurse. Interreligiöse Studieninhalte haben einen prominenten Platz im Curriculum und bei den Kursangeboten der theologischen Fakultäten und der Religionswissenschaften. Es sind Organisationen entstanden, die Christen über das Judentum informieren und den Antisemitismus bekämpfen helfen, bei denen jüdische und christliche Geistliche und Gelehrte auf dem Podium zusammen sitzen. In Deutschland gibt es eine Gesellschaft für christlich-jüdische Zusammenarbeit in jeder größeren Stadt, über 80 im ganzen Land und einen Koordinierungsrat in Berlin. Sie pflegen den Dialog und arbeiten eng mit den jeweiligen kirchlichen und politischen Entscheidungsträgern zusammen. Jedes Jahr führen sie die sogenannte „Woche der Brüderlichkeit" mit zahlreichen Veranstaltungen durch und loben die Buber-Rosenzweig-Medaille aus.

Obwohl die beiden Glaubensgemeinschaften ihre Unterschiede anerkennen, haben sie Wege gefunden, nach zweitausend Jahren

---

[6] „Declaration on the Relation of the Church to Non-Christian Religions, Nostra Aetate", verkündet von Seiner Heiligkeit Paul Papst VI. am 28. Oktober 1965, www.vatican.va/archive/hist_councils/ii_vatican_council/documennts/vat-ii_decl_19651028_nostra-aetate_en.html, Zugriff 5. Februar 2013

Feindschaft und Misstrauen wieder aufeinander zuzugehen. Dieses Begegnen, so hoffen alle, vermittelt beiden Gemeinschaften ein tieferes Verständnis für den eigenen Reichtum und stärkt beide in ihrem Engagement, die Welt zu einem Ort zu machen, der gerechter und liebevoller ist und wo es mehr tätiges Mitgefühl gibt. Wie gut, wie heilend und Hoffnung stiftend für unsere Zukunft!

Aber es gibt in diesem Zusammenhang noch ein anderes Thema, dem wir große Aufmerksamkeit widmen müssen. Zurück zu van Buren, dem führenden Vertreter dieser mächtigen christlich-jüdischen Allianz. Warum wohl, fragt er, stellen die Kirchenleitungen nach achtzehn Jahrhunderten in Bezug auf das jüdische Volk „die christliche Lehre auf den Kopf"? Was den Blick der Christen auf die Juden veränderte, das war natürlich das Trauma des Holocausts der Nazis, aber genauso wirkmächtig dabei war die Gründung des israelischen Staates 1948 und dann der israelische Sieg im Junikrieg von 1967, in dem Israel die Altstadt von Jerusalem eroberte:

> Der Holocaust und das Entstehen des Staates Israel ... bewegte sie dazu, auf eine neue Art über Juden und Judentum zu sprechen ... wie die israelische Armee über den Sinai fegte und Ostjerusalem einnahm, konnte auf keinen Fall unserem traditionellen Mythos des passiv leidenden Juden entsprechen. Das Ergebnis ist, dass die Ereignisse in der jüngsten jüdischen Geschichte, die vielleicht so entscheidend wie keine in ihrer gesamten Geschichte sind, begonnen haben, das Denken einer wachsenden Anzahl verantwortlicher Christen zu verändern.[7]

Was für ein Wandel das ist von der Vorstellung vom leidenden Volk, das vor Verfolgung gerettet werden muss! Dies Bild des jüdischen Kämpfers, stolz und stark, nicht mehr der hilflose, unterwürfige „Ghetto-Jude", war und bleibt ein vorherrschendes Merkmal der mo-

---

[7] Paul van Buren, „The Jewish People in Christian Theology: Present and Future", in Darrell J. Fasching, hg., *The Jewish People in Christian Preaching*, Lewiston, NY, 1984, S. 19-33

dernen zionistischen Bewegung und ein zentrales Thema in der israelischen Kultur.

Aber widmen wir diesem neuen Thema noch mehr Aufmerksamkeit. Man vernehme den Trommelklang von Eroberung und militärischem Triumph in diesem Zitat. Man höre den biblischen Unterton bei den Worten *Sinai und Jerusalem*. Sinai war der Berg, wo Gott herabstieg und uns das mosaische Gesetz gab, die göttlichen Gebote, die die Grundlage des Judentums ausmachen und das Fundament des Christentums. Es ist ein Gesetz, das vor allem Gleichheit, Menschenwürde und Mitgefühl für die Verletzlichsten in der Gesellschaft fordert. Wann verzerrte sich das Bild eines aus der Sklaverei befreiten Volkes, das am Fuße des Berges versammelt war, um die Zehn Gebote in Empfang zu nehmen, zu den ratternden Panzern im Wüstensand in einem Blitzkrieg der Eroberung? Wie kommt es, dass Jerusalem, das Symbol von Heiligkeit und Hoffnung, jetzt zu etwas geworden ist, dass man mit militärischer Gewalt „einnimmt"? Haben das nicht Christen vor eintausend Jahren versucht, als die Kreuzfahrer mit Schwert und Schild auszogen, um Jerusalem den Ungläubigen zu entreißen? Haben wir vergessen, wie Jesus am Palmsonntag nach Jerusalem kam, nicht mit einer Armee, sondern mit einer kleinen Schar von Freunden, die statt Schwertern Palmzweige emporhielten und die Gott in der Höhe ihr Hosianna sangen? Das war der gleiche Jesus, der seinen Jüngern verhieß, dass der Tempel aus Stein und Gold zerstört und ersetzt werden würde durch seinen Leib - einer Gemeinschaft für die ganze Menschheit. Was ist passiert, dass sich diese Vision von umfassender Harmonie verwandelt hat in eine Vision von Eroberung und weltlicher Herrschaft?

Die Geburt eines Traumes

Der Staat Israel war die Verwirklichung eines Traumes. Es war der Traum eines Volkes, das, obwohl es Enormes geleistet hat, wo immer auf der weiten Welt es sich auch niedergelassen hatte, aus vielen dieser Gesellschaften vertrieben wurde. Wenn es bleiben durfte, wurde es lediglich geduldet, oft auf Ghettos begrenzt und unter Verweigerung der Rechte, die anderen zustanden. Es gab Zeiten, in denen die Marginalisierung und der Status als Bürger zweiter Klasse sich verschlimmerte bis hin zu direkter Verfolgung und Mord.

Die Ausrufung des Staates Israel 1948 war die Erfüllung des Traumes des jüdischen Volkes, wieder in Unabhängigkeit, Selbstbestimmung und Sicherheit zu leben, wie sie die alttestamentlichen Königreiche Juda und Israel symbolisiert haben, als Teil des nationalen Epos, das die Geschichte der Befreiung aus der Gefangenschaft erzählt und vom Erbe eines verheißenen Landes, dem Exil und der Rückkehr. Obwohl viele der ersten führenden Zionisten in Europa nicht religiös waren und obwohl der historische Gehalt der biblischen Geschichte heute infrage gestellt wird, blieb das Narrativ des Alten Testaments eine einflussreiche Quelle für die nationale Identität und die Rechtfertigung zionistischer Bestrebungen.[8]

Zum Ende des neunzehnten Jahrhunderts hatte die Heftigkeit der Angriffe gegen Juden im zaristischen Russland zugenommen. Mit ihnen einher ging die zunehmende Beschränkung ihrer Rechte als russische Bürger. Auch im angeblich liberalen Mittel- und Westeuropa waren antisemitische Ausschreitungen vorgekommen. Und die Notwendigkeit, eine Lösung zu finden, wurde dringend. Für viele bot der Zionismus eine Antwort. Der erste zionistische Kongress, der im Jahr 1897 in Basel unter der Leitung des österreichischen jüdischen Journalisten und Intellektuellen Theodor Herzl stattfand, gilt als offizielle Geburtsstunde des modernen politischen Zionismus.

Zionismus ist eine Form von Nationalismus, die behauptet, dass Juden eine nationale Gruppe wie jede andere sind, und dass jüdische Identität und das Überleben und Wohlergehen des jüdischen Volkes von der Existenz eines unabhängigen jüdischen Nationalstaates abhängen. Auch wenn die Besiedlung Palästinas nicht Teil von Herzls ursprünglicher Vision war - einige andere Orte sind in den frühen Jahren der zionistischen Bewegung vorgeschlagen worden - wurde der An-

---

8 Shlomo Sand und Yael Lotan, Die Erfindung des jüdischen Volkes. Israels Gründungsmythos auf dem Prüfstand, Berlin 2010; Shlomo Sand und Geremy Forman, Die Erfindung des Landes Israel. Mythos und Wahrheit, Berlin 2012

spruch auf Palästina, das die Zionisten *Eretz Israel* nannten (hebräisch „Land Israel"), bald zum entscheidenden Element des jüdischen Projekts, eine nationale Heimstätte zu schaffen. Juden aus Ost- und Mitteleuropa begannen am Ende des neunzehnten Jahrhunderts als Teil eines von Europa aus organisierten Einwanderungs- und Besiedlungsvorhabens nach Palästina zu kommen. Und diese Einwanderung dauerte bis ins zwanzigste Jahrhundert. Obwohl in den frühen Jahren des *yishuv*, wie die zionistische Besiedlung genannt wurde, sich abzuzeichnen begann, welche Auswirkung sie auf die einheimische Bevölkerung haben würde, verstanden die frühen Zionisten ihre Bewegung nicht als kolonialistisches Siedlerprojekt. Ein frühes zionistisches Motto, das Palästina als „ein Land ohne Volk für ein Volk ohne Land" definierte, illustriert das fehlende Bewusstsein bei den ersten europäischen Siedlern für die Existenz einer zahlreichen arabischen Bevölkerung in Palästina. Diese frühe Weigerung seitens der Zionisten, die Rechte des einheimischen Volkes und seiner Kultur anzuerkennen und zu respektieren, bereitete den Boden für den späteren politischen Konflikt.

Der Jüdische Nationalfonds, der im Jahre 1901 gegründet wurde, sammelte Geld für den Kauf von Land, um die Einwanderung zu organisieren und landwirtschaftliche Siedlungen zu gründen. Der Anstieg bei der jüdischen Zuwanderung wurde von Großbritannien unterstützt, das die Kontrolle über das Territorium nach dem Ersten Weltkrieg übernommen hatte. Das Empire gab seine diplomatische Rückendeckung für das zionistische Projekt durch das berühmte Dokument von 1917, das nach seinem Verfasser, dem britischen Außenminister Arthur Balfour, die „Balfour Declaration" genannt wurde. Das Dokument, welches besagt, dass „die Regierung Seiner Majestät die Einrichtung einer nationalen Heimstätte für das jüdische Volk in Palästina wohlgefällig beurteilt", wird bis heute von den Befürwortern des Zionismus als Hauptgrund für die Legitimität des Zionismus als politisches Programm angegeben.

Auch wenn am Anfang die Beziehungen zwischen den jüdischen Siedlern und der einheimischen, christlichen und muslimischen, arabischen Bevölkerung friedlich und freundlich waren, begannen die Probleme im frühen zwanzigsten Jahrhundert. In den 1920er Jahren hatten

Die Herausforderung für die Kirche

die Palästinenser begriffen, dass die hart arbeitenden, idealistischen Siedler, die seit den 1880er Jahren aus Europa eintrafen, um der dortigen Diskriminierung und offener Verfolgung zu entfliehen und denen im zwanzigsten Jahrhundert mehrere Einwanderungswellen hintereinander folgten, sich zu einem kolonialen Vorhaben zusammentaten, das darauf abzielte, die bestehende palästinensische Bevölkerung aus ihren bäuerlichen Gemeinden und geschäftigen Städten zu vertreiben. Die gegensätzlichen Versprechen, welche die Briten den Arabern und den Juden machten, nachdem am Ende des Ersten Weltkrieges die Mandatsherrschaft über Palästina an Großbritannien verliehen worden war, verschärften noch den wachsenden Konflikt zwischen dem zionistischen Drängen nach einem jüdischen Staat und dem Streben der Palästinenser nach Autonomie und Selbstbestimmung. Als die Welt nach dem Zweiten Weltkrieg geschockt war von der Beinahe-Vernichtung der Juden in Europa durch das Regime der Nazis, gewann der Plan zunehmende Unterstützung, das Gebiet zwischen einem jüdischen und einem arabischen Staat aufzuteilen.

Die Entscheidung der Vereinten Nationen im November 1947, das Gebiet in einen arabischen und einen jüdischen Staat zu teilen, war der Dammbruch. Der Plan sah 43 Prozent Palästinas für den arabischen Staat und 57 Prozent für den jüdischen Staat vor, während Jerusalem international verwaltet werden sollte. Die zionistische Führung akzeptierte diese Regelung und der Staat Israel wurde am 14. Mai 1948 von David Ben-Gurion ausgerufen, dem Vorsitzenden des Zionistischen Weltkongresses und der Jüdischen Agentur für Palästina. Die palästinensische Führung, die von den Regierungen der benachbarten arabischen Staaten unterstützt wurde, lehnte den Plan mit der Begründung ab, dass die Verteilung des Landes gegen die Rechte der arabischen Mehrheitsbevölkerung in dem Gebiet verstoße. Zu der Zeit machten die Juden zwanzig Prozent der Bevölkerung aus. Und sie besaßen sechs Prozent des Landes. Was folgte, war ein bewaffneter Konflikt, der mit einem Waffenstillstand und der Festsetzung von Waffenstillstandslinien endete, welche de facto die Grenzen des Staates Israel bis 1967 waren.

Gegensätzliche Narrative

Hier stoßen sich wieder Mythenbildung und historische Fakten. Das israelische Narrativ von der Gründung des Staates Israel, das fast vollständig von der westlichen Welt akzeptiert wird, berichtet über die zahlenmäßig weit unterlegenen jüdischen Streitkräfte, die gegen die massive Gewalt von fünf arabischen Armeen standhalten, welche am Tag der Staatsgründung angreifen, entschlossen, „die Juden ins Meer zu werfen". Aber dieses Bild passt nicht zur Realität der gut vorbereiteten und gut ausgerüsteten militärischen Truppen der Zionisten, die sich gegen die schlecht bewaffneten, unorganisierten und unterschiedlich motivierten Streitkräfte aus den Nachbarstaaten durchsetzen. Es gab keinen palästinensischen Staat, deswegen auch keine Armee, sondern nur lokale Milizen zur Verteidigung in den einzelnen Dörfern, also keine ernstzunehmenden Gegner für das durchorganisierte und professionell geführte jüdische Militär.

Dieses Bild von „David und Goliath", wobei Israel der junge Schafhirte ist, nur mit einer Steinschleuder und seinem Glauben bewaffnet, gegen die Araber, die als brutale und mächtige Tyrannen dargestellt werden, fest entschlossen, die kleine, tapfere und nach Freiheit strebende Nation zu zerschlagen, verleiht dem eine große Überzeugungskraft, was der jüdische Theologe Marc Ellis als den Glauben an die jüdische Unschuld beschrieben hat.[9] In dieser Darstellung, die durch populäre Bücher, Filme und die Medien weit verbreitet ist, war Israels Krieg von 1948 ein Krieg der Selbstverteidigung - ich kannte ihn als Heranwachsender sowohl als „Unabhängigkeitskrieg" als auch als „Befreiungskrieg" - anstatt als Feldzug zur Eroberung und zur ethnischen Säuberung, als den ihn jetzt israelische Historiker dokumentiert haben.[10]

---

[9]   Marc H. Ellis, *Beyond Innocence and Redemption: Confronting the Holocaust and Israeli Power: Creating a Moral Future for the Jewish People*, Brooklyn, NY, 1991

[10]   Ilan Pappe, Benny Morris, Avi Shlaim gehören zu den wichtigsten der „Neue Historiker" genannten Gruppe israelischer Gelehrter, die das traditio-

Die Herausforderung für die Kirche

Was wir Juden unseren Befreiungskrieg genannt haben, diente dazu, das sorgfältig geplante Projekt der zionistischen Bewegung in die Tat umzusetzen, nämlich die einheimischen Palästinenser zu vertreiben, damit ein jüdischer Staat gegründet werden konnte. Von israelischen Historikern ausgewertete Aufzeichnungen beweisen, dass das Vorhaben des palästinensischen „Bevölkerungstransfers" mit dem Ziel, Raum zu schaffen für einen jüdischen Staat, bereits in den 1930er Jahren von den zionistischen Anführern geplant worden war, und dass die Feindseligkeiten von 1948 die Gelegenheit bot, den Plan der ethnischen Säuberung durchzuführen. Tatsächlich waren gezielte Aktionen des jüdischen Militärs veranlasst worden, die Palästinenser aus ihren Dörfern quer durch Palästina in die Flucht jagen sollten, mehrere Monate bevor ein einziger arabischer Soldat nach der Ausrufung des Staates Israel im Mai 1948 die Grenze nach Palästina überquert hatte. Die historische Forschung belegt, dass zur Vertreibung auch Massaker an Zivilisten durch das zionistische Militär gehörten. Im Ergebnis führte dies alles zur Zerstörung von mehr als 500 palästinensischen Dörfern und der Vertreibung von 750.000 Palästinensern aus ihren Dörfern und Städten vor dem Ende der bewaffneten Auseinandersetzungen im März 1949.[11]

Es ist unbestritten, dass das gut organisierte jüdische Militär, das später die Armee des Staates Israel werden sollte, die jüdische Bevölkerung in Palästina vor feindlichen arabischen Streitkräften schützte. Jüdische Soldaten kämpften mutig, um ihre Gemeinden und Familien zu verteidigen. Und die jüdischen Verluste waren beachtlich, wo die Truppen auf erbitterten Widerstand stießen, wie besonders bei Kämpfen in und um Jerusalem. Mehr als 6.000 Israelis starben in den kriegerischen Auseinandersetzungen von 1947 bis 1948, eine große Zahl, wenn man bedenkt, dass sie zu der Zeit ein Prozent der jüdischen Bevölkerung Palästinas ausmachte. Die Toten waren nicht nur Soldaten: Zweitausend der jüdischen Toten waren Zivilisten. Aber es ist auch

---

nelle und weithin akzeptierte Narrativ der israelischen Saatsgründung widerlegt haben.
[11] Ilan Pappe, Die ethnische Säuberung Palästinas, Frankfurt a.M., 2007

wahr, dass am Ende des Konflikts nicht weniger als die Hälfte der Palästinenser, die zwischen Jordan und Mittelmeer gelebt hatten, enteignet und vertrieben worden waren. Deren Nachkommen werden heute auf zehn Millionen geschätzt. Weil ihnen die Rückkehr in ihre Städte und Dörfer verwehrt wird, leben sie heute in den arabischen Nachbarstaaten und auf jedem Kontinent, fast eineinhalb Millionen als Staatenlose in den Flüchtlingslagern in Jordanien, Syrien, im Westjordanland und im Gazastreifen.[12]

Besetzung

Am Ende der bewaffneten Kämpfe im Jahr 1949 kontrollierte Israel 78 Prozent vom Gebiet des historischen Palästina, während das Westjordanland einschließlich Ostjerusalems unter jordanischer Kontrolle war und der Gazastreifen von Ägypten verwaltet wurde.

Im Juni 1967 griff Israel Ägypten, Syrien und Jordanien an. Das Resultat dieser seiner siegreichen Feldzüge, die allgemein als Sechstagekrieg bekannt sind, war, dass Israel die syrischen Golanhöhen, den Gazastreifen und das Westjordanland einschließlich Ostjerusalems besetzt hat.[13]

---

[12] Die Resolution 194 der Vereinten Nationen, von der Generalversammlung am 11. Dezember 1948 verabschiedet, fordert die Rückkehr der Palästinenser, die durch die arabisch-israelischen Feindseligkeiten zwischen 1947 und 1948 zu Flüchtlingen wurden. Die Resolution ist bis heute nicht umgesetzt worden.

[13] Die Ursachen und Ziele dieses Krieges sind Inhalt einer Kontroverse. Die israelische Behauptung, die bis vor kurzem das allgemein akzeptierte Narrativ war, ist, dass Israel sich gegen einen drohenden Angriff Ägyptens verteidigen mußte, nachdem die strategisch wichtige Schiffahrtsstraße durch den Golf von Aqaba geschlossen wurde und Ägypten an seiner Grenze mit Israel entlang Truppen zusammengezogen hatte. Neuere Veröffentlichungen zeichnen das Bild eines ungerechtfertigten Präventivkrieges, der von Israel initiiert wurde. Vgl. Miko Peled, Der Sohn des Generals. Reise eines Israelis in Palästina, Zürich 2016

Während der nächsten drei Jahrzehnte waren die Verhandlungen über die Rückgabe der besetzten Gebiete erfolglos. Kaum kontrollierte Israel diese Gebiete, begann es fast sofort damit, Siedlungen für die exklusive Nutzung durch jüdisch-israelische Bürger zu errichten.[14] Weil die Intensität des jüdischen Siedlungsbaus zunahm, wuchs die palästinensische Wut und Frustration dermaßen, dass sie zur „Ersten Intifada" (arabisch: abschütteln) führte. Das war ein größtenteils gewaltloser Aufstand von 1987 bis 1991, auf den das israelische Militär mit brutaler Unterdrückung reagierte. Weil sich der Siedlungsbau beschleunigte, mit dem Wachstum von kleinen Außenposten hin zu großen Siedlungsblöcken, heute mit über einer halben Million Menschen, erhöhte sich auch die Dringlichkeit, einen Frieden auf der Basis der Errichtung eines palästinensischen Staates im Westjordanland und Gazastreifen auszuhandeln. Israel erkannte die Palästinensische Befreiungsorganisation (PLO) im Jahre 1993 formal als die rechtmäßige Vertretung des palästinensischen Volkes an und der Prozess mit dem Ziel der Schaffung eines palästinensischen Staates begann. Die Verträge von Oslo im Jahre 1993, vermittelt durch internationale Kanäle, waren das erste Abkommen zwischen Israel und den politischen Vertretern der Palästinenser. Es sollte der erste Schritt zu einem autonomen palästinensischen Staat im Westjordanland und Gazastreifen sein und zu normalen Beziehungen mit Israel führen. Die Verträge schufen die sogenannte „Palästinensische Autonomiebehörde" (*Palestinian Authority: PA*), die Teile des von Israel besetzten Gebietes in unterschiedlichem Ausmaß kontrollieren sollte. Die für eine Übergangszeit bis zum vollständigen Abzug der israelischen Truppen vorgesehenen Verträge richteten drei geographische Zonen ein: die Zone A, vollständig von der PA verwaltet; die Zone B, unter palästinensischer Zivilverwaltung und israelischer Militärkontrolle; und die Zone C, vollständig unter israelischer Kontrolle. Zu den C-Gebieten, die 62 Prozent des Westjordanlands

---

14 Diese Siedlungen verstoßen gegen internationales Recht. Die Vierte Genfer Konvention bestimmt im Artikel 49, dass „die Besatzungsmacht weder deportieren noch Teile ihrer eigenen zivilen Bevölkerung in dem Gebiet, das sie besetzt hält, ansiedeln lassen darf." www.icrc.org/ihl/WebART/380-600056, Zugriff am 15. Juni 2013

ausmachen, gehören die exklusiv jüdischen Siedlungen und „Sicherheitszonen", die Palästinenser nicht betreten dürfen. Die C-Gebiete, die heute westlich des Trennwalls, bestehend aus Mauer oder Hochsicherheitszaun, liegen, umgeben die Siedlungsblöcke und sind faktisch von Israel annektiert. Im B-Gebiet, das unter militärischer Kontrolle Israels steht, wird die Bewegungsfreiheit, die Wirtschaft und der Handel der Palästinenser immer mehr eingeschränkt, so dass viele Dorfbewohner in die Städte ziehen, die das A-Gebiet ausmachen. Auf diesem A-Gebiet, das ungefähr elf Prozent des ganzen Westjordanlandes umfasst, aus abgetrennten Enklaven besteht und von israelisch kontrolliertem Land umgeben ist, konzentriert sich zunehmend die palästinensische Bevölkerung.

Ein Friedensprozess scheitert

Das ikonenhafte Foto vom PLO-Vorsitzenden Yassir Arafat auf dem Rasen vor dem Weißen Haus, der unter dem strahlenden Lächeln von Präsident Bill Clinton dem israelischen Premierminister Jitzhak Rabin die Hand schüttelt, gilt vielen als Symbol für die Oslo-Verträge. Sie waren der Grund für großen Optimismus, besonders auf Seiten der Palästinenser. Aber bis zum Jahr 2000 hatte sich die Stimmung gründlich geändert, weil sich das Tempo der Landnahme erhöht, die Ausbreitung der illegalen Siedlungen, der Bau von Straßen nur für Juden und die Einschränkung der Bewegungsfreiheit zugenommen hatten. Die Palästinenser erkannten, dass sie nicht näher, sondern weiter entfernt denn je von Souveränität und Selbstbestimmung waren. Anstatt seine Truppen zurückzuziehen und Schritte in Richtung palästinensischer Staatsgründung im Westjordanland und in Gaza zu unternehmen, war es offensichtlich, dass Israel die ihm in dem Abkommen zugesprochene militärische und zivile Kontrolle benutzte, um die direkte Annexion palästinensischen Landes voranzutreiben und im übrigen Gebiet westlich des Jordans eine umfassende Infrastruktur von politischer und wirtschaftlicher Herrschaft aufzubauen. Die Besetzung wurde nicht beendet; sie wurde noch vertieft. Die militärische Besetzung offenbarte ihre wahre Natur als koloniales Unternehmen. Tatsächlich haben die

Die Herausforderung für die Kirche

Verträge von Oslo, anstatt zur Schaffung eines souveränen palästinensischen Staates zu führen, als Bauplan für ein Apartheidsystem gedient. Heute, im Jahre 2017, ist das Projekt, einen Staat im historischen Palästina zu schaffen, und zwar einen jüdischen Staat, der eine Gruppe Menschen gegenüber der anderen privilegiert, fast abgeschlossen.

Die Ursache für die Al-Aksa-Intifada (oder Zweite Intifada) im September 2000 wird übereinstimmend in der bitteren Enttäuschung der Palästinenser über das Versagen der Oslo-Verträge gesehen, deren versprochene Ziele nicht eingelöst wurden. Sie war auch eine Reaktion auf den enormen Zuwachs an jüdischen Siedlungen quer durch das Westjordanland und den Gazastreifen, die sich seit 1993 mehr als verdoppelt hatten, sowie auf die Zunahme von Einschränkungen und Schikanen, die der palästinensischen Gesellschaft aufgezwungen worden waren. Obwohl die Gewalt gegen Israel viele Formen annahm, war die meist beachtete die der Selbstmordattentate, durchgeführt von bewaffneten palästinensischen Widerstandsgruppen gegen zivile und militärische Ziele in Israel, Gaza und dem Westjordanland. Zwischen 1989 und 2000 gab es sie zwei bis fünfmal pro Jahr. Die Zahl erhöhte sich von 2001 bis 2004 dramatisch auf 127 Angriffe. Israel beantwortete diese Bombenattentate mit militärischem Eindringen in die Städte des Westjordanlands und Gazas, zusätzlich zum Errichten von Sicherheitskontrollen an Straßensperren, dem Durchführen von Massenverhaftungen und dem Verhängen von strengen Ausgangssperren für die Stadtbewohner. Im Jahr 2002 begann Israel mit dem Bau des Trennwalls, einer fast neun Meter hohen Betonmauer um Jerusalem, Bethlehem, Kalkilya und Tulkarem. In den ländlichen Gebieten sind es Hochsicherheitszäune mit Kameras, Sensoren und einer Straße für die Militärpatrouille. Mauer und Zaun winden sich schon 500 Kilometer lang durch das Westjordanland. Über 700 Kilometer sollen es werden. Sie schaffen eine neue Grenze, die sich die Flächen von schon existierenden oder geplanten jüdischen Siedlungen einverleibt, inklusive wichtiger unterirdischer Wasser- und Ölvorkommen, insgesamt mehr als zehn Prozent des palästinensischen Landes östlich der „Grünen Linie".

Im Jahr 2005 zog Israel seine 6.000 jüdischen Siedler aus dem Gazastreifen ab. Doch bestimmt Israel weiterhin über Gazas Grenzen nach Norden und Osten und mithilfe seiner Marine über die westliche Mittelmeerküste. Es blockiert durch strikte Kontrollen sowohl die Ein- und Ausfuhr von Gütern als auch die Ein- und Ausreise der Bewohner und beschränkt die Lieferung von Lebensmitteln, von Medikamenten und Baumaterialien. Infolgedessen leidet die Lebensqualität in Gaza durch eine lähmend hohe Arbeitslosigkeit und einem kontinuierlichen Niedergang seiner Infrastruktur. Der Vergleich mit einem Freiluftgefängnis für 1,8 Millionen Menschen liegt nahe.

Und doch kommt es noch schlimmer: Die Invasion und Bombardierung Gazas während der letzten drei großen Angriffe der israelischen Armee um die Jahreswende 2008/9, im Sommer 2013 und vor allem im Sommer 2014 hinterließen ein Trümmerfeld und eine humanitäre Katastrophe, die wegen der andauernden israelischen Blockade bisher kaum gelindert werden konnte. Im September 2014 zählten die Vereinten Nationen 2.200 palästinensische Tote, drei Viertel davon Zivilisten, im Verhältnis zu 70 israelischen Opfern, zehntausende Verwundete in Gaza und 18.000 komplett zerstörte Wohnhäuser, dutzende Schulen, Krankenhäuser und die Beschädigung des einzigen Stromkraftwerks, so dass die Menschen immer noch mit nur wenigen Stunden Strom am Tag auskommen müssen.

Ein falscher Ton

Ein ausgebremster Friedensprozess und eine jüdische Gesellschaft, die eine Demokratie sein wollte, aber jetzt über eine eingesperrte palästinensische Bevölkerung herrscht, ist wohl kaum das heldenhafte Bild, das van Buren gezeichnet hat. Eroberung ist leider nichts anderes als Eroberung. Was machen wir mit einer Theologie, die die Kolonisierung einer nahöstlichen Region durch europäische Siedler und das militärische Vorgehen eines modernen Nationalstaates in einen Zusammenhang stellt mit biblischer Prophetie und Konzepten göttlicher Verheißung?

Die neue Theologie über die Juden, das Judentum und die Rolle des „Landes", die den christlichen Glauben und seine Einstellungen seit dem Zweiten Weltkrieg prägt, unterstützt ein Programm der Eroberung und Enteignung. Sie wird in Seminaren, theologischen und religionswissenschaftlichen Fakultäten gelehrt und in Büchern und Zeitschriften verbreitet. Bis vor kurzem wurde weder von den Kanzeln aus dem Verhalten des Staates Israels widersprochen oder das Leiden der Palästinenser thematisiert, noch wurde die Diskussion darüber an den Universitäten zugelassen.

Hier stehen nicht nur die fundamentalen christlichen Grundsätze von Gleichheit und sozialer Gerechtigkeit auf dem Spiel. Die Ungerechtigkeit in Vergangenheit und Gegenwart gegenüber den Palästinensern durch den Staat Israel ist eine ernsthafte Bedrohung des israelischen Traums von einem sicheren Heimatland und einer lebendigen demokratischen Gesellschaft, denn Eroberung steht dem Frieden diametral entgegen.

Die Enteignung der Palästinenser hat vier Generationen von Flüchtlingen hervorgebracht, ungezähltes Leid und unermesslichen Verlust. Weit davon entfernt, ein „Segen" für das jüdische Volk zu sein, isoliert die Landnahme Israel in der internationalen Gemeinschaft und vergiftet seine Gesellschaft. Das ist die düstere Realität, die ich mit meinen eigenen Augen gesehen habe, eine Realität, die einer wachsenden Zahl von Amerikanern und Europäern schmerzlich bewusst geworden ist, nachdem sie vor Ort waren und gesehen haben, was zu sehen ist.

Ich weiß, dass es verwirrend ist. Gehen wir von der beschämenden Geschichte der Judenverfolgung durch die Christen aus, ist es dann nicht für Christen zwingend, den Juden einen Vertrauensvorschuss, und ihrem Projekt der nationalen Heimstatt den Segen zu geben? Verändert der Holocaust nicht alles? Ist die Schaffung des Staates Israel und das anscheinend wunderbare Bild „von den Israelis, die standhalten und ihren Unabhängigkeitskrieg gegen die Streitmacht der Armeen von fünf verbündeten Staaten gewinnen", wie van Buren schreibt, nicht ein Wunder der Heldenhaftigkeit und der Wiedergeburt, welche als Beweis für Gottes Segen gefeiert werden müssen? Im

Lichte solcher bedeutsamen Ereignisse von Tragödie und Triumph, sollten wir da nicht mit van Buren diese Erlösung des jüdischen Volkes unterstützen, das aus der Asche der Vernichtungslager auferstanden ist? Sowohl evangelikale Christen als auch Mitglieder der großen Kirchen in Nordamerika und Europa glauben, dass die Bibel dem jüdischen Volk das Recht auf das Land zuspricht durch Gottes Verheißung an Abraham im Buch Genesis (1. Buch Mose), und dass außerdem das Neue Testament uns sagt, dass die Inbesitznahme des Landes durch die Juden, und insbesondere Jerusalems, die Endzeit einläutet.

Aber genau hier irrt sich diese revidierte Theologie.

Ja, wegen der tragischen Geschichte der jüdisch-christlichen Beziehungen gibt es eine zwingende Notwendigkeit, die Mauern der Feindschaft niederzureißen und ein neues Haus zu bauen, in dem Gottes Liebe allen gleich gilt. Aber anstatt ein neues Haus zu bauen, eine neue Gemeinschaft, eine Gemeinde namens ecclesia, die sich der Liebe und Barmherzigkeit „für die Geringsten unter ihnen" widmet, hat die Kirche mit ihrer unkritischen Unterstützung des Staates Israel die Eroberung und den Triumph militärischer Macht gut geheißen. „Wir vertrauen der Gewalt", schreibt der Theologe Walter Wink, indem er beklagt, wie sehr wir uns in unserer Gesellschaft auf physische Gewalt verlassen, um unsere Ängste zu bewältigen und unsere Konflikte zu lösen. „Gewalt ‚rettet'," schreibt er, „Sie ‚erlöst'."[15] Indem die Christen sich beeilen, ihre Sünden gegen die Juden wieder gut zu machen durch die bedingungslose Bejahung des Projekts einer nationalen jüdischen Heimat, ist im Christentum etwas Kostbares und Grundlegendes verloren gegangen, eine Überlieferung, die den Kern von Jesu Wirken und die zeitlose Botschaft der Evangelien ausmacht. Sich darauf zurückzubesinnen, ist der Schlüssel zum Frieden für Israelis und zur Freiheit und Selbstbestimmung für die Palästinenser.

---

15 Walter Wink, *Engaging the Powers,* Minneapolis, MN, S. 231

Die Herausforderung für die Kirche

Rückbesinnung auf eine kostbare Überlieferung

Um das zu verstehen, müssen wir den Kontext von Jesu Wirken unter die Lupe nehmen.

Die Palästinenser zur Zeit Jesu litten schrecklich unter der Knute des Römischen Reiches. Roms Herrschaftsmethode bestand darin, die auf Gemeinschaft basierende agrarische Gesellschaft ihrer kolonisierten Untertanen zu ersetzen durch ein System der Tributpflicht an das Reich. In Galiläa und Judäa sollte die Anbetung des Gottes Abrahams durch die Huldigung des Kaisers ersetzt werden. Das mosaische Gesetz, welches das tägliche Leben der Bauern und Handwerker, Fischer und Händler im Palästina des ersten Jahrhunderts regelte - war eine Gesetzesordnung, die auf sozialer Gleichheit basierte, auf dem Erlass von Schulden und vor allem auf dem Schutz der Verletzlichsten. Sie wurde von dem antiken Äquivalent eines nationalen Sicherheitsstaates verdrängt. In diesem System wurde „Frieden" - die sogenannte Pax Romana - von einer Armee aus Soldaten und Beamten gesichert. Sie waren mit der Aufrechterhaltung einer Ordnung beauftragt, die durch erdrückende Besteuerung und überwältigende militärische Macht einer kleinen Elite Wohlstand und Einfluss sicherte auf Kosten einer immer mehr verarmenden ländlichen und städtischen Bevölkerung.

Während seiner Kindheit in Galiläa erlebte Jesus die brutale Unterdrückung von Volksaufständen gegen Rom und seiner Vasallenherrscher. Dörfer wurden verbrannt, Menschen versklavt und tausende Aufständische gekreuzigt. Das öffentliche Wirken Jesu kann als eine direkte Antwort auf die Grausamkeit der imperialen Herrschaft gesehen werden, zu der auch der Vasallenkönig und die Klasse der Priester in Jerusalem gehörten, die eingesetzt worden waren, um diese Ordnung aufrechtzuerhalten. Es ging Jesus genau um dieses System, das er im Vorhof des Tempels anprangerte, nachdem er in der letzten Woche seines Lebens mit seinen Freunden nach Jerusalem gekommen war, wie die Evangelien berichten. Jesu Mission war es, sein leidendes Volk zu stärken, indem er es daran erinnerte, dass der Schlüssel zum Überleben darin liegt, den bleibenden Werten ihrer Tradition treu zu bleiben, anstatt des bewaffneten Widerstands oder der Kapitulation gegenüber den Machtverhältnissen. Es war die ursprüngliche Botschaft vom

85

gewaltlosen Widerstand, gegründet auf dem Festhalten am Glauben an Gott. „Setzt Euer Vertrauen nicht auf Fürsten", mahnt der Psalmbeter (Ps.146,3) und Jesus fügt dem hinzu: Und versündige dich nicht gegen Gott, indem du das Schwert gegen sie erhebst, denn „alle, die zum Schwert greifen, werden durch das Schwert umkommen!" (Matthäus 26,52). Damit stellt sich Jesus in die prophetische Tradition, dem Götzendienst der weltlichen Macht die Wahrheit von Gottes Gesetz entgegenzuhalten.

Was Jesus von den Propheten unterschied, war, dass er nicht als einsamer Rufer die Strukturen der Macht herausforderte, sondern als Anführer, der eine Gemeinschaft ins Leben gerufen hat. Jesus hat nicht nur den Mächtigen die Leviten gelesen, sondern auch ein Beispiel dafür gegeben, wie man anders leben kann. Und nachdem er sich selbst als Opfer gegeben hatte, sandte er seine Anhänger aus zu den Enden der Erde, um für die Verwirklichung seines Reiches zu arbeiten - in dieser alternativen Bewegung: Seiner Kirche.

Und deswegen ist die heutige christliche Unterstützung eines weiteren weltlichen Königreiches ein Verrat an dieser Mission. Vieles ist richtig an einer revidierten Theologie, die christlichen Triumphalismus ablehnt und sich abkehrt vom Hass gegen Juden. Aber in ihrer Eile, dem jüdischen Volk bei der Überwindung der Unterdrückung zu helfen, haben es Christen den Juden ermöglicht, genau die gleiche Sünde zu begehen, von der sich die Christen zu befreien versucht haben, indem sie den jetzt wiederhergestellten Juden das Recht und die Mittel gegeben haben, ihr Heil auf Kosten eines anderen Volkes zu suchen.

Wir reden hier jetzt nicht vom Recht der Bürger Israels auf ein Leben in Frieden und Sicherheit - das ist unbestritten. Aber es ist eine tragische und erstaunliche Ironie, dass man heutzutage bei einem Besuch im Heiligen Land das sieht, was Jesus gesehen hat. Man sieht Land, das durch die Anwendung von illegalen Gesetzen und durch das Treten mit Soldatenstiefeln weggenommen wird. Man sieht die Versuche, das Leben von Gemeinden und Familien zu zerstören durch die Zerrüttung der wirtschaftlichen und sozialen Grundlagen des dörflichen Lebens. Es war genau diese Art von verzweifelter Situation, die Jesu Botschaft vom tätigen Mitgefühl für die Verletzlichsten in der Gesellschaft und seinen Protest gegen den Missbrauch von Macht motiviert hat. Von einer ähnlichen Situation wird hier die Rede sein. Es ist die Geschichte von palästinensischen Müttern und Vätern, die dem Verlust ihres Landes und dem Raub der Zukunft ihrer Kinder gewaltlos widerstehen. Es ist die Geschichte von mutigen Israelis, die ihre eigene Gesellschaft dazu aufrufen, die Verantwortung für ihre Verbrechen gegen das palästinensische Volk in Vergangenheit und Gegenwart zu übernehmen - von Israelis, die heldenhaft kämpfen, um ihr Land vor der Krankheit zu retten, die die Zukunft seiner eigenen Kinder bedroht. Wir sehen eine Gesellschaft, die der vor zweitausend Jahren sehr ähnlich ist: Einerseits ist sie von den Krankheiten befallen, die mit der Sucht nach Macht einherkommen. Andererseits ist sie durch die Anwesenheit von Propheten gesegnet.

5. KAPITEL

JESUS UND DAS IMPERIUM

Propheten sprechen das Offensichtliche aus. Manchmal werden sie von Gott auf ärgerliche und scheinbar unmögliche Missionen gesandt. Manchmal sprechen sie in verwirrenden Gleichnissen. Aber sie benennen das Offensichtliche und fordern uns dazu heraus, wie Jesus im Lukas-Evangelium (12,56), die „Zeichen der Zeit" zu erkennen, das, was uns so klar und deutlich vor Augen ist wie das Wetter.

Jesus kommt in seinen Gleichnissen oft auf das Bild der Witwe zurück. Sie kommt in dem bekannten Gleichnis aus dem Markus-Evangelium vor (12,41-44). Es ist die ideale Geschichte für den Kindergottesdienst, die in vielen Bibeln mit der Überschrift „Die Opfergabe der Witwe" zum Lesen verlocken soll. Jesus hat an der Schatzkammer des Tempels mit seinem Opferkasten Position bezogen und beobachtet, wie „die Menge Geld in den Kasten warf. Viele Reiche kamen und gaben große Summen" (12,41). Aber es ist eine arme Witwe, sagt Jesus zu seinen Jüngern, die mit ihrem letzten Pfennig das meiste gegeben hat: „Alles, was sie besaß, ihren ganzen Lebensunterhalt", wörtlich: „ihr ganzes Leben" (12,44).

Ihr ganzes Leben. Das ist keine fromme Predigt über die Demut der Witwe, die aus Hingabe an Gott dem Tempel ihren letzten Heller spendet. Vielmehr ist es eine vernichtende Kritik an einem System, das ihr den letzten Pfennig aus der Tasche zieht. Den letzten Krümel des Vorrats derjenigen, welche die übliche Versorgung im patriarchalen System verloren hat, die unterstützt und nicht bitterer Armut preisgegeben werden sollte. Wo ist das soziale Netz für solche wie sie? Was für eine Gesellschaft ist das, wo eine der Verletzlichsten, die am meisten

Unterstützung benötigt, gesehen wird, wie sie ihren letzten Bissen dem Abgabensystem des Tempels überlässt? Jesus erklärt, dass es keinen Wert hat, Geld in den Tempelschatz zu geben. Das Geld wird die Menschen nicht versorgen. Wenn er das täte, woher kommt dann die arme Witwe? Sie ist gekommen, um die Wahrheit über dieses tyrannische System ans Licht zu bringen.

Nach dieser Begegnung mit der Witwe geht Jesu Konfrontation mit der Tyrannei des Imperiums weiter. Verärgert und empört - man achte darauf, dass der Aufenthalt im Tempel jedes Mal diese Reaktion bei Jesus hervorruft - verlässt er den Tempel zum letzten Mal in seinem Leben, und wir finden uns in dieser berühmten Szene außerhalb seiner Mauern wieder:

Die Apostel - man erinnere sich, sie waren einfache galiläische Leute vom Land - sind durch die Größe des Tempels von Ehrfurcht ergriffen und von der Majestät überwältigt: „Sieh, Meister", rufen sie, „was für wunderbare Bauten, was für Steine!"

„Seht Ihr diese großen Bauten?" entgegnet Jesus. „Nicht ein Stein wird auf dem andern bleiben, alles wird niedergerissen" (Markus 13,1-2). *Jesus macht eine politische Aussage.* Das ist nicht mein Reich, verkündet er, nicht diese Welt der Gier und Besteuerung, der bittereren Armut neben obszönem Reichtum. Mein Reich, sagt er, hat nichts mit einer Beschwörung des Bundes Gottes zu tun, um ihn als Grundstücksvertrag zu missbrauchen, als Lizenz zum Stehlen und dafür, mein Haus zu einer Markthalle zu machen. Was Jesus wörtlich „dekonstruiert", ist genau die Idee, dass Gott in einem Haus oder auf einem besonderen Berg lebt - das heißt, dass irgendein besonderes Stück Land heilig ist. Wie die Propheten erfüllte Jesus seinen Dienst in der Spannung zwischen der brutalen Herrschaft von Königen und Kaisern und den dauerhaften Werten des mosaischen Kodexes - dem Gesetz Gottes. Jesus wurde in ein imperiales System hineingeboren, in eine Besatzung, die das schlimmste Übel darstellte, das die Welt bis dahin gekannt hatte. Die Evangelien sind die Aufzeichnungen über seinen Dienst an den Menschen, die unter diesem Joch stöhnten. Die Geschichte aus Markus versetzt uns geradewegs ins Zentrum dieses Systems. Jesus postiert sich „gegenüber" der Schatzkammer des Tempels (auf Griechisch: *katenanti*, Standpunkt, von dem aus geurteilt wird), wo er alles beobachten kann, was los ist und als Augenzeuge die Zeichen der Zeit miterlebt.

Jesus bietet den Mächtigen die Stirn

Dr. Richard Horsley ist Professor für Religionswissenschaft an der Universität von Massachusetts. Den Evangelien als Geschichte einer Bewegung des gewaltfreien Widerstands gegen massive und strukturelle Ungerechtigkeit widmet er seine Forschung. An einem Tag im Jahr 2012 saßen wir im Esszimmer seines Hauses in Boston, das Manuskript seines neuesten Buches ausgebreitet auf dem Tisch. „Die Bibel erzählt eine Geschichte, aber nicht die, die wir im Kindergottesdienst gelernt haben!", sagte mir Horsley, als ob er diese Wahrheit gerade erst entdeckt hätte und kaum warten könnte, mir mehr mitzuteilen.

Lies das Markusevangelium von Anfang bis Ende. Es wird lebendig! Was ist die Haupt-Handlung? Es ist nicht Jüngerschaft. Die wichtigste Handlung ist: Jesus gegen die Herrschenden. Genau wie Jahrhunderte vorher bei Jeremias. Er warnte den König, sich nicht mit dem babylonischen Reich anzulegen: Es wird dich letztendlich zerstören![1]

Horsley versteht die Evangelien als Aufzeichnungen einer Bewegung von unten, die auf die katastrophalen Auswirkungen der römischen Besatzung auf Kultur und Glauben der einheimischen Bevölkerung im Palästina des ersten Jahrhunderts reagiert. Er bietet eine lebendige Beschreibung der systematischen Beherrschung Palästinas durch Rom in den Jahrzehnten vor und den Jahrhunderten nach der Geburt von Jesus. Dabei zeigt er, wie Jesus in seinem Wirken auf die Misshandlungen durch die römische Ordnung eingeht. Das Römische Reich breitete sich geographisch aus und sicherte seine Macht durch die Ausbeutung seiner unterworfenen Völker. Durch militärische Besatzung, wirtschaftliche Kontrolle, Zwangsabgaben, sowie, im Falle von Auf-

---

[1] Richard A. Horsley, im Gespräch mit dem Autor am 26. Oktober 2012

stand und Verweigerung der Zusammenarbeit, durch brutale, terrorisierende Unterdrückung. Er weist darauf hin, dass im ersten Jahrhundert die moderne Unterscheidung zwischen Religion und Politik nicht existierte. Im Laufe der Jahrhunderte jedoch, im Prozess der Umwandlung des Christentums in eine etablierte Religion und anschließend in die bevorzugte Religion des Imperiums, ist die ursprüngliche Stoßrichtung von Jesu Botschaft verloren gegangen oder verzerrt worden. Die Evangelien sind *entpolitisiert* worden, wie es Horsley ausdrückt. „Ich will Religion und Politik wieder zusammenbringen", sagte er mir:

> Jesus bietet den Herrschern die Stirn. Das ist es, was ein Prophet tut. Im Markusevangelium folgt eine Konfrontation der anderen. Und Jesus ergreift die Initiative. Er ist der Anführer einer Bewegung, er hält Reden und macht Demonstrationen, spricht die Wahrheit aus gegenüber den Mächtigen - was das Volk wegen der Bedrohung mit erdrückender Gewalt nicht zu tun wagte. Aber wenn jemand gegen Unterdrückung aufsteht, inspiriert es Nachfolger, sich ebenfalls zu widersetzen.[2]

Israel erneuern

Das biblische Reich Gottes ist nach Ansicht Horsleys ein Programm zur Erneuerung Israels, das eine soziale und politische Ordnung errichten wollte, die als direkte Entgegnung auf die niederschmetternden wirtschaftlichen und politischen Ungerechtigkeiten gemeint war, die Jesus und sein Volk erlebten. Das römische Regime zerstörte planmäßig den ursprünglichen Zusammenhalt der jüdischen Gesellschaft und ersetzte ihn mit einer Kolonialgesellschaft, die dazu da war, das hungrige Raubtier eines wachsenden Imperiums zu füttern. In seinem Buch von 2003, *Jesus and Empire: The Kingdom of God and the New World Disorder*, zeigt Horsley auf, dass die Bauern und Dorfbewohner im Palästina zu Jesu Lebzeiten „sehr wohl wussten, dass viele von ihnen als freie Landwirte, die das Land ihrer Vorfahren bebaut hatten, zu Pächtern der wohlhabenden Herrscher und deren Verwalter, welche dieses Land

---

[2] ebd.

erfolgreich unter ihre Kontrolle gebracht hatten, degradiert worden waren."³ Deswegen war die treibende Kraft hinter Jesu Lehren die Unterstützung für die Bauern in Galiläa. Sie richtete sich gegen die Beschädigung ihrer Familien, ihrer Gesundheit, ihrer Psyche und ihrer Gemeinden, verursacht von der Unterdrückung durch Rom in aktiver Kollaboration mit Roms Vasallenherrschern in Judäa und Galiläa. Mit anderen Worten, Jesus führte eine breite Widerstandsbewegung an. Ihr Zweck war es, die Werte und Lebensform der agrarischen und gemeinschaftsbezogenen Gesellschaft im Palästina des ersten Jahrhunderts zu stärken - gegen die Strukturen der Kontrolle, die von Rom und seiner Vasallenregierung aus König und Tempel aufgezwungen worden waren.

„Mein Reich ist nicht von dieser Welt", verkündet Jesus (Johannes 28,36). Das griechische Wort in diesem berühmten Satz, das üblicherweise mit „Welt" übersetzt wird, ist *kosmos*. Aber *kosmos* heißt genauer übersetzt „System" oder „Ordnung". Jesus rief sein leidendes Volk dazu auf, dem unterdrückerischen *System* zu widerstehen, das von ihrem Leben Besitz ergriffen hatte, indem sie am Herzstück ihres Glaubens festhalten und Gemeinschaft und politisches Leben nach den Grundsätzen von Liebe und Barmherzigkeit gestalten. Jesus bekräftigte, dass Gott uns zu einem Leben beruft, das an sozialer Gerechtigkeit ausgerichtet ist.

„Die Erkenntnis, dass die Mission Jesu sich primär im Gegensatz zur Herrschaft des Römischen Reiches richtete, widerspricht der üblichen älteren Darstellung von ‚Jesus im Gegensatz zum Judentum'," sagte mir Horsley. Jesu Botschaft war weit davon entfernt, gegen das Judentum gerichtet zu sein oder es mit einer neuen Religion „ablösen" zu wollen.

Vielmehr ging es ihm um die Rückkehr zu den zentralen Anliegen des Mosaischen Bundes, die für all das standen, was für Rom nicht galt: gleiche Verteilung der Ressourcen, Respekt für Leben und die Würde des Menschen, sowie Barmherzigkeit für die Verletzlichsten.

---

3   Richard A. Horsley, *Jesus and Empire: The Kingdom of God and the New World Disorder*, Minneapolis, MN: Augsburg Fortress, 2003, S. 94

Der Mosaische Bund war in Wirklichkeit eine Verfassung, eine konstituierende Sammlung von Prinzipien für das frühe Israel als eine unabhängige Agrargesellschaft. Wirtschaftliche und politische Beziehungen waren ein integraler Bestandteil des Bundes und völlig untrennbar von der religiösen Dimension.[4]

Die belastete Geschichte der Kirche in Bezug auf das Judentum und das jüdische Volk hat dazu beigetragen, uns von dieser Kernwahrheit abzulenken: dass Jesus die Menschen zur Treue gegenüber dem Judentum aufrief - nicht dazu, den Glauben mit einem anderen zu ersetzen. Horsley erklärt in *The Shadow of the Empire: Reclaiming the Bible as a History of Faithful Resistance*, die Auffassung der frühen Kirche von einem Jesus, der sich dem Judentum entgegenstellte, sei

„einfach unhistorisch. Es begann mit den beschämenden frühen Versuchen der Christen, sich vor der Verfolgung durch Rom zu schützen, dass man sich von 'den Juden' distanzierte, die rebelliert hatten und deren Aufstände von den Römern in den Jahren 6 bis 70 nach Chr. niedergeschlagen wurden. Aber zu Lebzeiten Jesu hatte sich das Christentum noch nicht als vom Judentum getrennte Religion herausgebildet. Vielmehr gehörte Jesu Opposition gegen die Herrschaft des Römischen Reichs zur breiteren Opposition, welche die Form von Protesten, Streiks, Bewegungen und ausgedehnten Revolten annahm, sowohl von Gruppen der Schriftgelehrten und von Bewohnern Jerusalems als auch von Bauern. Wie diese Proteste und Bewegungen war auch Jesus in einer langen israelischen Tradition von Widerstand gegen Fremdherrschaft tief verwurzelt und schöpfte daraus."[5]

---

[4] ebd., S. 114.

[5] Richard A. Horsley, „Jesus and Empire", in R.A. Horsley (hg.), *In the Shadow of Empire: Reclaiming the Bible as a History of Faithful Resistance*, Louisville, KY[: Westminster John Knox 2008], S. 95

Das meint Horsley mit der Forderung nach der „Repolitisierung" der Evangelien. „Ich dränge darauf, die Konzepte ‚frühes Judentum' und ‚frühes Christentum' mit einer präziseren historischen Bezugnahme auf die Judäer und Galiläer zu ersetzen, die in Dorfgemeinschaften unter der Herrschaft des Tempel-Staates in Jerusalem und unter dem von Rom eingesetzten Herodes Antipas in Galiläa lebten," sagte mir Horsley. „In diesem Zusammenhang war dann einer der wichtigsten Faktoren die Klassentrennung zwischen den Dorfbewohnern und den Machthabern."[6] Zu der Zeit, in der Jesus in Galiläa aufgewachsen ist, verursachten diese Verhältnisse starke politische Unzufriedenheit, Widerstand und Aufstände. Widerstand gegen die Mächtigen war ein fundamentaler Teil von Jesu Botschaft. Jesus war nicht der erste Anführer, der sich für Widerstand eingesetzt hat, aber er war der erste, der gesagt hat, dass dieser *gewaltfrei* sein muss. Das war in gewissem Sinne ein pragmatischer Schritt: Bewaffneter Widerstand gegen Rom war selbstmörderisch. Horsley und andere vermuten, dass Jesus Augenzeuge der schrecklichen Unterdrückung der Volksaufstände durch Rom in den frühen Jahrzehnten des ersten Jahrhunderts wurde. Stattdessen ging es in Jesu Botschaft um eine alternative Lebensweise, die sich auf die von Gott gegebenen Grundsätze zurückbesann, welche der Maßstab für die menschlichen Beziehungen sind. Es ging darum, das Wachstum der *ecclesia* zu unterstützen, der kleinen Versammlungen der Gläubigen, die fest im täglichen Leben der einheimischen Gemeinschaft verankert sind. Das Vorbild der *ecclesia* war ja die gemeinschaftliche Ordnung, die Paulus in den frühen Jahren des christlichen Glaubens im gesamten Mittelmeerraum einführte. Zum Beispiel betreffen die Bezüge auf Nahrung und Vergebung im Vaterunser keine Pflichten gegenüber Gott, keine theologischen Grundsätze oder das Einhalten ritueller Vorschriften. Vielmehr spricht das Gebet unmittelbar die Beziehungen zwischen Menschen an: Schuld vergeben, Menschen ernähren und soziale Gerechtigkeit. Verschuldung war, zusammen mit der Abgabenlast, der Hauptmechanismus zur Verarmung und der Landnahme durch die Römer und ihrer Vasallenherrscher. „Dein Wille

---

[6] Richard A. Horsley, im Gespräch mit dem Autor am 26. Oktober 2012.

geschehe *auf Erden*" ist der springende Punkt des Gebetes, das Jesus seinen Nachfolgern zu beten geboten hat. Ein Verständnis der Evangelien, bei der die Hingabe an Gott nicht zu trennen ist von unmittelbarem Handeln in der Welt, ist auch die Grundlage der modernen Theorien von gewaltfreier direkter Aktion. Dem Thema werden wir uns in den folgenden Kapiteln widmen.

Das Neue Rom

Horsley sieht auch die zwingenden und dringenden Parallelen zwischen dem Römischen Reich und der heutigen Politik der USA. „Genau wie Rom Herodes in seinen Palast gesetzt hat und den Hohepriester in den Tempel, so machen die Unterstützung und Militärhilfe der USA für despotische Regime und ihre eigenen militärischen und wirtschaftlichen Abenteuer in ihrer gesamten Geschichte eindeutig das gleiche,"[7] sagte Horsley mir und zögerte nicht, die Parallele mit heute zu ziehen.

In unserer frühen amerikanischen Geschichte sah Amerika sich selbst als das neue Rom, und die Kirche hat es dazu ermutigt. Die christlichen Konfessionen haben das sehr lautstark verkündigt. Die Mächtigen zu unterstützen, ist also in den Genen der Kirche. Obwohl der Mosaische Bund gegen all das steht, findet die Kirche noch immer Wege, den Status quo zu stützen anstatt ihrem Erbe, ihrem Ursprung treu zu bleiben.[8]

Ja, Horsley urteilt hart über Amerikas Sündenregister auf der Weltbühne. Und er kritisiert die Rolle, die in der Geschichte vom religiösen Establishment gespielt wurde. Aber es geht ihm nicht darum, die Kirche zu verurteilen. Lesen Sie noch einmal seine Worte: Er ruft die Kirche dazu auf, „ihrem Erbe, ihrem Ursprung treu zu bleiben." Damit steht er in einer stolzen Tradition. Horsley liest die gleiche Bibel wie ein amerikanischer Pastor, der in den Südstaaten 1963 wegen zivilen

---

[7] ebd.
[8] ebd.

Ungehorsams eingesperrt worden ist - und kommt zu den gleichen Ergebnissen. In seinem „Brief aus dem Gefängnis in Birmingham" beklagt der Reverend Martin Luther King Junior das Versäumnis der Kirchen, gegen das rassistische Vorgehen von Regierungsbeamten aufzustehen und für die „zerschlagenen und erschöpften schwarzen Männer und Frauen" einzutreten, die sich zum Protest erhoben haben:

> Tief enttäuscht habe ich über die Lauheit der Kirche geweint. Aber glauben Sie mir, diese Tränen waren Tränen der Liebe. Denn nur wo tiefe Liebe ist, kann auch tiefe Enttäuschung sein. Ja, ich liebe die Kirche. Wie könnte es auch anders sein? Ich bin in der recht einmaligen Lage, Sohn, Enkel und Urenkel von Predigern zu sein. Ja, ich sehe die Kirche als den Leib Christi. Aber oh weh! Wie haben wir diesen Leib durch unsere sozialen Versäumnisse und unsere Angst, Nonkonformisten zu sein, verunstaltet und durch Narben entstellt! ... Die heutige Kirche ist so oft nur eine schwache, wirkungslose und unsicher klingende Stimme. So oft ist sie der wichtigste Verteidiger des Status quo. Weit davon entfernt, durch die Präsenz der Kirche gestört zu werden, werden die Machtstrukturen in den meisten unserer Städte noch gestärkt durch ihre schweigende und oft sogar lautstarke Sanktionierung der bestehenden Verhältnisse.[9]

King liest die gleiche Bibel wie Horsley, und sie erzählt ihm die gleiche Geschichte. So wie Horsley appelliert King an die Kirche, in unserer Zeit eine Kirche zu sein, wie sie es in ihren frühesten Tagen war: den Mächtigen die Stirn zu bieten und sich auf die zeitlosen, gottgegebenen Grundsätze von Barmherzigkeit und sozialer Gerechtigkeit zu berufen, welche das Fundament der Tradition sind:

> Es gab einmal eine Zeit, in der die Kirche sehr mächtig war. Das war die Zeit, in der die Christen sich freuten, für wert erachtet zu werden, für ihren Glauben zu leiden. In jenen Tagen

---

[9] James M. Washington (hg.), *A Testament of Hope: The Essential Writings and Speeches of Martin Luther King, Jr.*, San Francisco, 1986, S. 299-300 [deutsch: Heinrich W. Grosse (hg.), Martin Luther King: Schöpferischer Widerstand, Gütersloh 1985]

war die Kirche nicht nur ein Thermometer, das die Ideen und Grundsätze der öffentlichen Meinung anzeigte, sie war der Thermostat, der die Moral der Gesellschaft verwandelte.[10]

Alternativen zu Kaiser Konstantin

Eine wachsende Zahl von Pastoren und Theologen heutzutage, die sich wie Martin Luther King Jr. zu seiner Zeit an der „schweigenden und oft sogar lautstarken Sanktionierung der bestehenden Verhältnisse" durch die Kirche stören, öffnen ihre Bibeln und kommen zu den gleichen Schlussfolgerungen wie der Historiker und Gelehrte Richard Horsley. Und sie fordern von der Kirche, sich wieder auf ihre Wurzeln zu besinnen.

Der Geistliche, Autor, Aktivist und Redner Brian McLaren gilt heute als einer der einflussreichsten Christen in den USA. Nachdem er als Pastor der von ihm gegründeten überkonfessionellen *Cedar Ridge Community Church* in Spencerville im Bundesstaat Maryland gewirkt hat, widmet er seine Zeit jetzt dem Schreiben und dem Halten von Vorträgen. Als wir uns im Frühjahr 2013 trafen, sagte er mir, er sähe seine Arbeit darin, „den Kirchen zu helfen, eine bessere Zukunft zu planen". Als produktiver Autor hat er mehr als zwanzig Bücher geschrieben, in denen er Christen herausfordert, „Unseren Weg wieder [zu] finden" wie ein Buchtitel lautet, und die vielen Annahmen, Einstellungen und Verhaltensweisen zu hinterfragen, die den Glauben seit langem quer durch das ökumenische und politische Spektrum bestimmt haben.

Die Gewalt und Unterdrückung, welche die Kirche in ihrer zweitausendjährigen Geschichte unterstützt, verübt und durch ihre schweigende Komplizenschaft ermöglicht hat, plagt McLaren. In seinem 2012 erschienen Buch *Why Did Jesus, Moses, the Buddha, and Mohammed Cross the Road?: Christian Identity in a Multi-Faith World*, denkt er über die Symbolkraft des schicksalhaften Ereignisses der „Bekehrung Konstantins" nach. Der Überlieferung nach hatte der römische Kaiser Anfang des vierten Jahrhunderts vor der Schlacht an der Milvischen Brücke in Rom die Vision eines Kreuzes am Himmel mit den Worten: IN

---

[10] ebd.

DIESEM ZEICHEN SOLLST DU SIEGEN.[11] Was für einen Wahrheitsgehalt wir dieser Geschichte auch immer zumessen, für McLaren ist das ein makaberes Zeichen, das die Erhebung des Christentums zur offiziellen Religion des Römischen Reiches ankündigte. Er lädt uns ein, uns eine andere Bekehrung vorzustellen, die zwar nicht geschehen ist, aber so hätte sein können. Anstatt einem vergoldeten, mit Diamanten besetzten Kreuz aus zwei Speeren mit den Worten: „Bedrohe und töte hiermit", stellen Sie sich vor, dass Konstantin die Vision von einer Wasch-Schüssel und einem Handtuch gesehen hätte mit den Worten: „Diene hiermit", oder die Vision eines einfachen Tisches mit Brot und Wein mit: „Versöhne dich an diesem", oder eine Vision von den ausgebreiteten Armen Christi mit „Umarme auf diese Weise", oder die Vision von Vögeln in der Luft und Blumen auf dem Felde mit „Vertraue wie diese", oder die Vision einer Mutterhenne, die ihre Küken sammelt mit „Liebe wie diese", oder die Vision einer Taube, die vom Himmel herabkommt mt den Worten „Sei gütig wie sie". Aber so ist es nicht gewesen.[12]

Es ist entscheidend, dass wir in den Vereinigten Staaten unsere Geschichte als Zivilisation kritisch betrachten, sagte mir McLaren, wir müssen uns all die Zeiten anschauen, in denen wir völlig im Unrecht waren. Wir waren im Unrecht, als wir mit der Bibel die Landnahme gerechtfertigt und die indigene Bevölkerung fast ausgerottet haben. Wir waren im Unrecht, als wir die Bibel benutzten, um eine auf Sklaverei basierende Wirtschaft zu rechtfertigen. Wir waren im Unrecht, als wir die Bibel benutzten, um die Rassentrennung zu rechtfertigen. Und vor, während und nach diesen Zeiten waren wir im Unrecht, als wir die Bibel benutzten, um Antisemitismus zu rechtfertigen. Und we-

---

[11] Brian D. McLaren, *Why Did Jesus, Moses, the Buddha, and Mohammed Cross the Road?: Christian Identity in a Multi-Faith World,* Nashville, NY, Jericho Books, 2012, S. 82

[12] ebd., S. 83

gen all dieser schweren und langjährigen Verfehlungen in unserer Geschichte müssen wir, denke ich, besonders wachsam sein, diese Fehler nicht zu wiederholen.[13]

Im folgenden Abschnitt begegnet uns McLaren, wie er, ebenso wie Horsley, neben Jesus steht, der den Tempel betrachtet, wie er mit dem Schweiß und dem Leiden des Volkes gebaut worden ist, und fragt: „Was ist aus meinem Reich geworden?" Wie bringen wir unser Herz und unser Leben zurück zum Kern unseres Glaubens? Wie kommen wir mit Gott wieder ins Reine?

Es ist wie mit Kolumbus im Jahr 1492, so auch mit Konstantin im Jahr 312: Die Art und Weise, wie wir unsere Geschichte weitergeben, bestimmt unsere Identität. Unsere christlichen Geschichten, wie unsere politischen, schützen uns vor der ganzen Wahrheit darüber, wie wir wurden, was wir sind, und dadurch halten sie uns davon ab, uns selbst so zu sehen, wie uns andere sehen. Unsere Standardgeschichten stärken unser Selbstbild, wo „wir" die Tugendhaften sind, die Opfer, die Verteidiger der Wahrheit, die Friedensstifter, und „sie" die Aggressoren, die Invasoren, die Häretiker, die Bösen ... Von Konstantin bis Kolumbus, von den anderen Conquistadores bis zu den Kolonisatoren der Gegenwart haben wir authentische christliche Elemente von Liebe, Freude, Frieden und Versöhnung mit rein imperialen Elementen von Überlegenheit, Eroberung, Beherrschung und Feindseligkeit vermischt. Wir haben eine neue Religion geschaffen mit einer Identität, die sich sehr von derjenigen unterscheidet, die Jesus in Galiläa verkündet und verkörpert hat, oder Jakobus und Petrus in Jerusalem, oder Paulus rund um das Mittelmeer, oder die christlichen Gelehrten des zweiten und dritten Jahrhunderts. Mit anderen Worten, was wir heute Christentum nennen, hat eine Geschichte, und diese Geschichte entlarvt es als eine römische, imperiale Version des Christentums.[14]

---

[13] Brian D. McLaren im Gespräch mit dem Autor am 15. Januar 2013
[14] McLaren, *Why Did Jesus, Moses, the Buddha, and Mohammed Cross the Road?*, S. 83-84

Beim Lesen dieser Worte bin ich zutiefst bewegt von der verständlichen und gerechtfertigten Wut und Trauer, die der Pastor über die Verfälschung, die Sünde und den Verrat an der wahren Natur der Kirche ausdrückt. Aber mich trifft die Sehnsucht in McLaren's Worten sogar noch mehr - eine Sehnsucht nach einer Christenheit, die verkörpert, was Martin Luther King Jr. gefordert hat. Kings starker Glauben an die Wahrheit und die Kraft eines solchen Christentums schuf eine Bewegung, die Amerika verändert hat und weiterhin zum Kampf gegen Tyrannei inspiriert und anleitet. Horsley hat uns daran erinnert, dass sich Jesu Wirken auf ein unbeirrbares Bekenntnis zu den Prinzipien des Mosaischen Bundes gründete. Den gleichen Entwurf für eine gerechte Gesellschaft hat Jesus vor der Gemeinde an jenem Sabbat in der Synagoge von Nazareth ausgebreitet. Um es mit McLarens Worten zu sagen, „eine dezentralisierte, spirituell-soziale Bewegung von unten, die sich dem Guten verschrieben hat und der Rettung der Welt von menschlicher Bosheit - sowohl individuell als auch strukturell."[15] Heute eine solche Kirche zu bauen, sagt McLaren, heiße, „die gleiche frohe Botschaft vom Reich Gottes zu verkünden, die Jesus verkündet hat - in Wort und Tat, durch Kunst und Bildung, mit Zeichen und Wundern, mit Ernst und Spiel, mit Warnen und Hoffen."[16]

Es ist daher keine Überraschung, dass McLaren ein Fürsprecher für die Rechte der Palästinenser geworden ist. Als er 2010 mit seiner Pilgergruppe in Israel und den palästinensischen Gebieten war, verursachten die Einträge in seinem Blog namens „Mehr aus dem Westjordanland" einige Aufregung: „Habt Ihr den neuen Blog von Brian McLaren gesehen? Er ist Evangelikaler, und hört Euch an, was er über Israel sagt!" Es folgt der Eintrag vom 22. Januar 2010:

War das heute ein Tag! Schon mittags fühlten sich viele von uns zwanzig so, als könnten wir nicht mehr. Wir haben herzzerbrechende Geschichten von Palästinensern gehört, die grundlos verhaftet, gefoltert und gedemütigt, wieder verhaftet

---

[15] Brian D. McLaren, *A New Kind of Christianity: Ten Questions That Are Transforming the Faith*, New York, HarperOne, 2010, S. 216

[16] ebd.

und wieder gefoltert worden sind ... Aber was besonders stark war - und was uns davor bewahrt, vom Zynismus oder von Wut überwältigt zu werden - ist das Fehlen von Hass bei den Palästinensern, die wir treffen, sowohl Christen als auch Muslime. Wieder und wieder hören wir das Wort „gewaltlos" und spürten eine Sehnsucht nicht nach Vergeltung oder wenigstens nach Trennung ... sondern nach Versöhnung ... Sie wollen in Frieden mit den Israelis leben. Sie wollen, dass Juden, Muslime und Christen lernen, als Nachbarn zusammenzuleben. Ein Mann in einem Flüchtlingslager sagte: „Ich möchte jüdische Nachbarn haben, damit ich mit ihnen von gleich zu gleich umgehen kann, als Menschen, nicht als Wärter und Gefangene ... Wir wurden zu Opfern gemacht, aber wir wollen niemals andere zu Opfern machen."[17]

In ihrer Weigerung zu hassen und in ihrem Sehnen nach Koexistenz, selbst angesichts unerbittlicher Unterdrückung, sah McLaren, dass diese Palästinenser, die unter der Besatzung leben, die Grundsätze und Werte leben, für die er in seinen Büchern eine Lanze gebrochen hat. Diese unterdrückten Palästinenser - und es wird aus McLaren's Blog nicht deutlich, ob sie Christen oder Muslime waren, was auch unwichtig ist, - diese Frauen und Männer, die an jeder Ecke gedemütigt werden und mit Enteignung durch koloniale Siedler konfrontiert sind, die von einer mächtigen Regierung unterstützt werden und behaupten, gemäß göttlichem Recht zu handeln, haben Jesu Auftrag befolgt, ihre Feinde zu lieben. Sie haben sich ohne Zweifel in ihrer kleinen, aber entscheidend wichtigen Ecke des Globus zu Gutem verschworen. Vielleicht ist McLaren von diesen Palästinensern inspiriert, wenn er sich nicht im Anprangern von Israel gefällt oder das jüdische Volk strenger als andere tadelt. Er wusste aus eigener schmerzlicher Erfahrung als Heranwachsender, wie religiöse Glaubenssätze dazu benutzt werden können, um die Unterdrückung einer Gruppe durch eine andere zu

---

[17] Brian D. McLaren, Blog-Eintrag vom 22. Januar 2010, „More from the West Bank", www.brianmclaren.net/archives/blog/more-from-the-west-bank.html, Zugriff 10.01.2013

rechtfertigen. In seinem vorletzten Buch beschreibt McLaren einen
„zentralen christlichen Glaubenssatz", der in der Geschichte besonders
destruktiv gewirkt hat:

> Eine verzerrte Doktrin des Auserwähltseins sagt vielen ernsthaften, aber irregeleiteten christlichen Zionisten, dass die Juden von Gott dazu erwählt worden sind, ein bestimmtes Land zu besitzen ohne Rücksicht auf das Wohlergehen ihrer nichtjüdischen Nachbarn. Infolgedessen unterstützen diese Christen Israel begeistert in seinem Narrativ der Vorherrschaft, womit sie die anhaltende militärische Besatzung des Westjordanlandes und Gazas rechtfertigen. Sie befürworten vielleicht sogar das Narrativ der Reinigung, das manche israelische Siedler und politische Parteien dazu inspiriert, palästinensische Muslime und Christen aus ihren Häusern zu vertreiben, sei es durch überfallartige Ausweisung oder durch allmähliche Kolonisierung und Landnahme. Diese Christen, die es gut meinen und sich oft darum bemühen, das schreckliche Vermächtnis des christlichen Antisemitismus wiedergutzumachen, scheinen vergessen zu haben, dass der Weg des Beherrschens nicht der Weg Jesu ist. Sie vergessen, wie ernsthafte Christen in Südafrika die gleiche Doktrin des Erwählseins missbraucht haben, um die Apartheid zu rechtfertigen, oder wie Christen in den USA den gleichen Glaubenssatz dazu benutzt haben, zahllose Verbrechen gegen die amerikanischen Ureinwohner und die Afroamerikaner zu begehen, oder wie zuallererst christliche Antisemiten die Jahrhunderte hindurch diese Doktrin dazu verwendet haben, die skrupellose Behandlung ihrer jüdischen Nachbarn zu rechtfertigen.[18]

Als jemand, der mit der jüdischen Version dieser „Doktrin des Erwähltseins" aufgewachsen war, fanden McLarens starke Worte großen Widerhall in mir. Und ich musste ihm Recht geben, dass wir Juden mit

---

[18] McLaren, *Why Did Jesus, Moses, the Buddha, and Mohammed Cross the Road?* S. 119

unserer modernen Praxis des „Beherrschens" und der „Reinigung" ohne die Unterstützung durch die christliche Welt keinen Erfolg gehabt hätten. Christliche Zionisten behaupten, dass die jüdische Inbesitznahme des Heiligen Landes die Endzeit einläutet. Die Gründung des Staates Israel war nach dieser Sichtweise ein großer Schritt in Richtung Erfüllung von Gottes Plan, wie er in der Bibel vorausgesagt wird. Ich musste McLaren darin zustimmen, dass Christen sich dafür verantworten sollten, wie diese Doktrin des Erwähltseins heute angewendet wird. Wie ironisch war es, dass Christen bei ihrem Versuch, für Jahrtausende christlichen Hochmuts zu sühnen, der neben anderen Sünden zur Dämonisierung und Verfolgung der Juden geführt hat, in den gleichen grundlegenden dogmatischen Fehler zurückfallen - und den Juden dabei wieder Schaden zufügen - diesmal dadurch, dass sie uns *unsere* Sünden nicht vorhalten.

„Heute ist Palästina der Ort", sagte mir McLaren, „wo wir am meisten Schuld auf uns laden durch das Verewigen derselben dysfunktionalen und in Verruf gebrachten Art und Weise, die Bibel zu benutzen." Im gleichen Ton schrieb er in einem anderen Blog-Eintrag aus Palästina:

Ich denke, es ist an der Zeit, dass Christen guten Willens ihre Stimme deutlicher gegen diese Art von christlichem Zionismus erheben, die die Palästinenser mit der gleichen Missachtung behandeln, gegen die sich Jesus zu seiner Zeit in Bezug auf die Samariter gewehrt hat. Diese Art einer Theologie der göttlichen Bevorzugung muss als moralische Peinlichkeit aufgegeben werden.[19]

Eine neue Theologie des Landes

Wie sich McLaren mit den Dogmen des Ewähltseins und der göttlichen Bevorzugung auseinandersetzt, die zu seinem eigenen religiösen Erbe gehörten, ist ein großartiges Beispiel dafür, wie man „Theologie

---

[19] 12. Januar 2013 unter http://brianmclaren.net/archives/blog/the-conversation-is-changing-par-1.html, Zugriff am 16. Januar 2013

tun" kann. Theologie ist nicht festgelegt; wir *machen Theologie*, wenn die Zeiten uns herausfordern, mit Barmherzigkeit und Mut zu handeln. So wie es Martin Luther King Jr. während der schwierigen ersten Tage des Bus-Boykotts in Montgomery entdeckte, bedrängt durch Hass und gewaltsame Opposition in seinem Kampf für Rassengleichheit, kommt die Notwendigkeit, „Theologie zu tun" oft plötzlich, sogar traumatisch, und was folgt, ist immer Klarheit über das erforderliche Handeln: Mose wird von Gott beauftragt, sein Volk aus der Knechtschaft in Ägypten zu befreien; Jona wird zu den Bewohnern Ninives gesandt, um sie aus ihrer Selbstzerstörung zu retten; Paulus wird auf der Straße nach Damaskus vom blendenden Licht der Wahrheit Gottes auf die Erde geworfen. Die Feuerzungen auf den Häuptern der Apostel an Pfingsten brannten in ihnen die Überzeugung hinweg, dass sie - die Sprache von nur einer Nation sprechend - über ein irdisches Königreich in Jerusalem herrschen würden. In allen Fällen (und oft begleitet vom Protest eines zögernden Propheten oder Jüngers) fallen die Schuppen der Verweigerung von ihren Augen und sie erkennen Gott, nicht durch Studieren oder passiven „Glauben", sondern durch das Handeln in der Welt.

Eine Theologie, die ein Volk dem anderen vorzieht, kann in diesem Prozess des Erkennens und Handelns nicht bestehen. An McLaren anknüpfend bedeutet das, dass die Einsätze viel höher sind und das Versäumnis, mit einer solchen Theologie zu ringen, sehr viel schwerwiegender ist, wenn es dabei um das Recht auf ein Stück Land geht.

Im nächsten Kapitel werden wir unsere Theologie des Landes genauer betrachten, wie sie sich im Verlauf der Geschichte verändert hat. Wir werden sehen, wie es ein entscheidendes Gebiet zum „Theologie tun" bleibt.

6. KAPITEL

BIS AN DIE ENDEN DER ERDE: DIE BEDEUTUNG DES LANDES

Die Apostelgeschichte zeigt uns eine Welt, in der Politik und Glaube zusammenkommen. Es ist eine Welt, in der Männer und Frauen aufbrechen, um eine zerbrochene und verletzte Welt zu heilen. Was diese ersten Jesusnachfolger antrieb, waren lebensverändernde Erfahrungen sowie Überzeugungen und Werte. Die Apostelgeschichte beschreibt eine Welt, in der die Kraft des Geistes die Taten der Menschen bestimmte und die eine größere Autorität hatte als die irdischen Mächte. Es ist ein Lehrbuch für Geopolitik aus dem ersten Jahrhundert, eine Anleitung für visionäre Aktivisten und eine Modell-Kampagne zur Veränderung der Welt.

Vierzig Tage sind seit Ostern vergangen. Jesus, der seinen Jüngern nun einige Male erschienen war, hatte sie angewiesen, Jerusalem nicht zu verlassen. Sie müssen auf die Erfüllung des Versprechens seines Vaters warten, dass „Ihr mit dem Heiligen Geist getauft werdet". Wie oder warum das vonstatten gehen sollte, darüber verschwendet Jesus keine weiteren Worte, wie es typisch für ihn war und die Jünger verstehen, wie üblich, gar nichts. Schlimmer noch - sie verstehen es völlig falsch. Wie schon so oft stellen die elf übrig gebliebenen Jünger die falsche Frage. Sie macht deutlich, dass sie immer noch nicht verstanden haben, worüber Jesus während der dreieinhalb Jahre seines öffentlichen Wirkens geredet hat, nicht einmal jetzt, nicht einmal nach Ostern. „Ist die Zeit gekommen, Herr", fragen sie ihn, „dass du die Herrschaft Israels wieder aufrichten wirst?" Selbst jetzt haben sie noch nicht verstanden, was Jesus mit „dem Reich Gottes" meinte. Sie denken, es gehe um ein Königreich auf Erden. Wann, fragen sie Jesus, bekommen wir unser Land von den Römern zurück?

In seiner Antwort gibt Jesus einen deutlichen Hinweis, und es ist das Allerletzte, was er vor seiner Himmelfahrt sagt: „Ihr werdet die Kraft des heiligen Geistes empfangen, der auf euch kommen wird, und werdet meine Zeugen sein in Jerusalem und in ganz Judäa und Samarien" - aber da hört er nicht auf - „und bis an die Enden der Erde" (Apg. 1,8, Einheitsübersetzung). Natürlich können die Jünger lediglich raten, was die Antwort bedeuten soll. Nur durch Erfahrung werden sie lernen, worum es bei der Taufe durch den Geist geht. Und wie lang, schwierig und sogar gefährlich das sein wird, wissen sie natürlich noch nicht. So warten also wir Leser, wie die Jünger am Ende dieses ersten Kapitels der Apostelgeschichte, darauf, herauszufinden, was es heißt, Kraft zu empfangen.

Nach einem kurzen Bericht über die Wiederbesetzung der frei gewordenen Stelle des zwölften Apostels mit Matthias erleben wir im zweiten Kapitel der Apostelgeschichte den Pfingsttag. Die Kraft des Heiligen Geistes kommt wirklich wie versprochen, aber wahrscheinlich nicht wie erwartet. Sie kommt nicht wie ein freundlicher Vogel des Friedens, nicht als eine Stimme vom Himmel, die sagt: „Dies ist mein geliebter Sohn", sondern als gewaltiger Wind und als Zungen - Zungen! - von Feuer, die dazu befähigen, in allen Sprachen der damals bekannten Welt zu sprechen. Das ist die Kraft, die zu den Jüngern kam. *Es ging nicht darum, das irdische Reich für Israel wieder aufzurichten.* Es ging überhaupt nicht um eine Rückkehr zu einem früheren Status des Ruhmes oder der Stabilität. Es ging nicht um diese Art von Macht. Es war etwas völlig Neues. Die Macht der Gegenwart Gottes hat sich über das Königreich Israel hinaus bis ans Ende der Erde ausgebreitet: zu allen Orten, allen Völkern, allen Menschen, auf die ganze Erde. Jesu Nachfolger sprachen in der Muttersprache eines jeden Volkes, mit anderen Worten: in einer universalen Sprache.

Pfingsten erzählt eine Geschichte. Und die ist deutlich: Wenn die Menschheit überleben soll, wenn wir bei Gott sein wollen, müssen wir uns von jedem territorialen Besitzdenken abwenden und dahin kommen, die Erde als ganze zu achten. Weg von Partikularen, von der Beschränkung auf einen Teil, hin zur Zuwendung zum Universalen. Im stürmischen Wind und in den feurigen Zungen von Pfingsten vollendete sich jetzt der Übergang. Pfingsten ist die Erzählung von dem Gegensatz zwischen der Art von Macht, die sich die Apostel erträumten, als sie fragten: „Wann wirst du das Königreich Israel wieder errichten?" und einer Macht ganz anderer Art: der Kraft, die vom Heiligen Geist verliehen wird, um Gottes Zeugen zu sein bis ans Ende der Welt.

Die Apostel mussten zurechtgewiesen werden, um zu wissen, was von ihnen erwartet wurde. Sie waren fehlerhafte, irrende Menschen unter dem Einfluss der sie umgebenden Kultur. Frauen und Männer, die in einer imperialen Gesellschaft groß geworden waren, die sie vom Ursprung ihrer Kraft trennen wollte: Gemeinschaft, Barmherzigkeit, liebende Zuwendung. Jesus warb sie am Anfang seines Wirkens an, um sie zu dieser wahren Quelle von Kraft wieder zurückzuführen. Denn sie sollten diese Botschaft - die Bedeutung seines Lebens und seines Opfers - bis ans Ende der Welt bringen. Wie wir heute brauchten die Apostel die Kraft der Prophetie und so manches Wunder, um sie daran zu erinnern, sich umzuschauen und die Zeichen der Zeit zu verstehen.

Uralter Streit und heutige Krise

Dr. Gary Burge ist ein Professor für Neues Testament am Wheaton College außerhalb von Chicago. Wheaton ist eine der führenden christlichen Hochschulen im Land, die die besten Studenten und Professoren anzieht. Der Pastor Billy Graham gehört zu ihren berühmtesten Absolventen. Während sie für eine Festung christlicher Konservativer gehalten wird, ist Wheaton stolz darauf, an ihrer Tradition festzuhalten und doch gleichzeitig die Herausforderung der aktuellen Themen anzunehmen: Naturwissenschaft contra Religion, Sexualität und der interreligiöse Dialog. Wie der christliche Glaube den Herausforderungen der heutigen Zeit begegnet, verkörpert vielleicht niemand besser als Gary Burge. Und kein anderes Beispiel zeigt das stärker oder dramatischer als seine Auseinandersetzung mit der Frage nach der Bedeutung des verheißenen Landes.

Während seiner Auslandssemester als Student im Libanon in den frühen 1970er Jahren wurde Burge Zeuge des Leids der Palästinenser, die zwischen 1948 und 1949 zu Flüchtlingen gemacht wurden, als

Galiläa von Hunderttausenden palästinensischen Dorf- und Stadtbewohnern „gesäubert" wurde. Diese wehrlosen Zivilisten, die seit der Vertreibung aus ihrer Heimat vor Jahrzehnten in elende Lager gepfercht waren, erlebten die Zerstörung sogar dieser armen, provisorischen Gemeinschaften und oftmals den Tod, auch von Kindern - eingeklemmt zwischen den israelischen Invasoren und den bewaffneten libanesischen Gruppen. Von niemandem beschützt, staatenlos und verletzlich, blieben sie „der Abfall der Geschichte des Nahen Ostens".[1]

Im Jahr 1990, mittlerweile Professor, bereist er mit seinen Studenten das Heilige Land. Dabei sieht Burge in Ramallah als Augenzeuge, wie israelische Soldaten palästinensische Kinder einkreisen, nachdem diese Steine geworfen haben. Er war schockiert von der Brutalität dieser Soldaten gegenüber unschuldigen Kindern und der Tötung eines von ihnen. Wenig später, während eines Aufenthaltes im besetzten Ostjerusalem sah er, wie junge israelische Männer und Frauen in Uniform demonstrierende palästinensische Zivilisten in der Altstadt körperlich misshandelten und mit Tränengas beschossen. Obwohl er dem historischen Leid des jüdischen Volkes gegenüber sensibel war, war Burge empört und entsetzt über die Gewalt, die jetzt von den Israelis ausgeübt wurde. Dort in dem uralten Herzen Jerusalems konnte er nicht anders, als das Erlebte mit dem Leid der Palästinenser unter der Herrschaft Roms zu Jesu Lebzeiten zu vergleichen.

Während er zwischen den Überresten einer antiken römischen Festung im Herzen der Altstadt sitzt, „zwischen den Ruinen der römischen Armee, die dieses Land in den Tagen Jesu terrorisiert und zerschlagen hat - einer Armee, die Jesus allzu gut kannte, die ihn geschlagen, verhöhnt und gekreuzigt hat," fragt sich Burge, tief erschüttert: „Verhalten sich die Israelis jetzt so, wie die Römer es einst taten?"[2] Diese Erfahrung überzeugt ihn von der dringenden Notwendigkeit einer neuen Theologie des Landes, die zur Orientierung für eine christliche Antwort auf die Frage nach einer gerechten Konfliktlösung dienen könne.

---

[1] Gary M. Burge, *Whose Land? Whose Promise? What Christians Are Not Being Told about Israel and the Palestinians*, Cleveland: Pilgrim Press, 2003, S. 3

[2] ebd., S. 6

Im Jahr 2003 veröffentlicht Burge *Whose Land? Whose Promise? What Christians Are Not Being Told about Israel and the Palestinians*. Darin hinterfragt er die Verwendung der Landverheißung als Rechtfertigung für Israels Beherrschung und Misshandlung der Palästinenser. Er legt dar, dass das Neue Testament die Landverheißung über die Stammes- und Nationalgrenzen des jüdischen Volkes hinaus ausweitet.

In seinem Buch von 2010 *Jesus and the Land: The New Testament Challenge to ‚Holy Land' Theology* geht Burge einen Schritt weiter, indem er behauptet, dass das Neue Testament mit seiner Sicht des Landes sich deutlich von jeder Art der Territorialität verabschiedet, und zwar für jedes Volk - sogar für das 'neue Israel' der Kirche. Als ich *Jesus and the Land* las, konnte ich kaum an mich halten, so begeistert war ich. Hier gab es einen Bibelgelehrten und evangelikalen Christen, der das bestätigte, was meine eigene Lektüre des Neuen Testaments mir klar und deutlich gesagt hatte: Jesus, der eine Bewegung anführte, um sein Volk von der politischen Unterdrückung durch Rom und von der Gefährdung des Glaubens durch diese Tyrannei zu befreien, hatte sehr wohl etwas zu der Bedeutung des Landes zu sagen. Er unterschied sich dabei selbst von den radikalsten Äußerungen der alttestamentlichen Propheten. „Christliche Theologie", schreibt Burge in *Jesus and the Land*, ist eine „äußerst vernichtende Kritik an territorialer Religion, besonders an der Art, wie es sie in Judäa gab":

> Das Neue Testament zeigt kein Interesse an der Errichtung eines christlichen Heiligen Landes, keine Leidenschaft für den Aufbau eines Reiches im Namen Christi mit Jerusalem als seinem Zentrum. Wir hören keine Aufrufe im Neuen Testament, wie sie später bei byzantinischen und europäischen Armeen gang und gäbe wurden. Auch gibt es im Neuen Testament kein Interesse daran, die hebräische Bibel und das Judentum so zu verstehen, dass deren Gebietsansprüche bestätigt werden. Die Gemeinschaft des Neuen Testaments gehörte nicht zur wachsenden Bewegung im ersten Jahrhundert, die das Heilige Land wieder ausschließlich jüdisch machen wollte. Während des ganzen Jahrhunderts, und zwar auch während des großen

Krieges im Jahr 66 n. Chr., distanzierten sich die Nachfolger Jesu vom jüdischen Territorialismus.[3]

Daraus zieht Burge Schlussfolgerungen, die offen politisch sind: „Die große Versuchung besteht für Gottes Volk darin, das Heilige Land als eine bloße Fläche zu betrachten, als etwas, das man sich zu eigen macht und das es zu besitzen gilt ... sich das Land zu nehmen, es zu einer Ware und zu einem politischen Grundbesitz zu machen".[4] Ausgehend von neutestamentlichen Texten fordert Burge, direkt und ohne sich dafür zu rechtfertigen, eine Theologie heraus, die den Juden das Recht verleiht, eine ursprüngliche Bevölkerung zu enteignen. Sich an das Land als Eigentum zu klammern, als göttliches Recht und als Staatsland, ist nach Burge geistlich verfehlt. Und die Evangelien und die paulinische Theologie sind die Grundlage seiner Position!

Das für mich so Erfrischende ist, dass Burge nichts abschwächt aus Sorge, dass seine Worte so verstanden werden könnten, dass das Christentum gekommen sei, um das Judentum zu ersetzen. Es geht hier gar nicht um das Thema der Ablösungstheologie. Es geht um eine andere Debatte, die von größter Bedeutung für die Judäer und Galiläer der damaligen Zeit war, und die sich tatsächlich heute als ebenso wichtig herausgestellt hat. Ich lese weiter:

> Die Kirche wurde in eine jüdische Welt hineingeboren, die voll war von Auseinandersetzungen über Glaubensterritorien. Und sie entschied sich - bewusst - nicht als eine weitere territoriale Religion in Konkurrenz zu den anderen zu treten. ... Die Evangelien zeigen uns mit feinem Scharfsinn, wie Jesus durch diese Debatte navigierte und seine eigenen Nachfolger von der Leidenschaft für die territorialen Bewegungen seiner Zeit befreit hat.[5]

---

[3] Gary M. Burge, Jesus and the Land: The New Testament Challenge to "Holy Land" Theology, Grand Rapids: Baker Academic, 2010, S. 126

[4] ebd., S. 126, 128

[5] ebd., S. 126

Alle Sprachen der Welt

Im Dezember des Jahres 2012 sprach ich mit Burge und bat ihn, mehr zu dieser Debatte zu sagen. Und schon landeten wir wieder im ersten Jahrhundert, und zwar genau in dem gleichen Jerusalemer Raum kurz vor Pfingsten. „Das Königreich Israel wieder aufzurichten war das heiß debattierte Thema der damaligen Zeit." sagte mir Burge. „Es gab starke Fraktionen in der jüdischen Gemeinde, die die Juden aus der Diaspora sammeln wollten und kein griechisch, arabisch oder eine der dutzenden anderen Sprachen des Römischen Reiches sprechen wollten, sondern hebräisch, und die eine politische und militärische Vorherrschaft der Juden über Palästina herstellen wollten", erklärte Burge. Und Jesus trat mitten hinein in diese Debatte.

Gottes Interesse gilt nicht dem Partikularen, sondern dem Universalen, der ganzen Menschheit. Nicht einem besonderen Volk, einer Nation oder einem Stamm - gemeinsam nach außen wirken, nicht exklusiv nach innen. Jesus fragte sie: Geht es darum, das Zentrum zu stärken oder sich zu denen aufzumachen, die am Rande leben?[6]

Das sind für Burge nicht einfach nur Fragen der Bibelwissenschaft und der historischen Genauigkeit. Vielmehr gehören sie für ihn zum Kern seines christlichen Glaubens. Er schreibt in *Jesus and the Land*:

> Die Auffassung des Paulus vom Land ist, dass Jerusalem und sein Tempel Orte sind, die historischen Respekt verdienen, aber keine universelle oder bleibende theologische Bedeutung beanspruchen können. ... Die neue Bestimmung der Kirche als Tempel kommt von seinem Nachdenken über den neuen Ort, wo Gott wohnen wird. ... Die historische Verehrung für Judäa, Jerusalem und sogar für den Tempel hat sich verändert. Was Gott im Heiligen Geist getan hat und was in der Kirche Gestalt angenommen hat, hat das Verständnis des Paulus von einem heiligen Ort oder gar einem heiligen Land unwiederbringlich geändert.[7]

---

[6] Gary M. Burge im Gespräch mit dem Autor am 20. Dezember 2012
[7] Burge, *Jesus and the Land*, S. 89

Ich bat Burge, dies weiter auszuführen: Wie wirkt sich das seiner Meinung nach auf die Auseinandersetzung um den Besitz des Landes heute aus? Seine Antwort war deutlich und unmissverständlich:

> Wenn ich das Neue Testament befrage, erkenne ich, dass wir nicht so leben sollen, wie es einem Stammesdenken entspricht. Wir sollen kein territoriales Ziel verfolgen. Vielmehr so, wie Paulus es im Brief an die Galater im dritten Kapitel schreibt: ‚In Christus sind nun nicht mehr Jude oder Nichtjude, Sklave oder Freier, Mann oder Frau'. Paulus meint hier, dass Gott eine universale Gemeinschaft von Frauen und Männern schaffen will, die einander zum Segen werden. Das ist eine Grundüberzeugung meines christlichen Glaubens.

Keine Frage, Burge distanziert sich von der schändlichen Geschichte der Judenverfolgung durch die Kirche. Aber die unchristliche Abwertung der Juden ist das eine. Das andere ist die sehr christliche Absage an das territoriale Denken, dem die jüdische Oberschicht ebenso verhaftet war wie Teile der Opposition in der jüdischen Gesellschaft Palästinas zur Zeit Jesu. Jesus hat territoriale und exklusive Privilegien infrage gestellt. Und Paulus hat sie weiter demontiert, indem er seine Vision von der Kirche als dem neuen Israel formuliert. Wir leben heute in der Realität der Apostelgeschichte - sie ist politisch! Das Problem ist nicht der Antisemitismus. Das Problem ist die Territorialität, der Machtmissbrauch, die Enteignung, das Einteilen in „wir" und „sie", Partikularethik gegen Universalethik, Exklusivität gegen Inklusivität. Genau der gleiche Streit, der damals einen Sturm auslöste, und sich in den dramatischen Ereignissen des Neuen Testamentes niederschlug, sollte heute wieder einen Sturm auslösen.

Für Gary Burge gibt es keine Trennlinie zwischen Spiritualität und Politik. Als wir uns trafen, sagte er es so:

> Wir müssen unser Bemühen, die Welt zu verändern, als den Kern unseres spirituellen Lebens ansehen. Die frühen Christen betrachteten die persönliche Veränderung als Tor zu politischer Veränderung. Dann lautet also die Frage an mich als Christusnachfolger folgendermaßen: Wie lebe ich in dieser Welt? Ziehe

ich mich aus der Welt zurück und pflege mein privates ‚religiöses Gekuschel'? Nein - ich gehe in die Welt hinaus und verkünde die Werte vom Reich Gottes.[8]

Reich Gottes 2.0

Das Interesse an der Frage des Landes hat in den Kirchen zugenommen - weltweit und ökumenisch. Im Jahr 2008 hat das *Palestine Israel Ecumenical Forum* des Weltrates der Kirchen zu einer Konferenz unter dem Thema „Verheißenes Land" nach Bern in die Schweiz eingeladen. Der amerikanische Theologe Harvey Cox provozierte die Teilnehmer mit folgender Frage:

Verheißenes Land: Was verstehen wir eigentlich darunter? Wie hat man sich dieses Konzeptes bemächtigt und für welche Zwecke politisch benutzt, obwohl das vielleicht gar nicht der Bedeutung der Texte entspricht? Das antike Israel wird oft mit dem heutigen Israel verwechselt. Sie sind nicht dasselbe. Wir können über die wesentliche Beziehung reden, die theologisch zwischen den Christen und dem jüdischen Volk besteht. Jesus war Jude. Der ganze Hintergrund des Christentums kommt vom jüdischen Volk, aber das jüdische Volk und der heutige Staat Israel sind nicht identisch, auch wenn sie zum Teil eine Schnittmenge bilden. Und deshalb müssen wir bei der Behandlung dieses Themas differenzieren und selbstkritisch sein.[9]

Die Geschichte des Landes ist die Geschichte der Beziehung zwischen Gott und der Menschheit. Sie beginnt in Genesis, dem 1. Buch Mose, und geht bis zur Offenbarung. Die Bedeutung, die dem Land gegeben wird, und die Rolle, die es in der Geschichte spielt, spiegelt die Antwort der Menschen auf die sich ändernden historischen Zusammenhänge

---

[8] Gary M. Burge im Gespräch mit dem Autor am 20. Dezember 2012

[9] Stephen Brown, „Theologians Warn on 'Biblical Metaphors' in the Middle East Conflict," *ENI Bulletin*, 24 September 2008

und Erfahrungen wider. Das ursprüngliche Versprechen des Landes setzt ein dramatisches Geschehen in Gang:

Den Übergang vom Stammesdenken zum Denken im Welthorizont, vom Territorium, das erobert und besessen wird, bis zur Errichtung einer Weltordnung, in der Gleichheit, Frieden und soziale Gerechtigkeit herrschen. Das Alte Testament gibt uns die wichtigsten Zutaten für die letzte Vollendung des Reiches Gottes, aber die Bibel tischt das Festmahl nicht auf einmal auf. Gott gibt dem Volk ein Land, so wie er ihnen Könige gibt. Und es ist unsere Aufgabe, mithilfe der Propheten und mithilfe von Jesus herauszufinden, was das bedeutet.

Die Erzählung des Alten Testaments beginnt damit, wie Gott die Familie Israels dazu bestimmt, eine entscheidende Rolle bei der Umsetzung des göttlichen Plans für eine menschliche Gesellschaft zu spielen, die auf tätigem Mitgefühl und Güte basiert. Das Land spielt eine zentrale Rolle bei der Entwicklung des Dramas dieser Bundesbeziehung. Das Volk ist besonders, oder *kadosh*, abgesondert von den anderen Völkern, und ihnen wird das Land als Teil dieses Bundes zum Lehen gegeben. Das Drama schreitet fort, als das Volk einen König fordert. Gott lässt das Volk durch Samuel warnen, dass ein König das ursprüngliche Ziel des Bundes, eine gerechte Welt zu verwirklichen, untergraben werde: Er werde das Land als sein Eigentum ansehen, die Ressourcen ungerecht verteilen, die Gemeinschaft und das Familienleben zerstören und letztlich Gottes Zorn heraufbeschwören (1.Samuel 8,11-17). Das ist natürlich genau das, was passiert: Am Ende der biblischen Erzählung geht das „Königreich" unter, und das Volk wird von seinem Land vertrieben und ins Exil geschickt.

Aber sogar während dieser Umwälzungen wird die Verheißung selbst an das Volk Israel nie zurückgenommen. Es behält seine besondere Beziehung zu Gott und die besondere Verbindung zum Land. Obwohl die Israeliten ermahnt werden, die Nicht-Israeliten unter ihnen gerecht zu behandeln, und sogar als Gleichberechtigte, werden sie trotzdem „Fremde" oder „ausländische Einwohner" genannt, wie das hebräische Wort *ger* manchmal übersetzt wird. Durch alle Wechselfälle des geteilten Königreichs - die Zerstörung des Nordreiches und danach Jerusalems, das Exil und die Rückkehr - diese grundlegende dreiseitige Verwobenheit von Volk, Gott und Land bleibt bestehen. Ja, in dem Land zu leben, ist an die Bedingung geknüpft, Gottes Gesetz zu befolgen - der Bund verpflichtet natürlich beide Seiten - aber das Versprechen der Erneuerung besteht immer. Das Land ist für das Volk Israel da als sein Erbe, und trotz der Höhen und Tiefen in der Beziehung, sogar während des Exils, wird es nie weggenommen.

Ungeachtet auch der Proteste der Propheten gegen die Übertretungen von Königen und Priestern bleibt diese innere Verbindung, die Verheißung selbst, bestehen. Die Rückkehr, die bei Jeremia festgehalten ist, und die Zeit von Esra und Nehemia kann als eine Erneuerung gesehen werden. Der Tempel soll wieder aufgebaut werden. Das steht nie in Frage.

Das Reich Gottes war also in seiner ursprünglichen Verkündigung spezifisch. Es war an die Geschicke und das Narrativ eines bestimmten Volkes gebunden. Spulen wir schnell zurück ins Palästina des ersten Jahrhunderts: Der historische Rahmen ist das Römische Reich, der ultimative Ausdruck von Tyrannei und Gier. Der Tempel steht noch. Jerusalem wird vom Vasallenkönig und dem römischen Statthalter regiert, die von Rom eingesetzt worden sind. Die Bevölkerung stöhnt unter der doppelten Abgabenlast an die römische und die einheimische Machtelite. Das ist der Kontext von Jesu Wirken. Es ist eine direkte Antwort auf das Übel dieser Herrschaft und gibt den Rahmen ab für sein revolutionäres Konzept vom Reich Gottes. Wie der Prophet Samuel wusste Jesus, dass es zum Wesen von Königen gehört, Teil eines Systems zu werden, das nur einige wenige begünstigt. Jesus bediente sich aus der großen Schatzkammer seiner Tradition, die Gerechtigkeit höher schätzte als die Befolgung der Kultusvorschriften. Und die Güte und Barmherzigkeit für wichtiger hielt als Gebietsansprüche und die Anhäufung von Besitz, die Hingabe an den einen Gott über das Machtstreben der Nation oder des Stammes stellte. Jesu Vision vom Reich Gottes verzichtet endgültig auf die Vorstellung, dass Gott das Land bewohnt und dass er an einem bestimmten Ort angebetet werden soll. In der christlichen Vision des Reiches Gottes verlieren sowohl das Land als auch das Volk ihre Besonderheit und Exklusivität: Der Tempel - passé. Gott wohnt an einem Ort - vorbei. Der Begriff

vom Territorium als Paragraph im Bundesvertrag verschwindet. Und, was wesentlich ist, Jesu Reich geht einen Schritt weiter: Es wirft die Vorstellung vom *am kadosh* oder „besonderen Volk" über Bord. Das besondere Vorrecht einer Familie, eines Stammes, eines Volkes, die vom Rest der Welt getrennt sind, ist aufgehoben.
Wir sind im Reich Gottes angekommen, Version 2.0 .

Der Kampf um Jerusalem

Israels Nationalhymne „Hatikvah" („Die Hoffnung") verkörpert den zionistischen Traum und dessen Ethos: „Die Hoffnung von zweitausend Jahren, ein freies Volk in unserem Land zu sein, das Land des Zion und Jerusalems." Diese Sehnsucht ist verständlich und sie ist stark. Der Zionismus stellte eine Art verzweifelter Logik für die Juden im Europa des neunzehnten Jahrhunderts dar und entsprach völlig dem ethnisch-nationalistischen Empfinden der Zeit. Aber wir müssen uns fragen, wie nachhaltig er als politisches und nationales Projekt heute ist. Nationalstaaten, die auf der Dominanz einer Gruppe basieren und auf der Befolgung einer einzigen religiösen Tradition werden bestenfalls mit Stirnrunzeln betrachtet. Im Lichte der Ereignisse der jüngsten Zeit ist es offensichtlich, zu welchem Ergebnis der Traum eines Hafens für Juden geführt hat, wie ihn die „Hatikvah" ausdrückt, nämlich zu Landnahme, exklusivem Stammesdenken und zur Ausbeutung durch die Herrschenden. Genau davor warnt die Schrift. Es ist tragisch, aber es war unvermeidlich, dass die Verpflichtung auf den politischen Zionismus die Grundsätze von Gleichheit und Menschenwürde untergraben hat, an die die frühen zionistischen Siedler so begeistert geglaubt haben. Das gilt ungeachtet der Beteuerungen einiger fortschrittlicher Juden, die behaupten, dass der Traum von einem demokratischen Israel die Realität eines ethnischen Nationalstaates überwinden kann und trotz des glühenden Glaubens der christlichen Zionisten daran, dass der Staat Israel das Wiederkommen von Jesus Christus ankündigt. Die Verletzungen der grundlegenden Menschenrechte, die systematisch und zunehmend von Israel begangen werden, sowie die Verstöße des israelischen Staates gegen das Völkerrecht haben zu der politischen

Ausweglosigkeit geführt, in der wir uns jetzt befinden. Sie sind das Haupt-Hindernis auf dem Weg zum Frieden.

Um seinen Bürgern ein freies und sicheres Leben in Zion zu ermöglichen, hat der Staat Israel eine Politik betrieben, die das Projekt zum Scheitern verurteilt. Seit 1967 verfolgt Israel das Vorhaben unerbittlich, Jerusalem komplett jüdisch zu machen und im Rahmen eines „Groß-Jerusalem" nur isolierte Enklaven mit nicht-jüdischen Wohngebieten zuzulassen. „Jerusalem wird nie geteilt werden" ist der politische Slogan. Aber ein „ungeteiltes" jüdisches Jerusalem schließt die Möglichkeit aus, Jerusalem als Hauptstadt eines palästinensischen Staates im Rahmen der Zwei-Staaten-Lösung zu etablieren. Ein erweitertes und ausschließlich jüdisches Jerusalem schneidet außerdem die restlichen palästinensischen Gebiete des Westjordanlands entzwei und verhindert damit auch eine Teilung des Landes in zwei lebensfähige Staaten.

Die Welt hat die zentrale politische Bedeutung Jerusalems erkannt. Im Frühjahr 2012 hat die Arabische Liga eine internationale Konferenz zum Thema Jerusalem in Katar veranstaltet. Politiker, Akademiker, Geistliche, Aktivisten und Journalisten aus der ganzen Welt waren die Teilnehmer. Die große Zahl der anwesenden Geistlichen bestätigte, dass es nicht nur um einen politischen Konflikt geht. Um die Ursachen zu verstehen und Lösungen zu finden, ist es notwendig, die Frage nach tief verwurzelten Glaubensüberzeugungen zu stellen. Dies tat der anglikanische Pfarrer Stephen Sizer mit seinem Vortrag: „Jerusalem: Die Stadt Gottes in der christlichen Tradition."

Er ist Pastor in der Stadt Virginia Waters im Süden Englands und bekannt als einer der führenden Experten für christlichen Zionismus. Er hatte in den Vereinigten Staaten viel Aufmerksamkeit erregt, unter anderem wegen eines 90-minütigen Videos, in dem seine Arbeit vorgestellt wird, unter dem Titel *With God on Our Side*.[10] Der Film erklärt und kritisiert den christlichen Zionismus. Er enthält Interviews mit

---

[10] *With God on Our Side*, Porter Speakman Jr., Regisseur/ Produzent, www.withgodonourside.com/, Zugriff am 13.12.2012

palästinensischen Christen, die beklagen, dass Christen das Heilige Land wegen der israelischen Besatzung verlassen. Es werden die Aussagen von evangelikalen Christen gezeigt, die dort waren und erlebt haben, welches Leid die israelische Herrschaft verursacht und die jetzt deutliche Fragen zu einer Theologie stellen, die den Staat Israel als Gottes Plan interpretiert. Sizer ist ein gläubiger Christ, dessen Glaube auf der Bibel basiert und dessen Eschatologie mit der der meisten konservativen Christen übereinstimmt. Gleichzeitig stellt er festgefahrene Meinungen in Bezug auf Israel, auf das jüdische Volk und die Rolle des Landes infrage. Einige jüdische Organisationen in Großbritannien haben ihn beschuldigt, Antisemit zu sein, was er energisch zurückgewiesen hat. Vielmehr ist er ein engagierter Verteidiger der Menschenrechte der Palästinenser und ein Fürsprecher der arabisch sprechenden Kirchen im Nahen Osten.

In seiner Rede in Katar nahm Sizer deutlich Stellung gegen den Anspruch Israels auf Jerusalem und prangerte an, wie Israels Annexion der Stadt und die Vertreibung ihrer palästinensischen Bewohner theologisch gerechtfertigt wurden und wie sie in manchen Fällen von christlich-zionistischen Organisationen leidenschaftlich unterstützt worden sind. Er begann seinen Vortrag damit, dass er darlegte, wie einflussreich der christliche Zionismus als politische Kraft geworden ist, besonders nach der Eroberung Ostjerusalems im Jahr 1967. Dieses Ereignis wird von vielen Evangelikalen als Bestätigung dafür gesehen, „dass die Juden und Israel immer noch eine Rolle in Gottes Plan und bei seinem Lenken der Weltgeschichte spielen" und dass Jesu Wiederkommen unmittelbar bevorstehe.[11]

Sizer berichtete vom Dritten Internationalen Christlich-Zionistischen Kongress im Jahr 1996, der von der „Internationalen Christlichen Botschaft Jerusalem" (ICEJ) durchgeführt wurde. Dort haben die 1.500 Teilnehmer eine Erklärung unterschrieben: „Aufgrund von Gottes souveränem Willen für die Stadt muss Jerusalem ungeteilt und unter der Regierungsgewalt Israels bleiben. Offen für alle Völker, als Hauptstadt ausschließlich für Israel. Alle Nationen sollen hinzukommen und

---

[11] „Prophets in Jerusalem," Newsweek, 28. Juni 1971, S.62

ihre Botschaften hier errichten ... Die Wahrheit Gottes ist absolut und es steht geschrieben, dass das Land, das Er Seinem Volk verheißen hat, nicht geteilt werden soll."[12]

1997 bezahlte die ICEJ eine ganzseitige Anzeige in der *New York Times* unter der Überschrift „Christen für ein Vereinigtes Jerusalem", die prominente amerikanische Evangelikale wie Jerry Falwell, Oral Roberts und Pat Robertson unterzeichnet hatten. Der Aufruf drängte die Mitchristen dazu, „sich uns anzuschließen bei der heiligen Mission, dafür zu sorgen, dass Jerusalem die ungeteilte, ewige Hauptstadt Israels bleibt. Der Kampf um Jerusalem hat begonnen und es ist an der Zeit für alle Christusgläubigen, unsere jüdischen Brüder und den Staat Israel zu unterstützen."[13]

Sizer argumentierte in seinem Vortrag, dass dieses christlich-zionistische Bild der Rolle Jerusalems mit der Bibel unvereinbar ist. Christlicher Zionismus, behauptete er, wird benutzt, um ein politisches Programm zu verfolgen, das nicht nur mit Blick auf die Menschenrechte und das Völkerrecht falsch ist, sondern auch gegen wesentliche biblische Grundsätze verstößt. Die Botschaft der Propheten sei, dass Stolz, Überheblichkeit und nationalistische Forderungen von Gott bestraft werden. „Die Propheten sind eindeutig", erklärte Sizer, „Gott zieht sein Volk moralisch zur Rechenschaft und wird weder Hochmut noch Selbstgefälligkeit dulden." Wie die Propheten stellte Jesus engherzige, arrogante und nationalistische Haltungen bloß. Aber, wie Sizer ausführt, geht Jesus einen riesigen Schritt weiter. Das zeigt sich bei dem erstaunlichen Gespräch mit der samaritanischen Frau am Brunnen im Johannes-Evangelium. Die Frau, überrascht, dass Jesus, ein Jude, sie überhaupt anspricht, verdeutlicht, welche Meinung selbst bei den einfachen Leuten im Palästina des ersten Jahrhunderts verbreitet

---

[12] Proclamation of the Third International Christian Zionist Congress 1996, www.internationalwallofprayer.org/A-013-1-Proclamation-of.Third-Intl-Congress.html, Zugriff 16. Januar 2013; Internationale Christliche Botschaft Jerusalem - Deutscher Zweig e.V., Stuttgart, Webseite: de.icej.org

[13] „Christians Call for a United Jerusalem", New York Times, 18.April 1997, www.cdn-friends-icej.ca/united.html, Zugriff am 16. Januar 2013

war: „Und ihr sagt, in Jerusalem sei die Stätte, wo man anbeten soll." Woraufhin Jesus antwortet: „Glaube mir, Frau, es kommt die Zeit, wo man weder auf diesem Berge noch in Jerusalem den Vater anbeten wird" (Johannes 4,20-21).

Denken wie Christen

„Reformierte Theologen wie ich", schreibt Gary Burge, „stimmen im Grunde genommen mit den christlichen Zionisten darin überein, dass sie sich zu der Sehnsucht nach Jesu Wiederkommen bekennen. Aber der Hauptunterschied ist, dass wir uns umfassend in dieser Welt engagieren. Wir sind keine Sektierer. Wir widmen uns hier dem Einsatz für die Anliegen Christi. Und wir verzweifeln nicht angesichts des Weltgeschehens. Wir haben die Welt nicht aufgegeben ... Das ist vielleicht mein größter Vorwurf: Christliche Zionisten glauben an Jesus, aber bei diesem Thema frage ich mich: Ist das wirklich noch christlich gedacht?"[14]

„Denken, wie Christen es tun" ist genau das, was jetzt Not tut. Denn das heißt, die nationalen, religiösen und ethnischen Identitäten und Schubläden zu überwinden. Wogegen sich Jesus gestellt hat und wogegen wir uns heute stellen, ist Stammesdenken, sektiererisches und nationalistisches Denken, ob religiös oder politisch zum Ausdruck gebracht, wobei es diese Unterscheidung im ersten Jahrhundert gar nicht gab.

Dies ist die Tragweite und Wichtigkeit des Themas „Land". Die Zeit ist gekommen, um von Jerusalem aus loszugehen und in allen Sprachen der Menschheit die Botschaft der Liebe und Barmherzigkeit bis an die Enden der Erde zu bringen.

---

[14] Gary M. Burge, „Why I Am Not a Christian Zionist, Academically Speaking," www.christianzionism.org/Article/Burge02.pdf, Zugriff am 28. Januar 2013

7. KAPITEL

MEINE BEINE BETETEN

Die Kirche der Schwarzen und die Bürgerrechtsbewegung in den USA

Weil sie sich geweigert hatte, ihren Sitzplatz im Bus einem Weißen zu überlassen, wurde Rosa Parks in Montgomery, Alabama, am ersten Dezembertag des Jahres 1955 verhaftet. Drei Tage später entschied die neu gegründete *Montgomery Improvement Association*, einen Tag lang alle öffentlichen Busse der Stadt zu boykottieren. Aus dem einen Tag wurde mehr als ein Jahr, in dem alle Schwarzen und einige solidarische Weiße stattdessen stundenlang zu Fuß gingen. Und der Boykott gipfelte schließlich in der Entscheidung des Obersten Gerichtshofes der USA vom 26. Dezember 1956, die Rassentrennung in den Bussen für verfassungswidrig zu erklären.

Zu der Zeit von Rosa Parks Verhaftung war Rev. Martin Luther King Jr. Pastor der Dexter Avenue Baptist Church, einer kleinen, aber wohlhabenden Gemeinde. King war ein Jahr zuvor als junger Prediger mit ausgezeichnetem Universitätsabschluss nach Montgomery gekommen. Er wollte für seine Kirchengemeinde da sein und nicht Mitglied einer Bewegung werden, die am Ende ein ganzes Land verwandeln sollte. Aber am Montag nach dem Aufruf zum Boykott gab King dem Drängen seines Pastorenkollegen und Organisators Ralph Abernathy nach und wurde Vorsitzender des Vereins der *Montgomery Improvement Association* - überzeugt davon, dass der Disput rasch beigelegt werden würde. Aber bereits Mitte Januar 1956, als sich die Situation zuspitzte und er täglich von Drohanrufen bedrängt wurde, erkannte King, dass sich sein Leben endgültig geändert hatte. Als er in einer Nacht nach einem besonders bösartigen und Angst einflößenden Telefonanruf nicht schlafen konnte, hatte er das „Küchenerlebnis", wie der Theologe und

Historiker Charles Marsh es nennt. King dachte an die Gefahren für seine Familie und die potentielle Gewalt, die sich in dem Kampf, dem er sich gestellt hatte, zusammenbraute. „Ich fühlte, wie ich ins Wanken geriet und meine Angst immer größer wurde." Indem er sich über den Küchentisch beugte, betete er ein verzweifeltes Stoßgebet: „Herr, ich setze mich hier für das ein, was ich für richtig halte. Aber ich muss bekennen, Herr, dass ... ich Angst habe. Die Menschen erwarten von mir, dass ich sie führe, und wenn ich kraft- und mutlos vor ihnen stehe, werden auch sie ins Wanken geraten. Ich bin am Ende meiner Kräfte. Ich kann nicht mehr."[1]

Was dann passierte, beschreibt King in seiner Autobiografie so:

Als ich alleine in der stillen Küche betete, hörte ich eine Stimme, die sagte: „Martin Luther, steh auf für Rechtschaffenheit. Steh auf für Gerechtigkeit. Steh auf für Wahrheit. Und siehe, ich werde mit dir sein. Sogar bis ans Ende der Welt." Dann hörte ich die Stimme von Jesus, der sagte, ich solle noch weiterkämpfen. Er versprach, mich nie allein zu lassen. Nein, nie allein. Nein, nie allein. Er versprach, mich nie zu verlassen, mich niemals allein zu lassen.[2]

Das war für King die Stunde der Wahrheit: Das Hören dieser Weisung warf ihn gleichsam nieder und wurde zu einem Bekehrungserlebnis wie bei Saulus, der auf dem Weg nach Damaskus zum Paulus wurde. Jetzt gab es keinen Weg zurück. „Meine Unsicherheit verschwand", schrieb er später über diese Erfahrung. „Ich war zu allem bereit."[3] Darauf wird er in seinem öffentlichen Reden und Schreiben im Zusammenhang mit seiner persönlichen Sicherheit immer wieder eingehen: Dass dieses Anliegen größer ist als er selbst, und größer als seine persönlichen Ziele, mit denen er nach Montgomery gekommen war.

---

[1] Charles Marsh, The Beloved Community: How Faith Shapes Social Justice, from the Civil Rights Movement to Today, New York, 2005, S. 32

[2] ebd.

[3] ebd.

Noch etwas von weitreichender Bedeutung geschah in den ersten Tagen des Boykotts. Am 30. Januar wurde außerhalb von Kings Haus ein Sprengsatz gezündet. Als er von einer Kirche in der Nähe, wo er einen Vortrag gehalten hatte, an den Tatort eilte, traf er auf eine große Gruppe von Anhängern in seinem Vorgarten und auf der Straße vor dem Pfarrhaus. Die Stimmung war wütend, und King befürchtete, dass der Boykott gewalttätig werden würde. Er wendete sich an die Menge:

> Wir können dieses Problem nicht durch Gegengewalt lösen. Wir müssen mit Gewaltlosigkeit auf Gewalt reagieren. Denkt an die Worte Jesu: „Wer das Schwert nimmt, wird durch das Schwert umkommen." Wir müssen unsere weißen Brüder lieben, egal was sie uns antun. Jesus sagte Worte, deren Echo durch die Jahrhunderte schallt: „Liebet eure Feinde. Segnet, die euch verfluchen. Betet für die, die euch verfolgen." So müssen wir leben. Wir müssen mit Liebe auf Hass reagieren.[4]

Das ist ihm ganz deutlich geworden, und die Auswirkungen waren immens für die Bewegung, die eben entstand. King hatte erkannt, dass das Festhalten an der Gewaltfreiheit entscheidend für die Sache der Gerechtigkeit ist, nicht nur weil Gott Gewalt verabscheut, sondern weil Gewalt nicht funktioniert. Sie vermehrt nur das Leiden, führt zu mehr Gewalt von Seiten der Unterdrücker und verstärkt das gesellschaftliche Vertrauen auf physische Gewalt.

Aber da war noch etwas, das King erkannte, was ähnlich wichtig, wenn nicht noch wichtiger war: Durch die Praxis der Gewaltfreiheit führt man den Unterdrücker zu seiner eigenen Befreiung und Heilung. King entdeckte durch das Bombenattentat von Montgomery sein Thema: die verwandelnde Kraft der Liebe. Er begann, geradeheraus von der „Waffe der Liebe" zu reden, vom „Mitgefühl und Verständnis für diejenigen, die uns hassen" und von „der Wahrheit des wirklichen Gottes."[5]

---

[4] ebd., S. 37-38
[5] ebd., S. 38

Der Weg der Gewaltfreiheit

Eine weitere Erkenntnis begleitete Kings Entscheidung für Gewaltfreiheit: Die Ablehnung von „schrittweiser und allmählicher Reform". Er hatte einen Wendepunkt erreicht, der die Bürgerrechtsbewegung festlegen und ihre Richtung immer mehr bestimmen würde. Bis dahin war seine Einstellung zum Skandal der Rassentrennung vom „Gradualismus" geprägt, der mit den Theorien von gesellschaftlicher Veränderung übereinstimmte, die er aus seiner theologischen Ausbildung kannte. Nun waren King zunehmend Zweifel gekommen, ob mit diesem Ansatz die Gleichheit zwischen den Rassen in der angespannten Atmosphäre der amerikanischen Südstaaten erreicht werden könnte.[6] In den ersten Tagen des Boykotts enthielten Kings Forderungen an das Busunternehmen vorsichtige Schritte in Richtung Kompromiss, der zwar die Demütigungen verringern sollte, aber die Rassentrennung nicht prinzipiell in Frage stellte. Aber am 30. Januar, drei Tage nach dem „Küchenbesuch", änderte sich Kings Position radikal. „Rassentrennung", sagte er, „ist böse, und ich kann als Pastor Böses nicht gutheißen."[7] Er autorisierte den Rechtsanwalt des Boykott-Komitees, die Gesetze zur Rassentrennung insgesamt anzufechten.

Darauf geht King ausführlicher in seinem „Brief aus dem Gefängnis in Birmingham" ein. Acht weiße Geistliche Alabamas, fünf Bischöfe, zwei Pastoren und ein Rabbiner, hatten einen offenen Brief an King verfasst unter dem Titel „Ruf zur Einheit". King war wegen seiner

---

[6] Marsh bezieht das auf den damals dominierenden Einfluss von Reinhold Niebuhr, „sehr bekannt sowohl in religiösen als auch in politischen Kreisen als öffentlicher Theologe und intellektueller Architekt des liberalen Denkens im Kalten Krieg" (Marsh, The Beloved Community, S. 39). Niebuhr hat Kings Engagement für den Boykott abgelehnt und stattdessen zu Geduld und langsamer Anhäufung von kleinen Fortschritten geraten. Marsh zitiert Niebuhrs Brief an den Obersten Gerichtshof der USA nach dessen Entscheidung im Fall 'Brown gegen Bildungskommission', in dem er „die Hoffnung ausdrückt, dass das Land dem weißen Südstaatenbewohner etwas Zeit geben möge, die Entscheidung mit Vernunft zu akzeptieren." (Marsh, S. 40)

[7] ebd., S. 34

Teilnahme an einer Demonstration gegen die Rassentrennung in den Geschäften der Stadt verhaftet worden. Die Verfasser des Briefes baten King darum, die „extremen Methoden" der öffentlichen Demonstrationen zu beenden, denn es gebe „Beweise guten Willens ..., an den verschiedenen Problemen zu arbeiten, die Spannungen und Unruhe zwischen den Rassen verursachen". Stattdessen riefen sie auf zu „offenen und ehrlichen Verhandlungen vor Gericht und ... mit den örtlichen Autoritäten, aber nicht auf der Straße."[8] Darauf entgegnete King: „Wir können nicht warten. Gewaltfreie direkte Aktion ist der richtige Kurs für unsere Kirchen, für unsere Gesellschaft und für unsere Anführer - und es ist das, was unser christlicher Glaube fordert." Die Erfahrung in Montgomery hatte ihm gezeigt: „Dies ist eine spirituelle Bewegung, die von moralischer und spiritueller Kraft abhängig ist[9]." Enttäuscht und klarsichtig schrieb er im April 1963 aus seiner Gefängniszelle:

> Ich bin beinahe zu der bedauerlichen Schlussfolgerung gelangt, dass das größte Hindernis für den Schwarzen bei seinem großen Schritt Richtung Freiheit nicht das Mitglied im *White Citizens' Council* oder im *Ku Klux Klan* ist, sondern der gemäßigte Weiße, dem Ordnung wichtiger ist als Gerechtigkeit. Der einen negativen Frieden, in dem es keine Spannungen gibt, einem positivem Frieden vorzieht, der Gerechtigkeit verwirklicht.

King erklärte: „Ich habe keine Angst vor dem Wort ‚Spannungen'. ... Wir, die wir uns mit gewaltfreier direkter Aktion engagieren, sind nicht die Verursacher der Spannungen. Wir bringen nur die verdeckten Spannungen, die es längst gibt, ans Licht. Wir decken sie auf, damit sie gesehen werden können und damit man sich ihnen stellen kann."[10]

---

[8] "A Call for Unity", www.stanford.edu/group/King//frequentdocs/clergy.pdf, Zugriff am 27. Januar 2013

[9] Marsh, The Beloved Community, S. 42

[10] James M. Washington (hg.), *A Testament of Hope: The Essential Writings and Speeches of Martin Luther King, Jr.*, San Francisco, 1986, S. 295

Die Kraft des Glaubens

Die Geschichte von Martin Luther King Jr. und der Bewegung, die unter seiner Führung zusammenfand, handelt von der Kraft des Glaubens. Sie zeigt deutlich, was die Kirche als organisierender Akteur und als inspirierende Kraft im Kampf gegen Ungerechtigkeit zu erreichen vermag. Es ist kein Zufall, dass die Bürgerrechtsbewegung ihren Ursprung in der Kirche hatte, und dass die Gründer und Führer in ihrer religiösen Überlieferung tief verwurzelt waren. Die Lieder und Sprechchöre, die ihre Zuversicht erneuerten und sie an ihrem Ziel festhalten ließen, waren Choräle und Spirituals über Freiheit, Befreiung, Gemeinschaft und Kraft angesichts von heftigem Gegenwind. Mit Beginn der schwarzen Befreiungstheologie in den Vereinigten Staaten der Sechziger Jahre fanden viele dieser Themen theologischen Ausdruck im Kontext des Befreiungskampfes der Afroamerikaner. Schwarze Befreiungstheologie hielt denen in der Bewegung etwas entgegen, die das Christentum als unterdrückerische Religion „des weißen Mannes" über Bord werfen wollten. Obwohl es unbestreitbar ist, dass das Christentum ein Mittel der Unterdrückung gewesen ist, sei das die Folge menschlicher Schwäche, nicht die Schuld des christlichen Glaubens. Ja, das Wesen des Christentums bestehe vielmehr im Widerstand gegen die Tyrannei und in der Verpflichtung auf menschliche Würde und Gleichheit.

Einer der ersten schwarzen Befreiungstheologen war Howard Thurman (1899 -1981), Lehrer, Theologe und Anführer in der Bürgerrechtsbewegung. Schon 1949 formulierte er das Potential des Christentums, den Weg zur Befreiung der Schwarzen weisen zu können und die spirituelle Kraft dafür zu geben, wenn seine Anhänger nur Jesus nachfolgten:

> Die auffallende Ähnlichkeit zwischen Jesu sozialer Stellung in Palästina und die der großen Mehrheit der amerikanischen Schwarzen heute wird jedem deutlich, der sich mit den Fakten beschäftigt. Wir haben es hier mit Bedingungen zu tun, die im wesentlichen die gleiche Psychologie hervorbringen. Weil er in großer Unsicherheit weitgehend ohne bürgerliche Rechte lebte, musste er eine andere Grundlage finden, an der er einen

Sinn für ein gutes Leben festmachen konnte. Jesus wusste, dass die religiösen Ziele, so wie er sie verstand, niemals in der damals bestehenden Ordnung verwirklicht werden konnten.[11]

Das Christentum ist den universalen Grundsätzen von Gleichheit und Gerechtigkeit verpflichtet. Obwohl es aus der konkreten Erfahrung einer unterdrückten Gruppe hervorging, ist seine Bedeutung universal. Der südafrikanische Theologe und Anti-Apartheid-Aktivist Allan Boesak war von der schwarzen Befreiungstheologie und der Black Power Bewegung in den USA stark beeinflusst. So lautet seine Definition von schwarzer Theologie:

> Schwarze Theologie ist eine Theologie der Befreiung. Damit meinen wir folgendes: Schwarze Theologie heißt, dass Befreiung nicht nur „ein Teil" des Evangeliums ist, oder „vereinbar mit" dem Evangelium ist; sie ist der Inhalt und der Rahmen des Evangeliums von Jesus Christus. ... In ihrer Konzentration auf die Armen und die Unterdrückten ist die Theologie der Befreiung keine neue Theologie; sie ist einfach die Verkündigung des uralten Evangeliums, aber jetzt befreit von der absoluten Kontrolle der Oberen und Mächtigen und angepasst an die Situation der Unterdrückten und der Armen ... .[12]

Von Martin Luther King Jr. stammt das berühmte Wort von unserer Zusammengehörigkeit: „Ungerechtigkeit an einem Ort bedeutet eine Bedrohung der Gerechtigkeit überall. Wir sind in einem unausweichlichen Netzwerk von Gegenseitigkeit gefangen."[13] Das war der Schlüssel zu seinem Konzept von der „liebenden Gemeinschaft" - Menschen, die sich über nationale, rassische und religiöse Grenzen hinweg vereint der Arbeit für Barmherzigkeit und Gleichheit widmen. Die Gemeinschaft mag „gebrochen und verstreut sein und eine eschatologische Hoffnung" bleiben, aber es ist eine Hoffnung, die unterdrückte

---

[11] Howard Thurman, Jesus and the Disinherited, Boston 1976, S. 34
[12] Allan Boesak, Farewell to Innocence, Maryknoll, NY 1984, S. 10-11
[13] Washington, A Testament of Hope, S. 290

Gruppen motiviert, Ungerechtigkeit zu bekämpfen.[14] Sie ist der Antrieb, zwischen all den Orten Verbindungen zu knüpfen, wo das Herz der Kirche zu finden ist. „Das Ziel", schrieb King, „ist Versöhnung, das Ziel ist Erlösung, das Ziel ist das Schaffen der liebenden Gemeinschaft."[15] Heute ist es die Verbundenheit der Afroamerikaner mit dem Kampf der Palästinenser als jüngstes Beispiel für die Kraft, die Zeitlosigkeit und Notwendigkeit dieses Netzwerkes der Gegenseitigkeit.

Was geht es mich an?

„Weißt du, Lucas, wenn du nach Palästina reist, glaube ich nicht, dass dich das anstrengen wird, was dort anders ist und worauf du dich einstellen musst. Du wirst erschöpft sein, weil du Dinge sehen wirst, die dir so bekannt vorkommen werden."

Im Oktober 2012 besuchte eine historische Delegation das Westjordanland. Zu der Gruppe gehörten Veteranen der Bürgerrechtsbewegung aus den Fünfziger und Sechziger Jahren, führende, jüngere Menschenrechtler, Aktivisten für soziale Gerechtigkeit, Friedensaktivisten und Lehrer. Die Initiative für Gewaltfreiheit in Israel vom Dorothy-Cotton-Institut unterstützte die Delegationsreise.[16] Pfarrer Lucas Johnson vom Versöhnungsbund war einer von zwölf Afroamerikanern, die gemeinsam mit acht jüdischen Amerikanern dazu gehörten. Als ich einige Monate nach seiner Rückkehr mit ihm sprach, erzählte mir Reverend Johnson, dass er oft an die Worte seines Mitdelegierten und Mentors Osagyefo Uhuru Sekou zurückgedacht habe. Vor der Reise, die für Johnson der erste Besuch im Nahen Osten sein würde, warnte

---

[14] Marsh, The Beloved Community, S. 50

[15] Martin Luther King Jr., „Facing the Challenge of a New Age," in Washington (hg.), A Testament of Hope, S. 140

[16] www.dorothycottoninstitute.org/a-report-from-the-dorothy-cotton-institutes-2012-civil-and-human-rights-delegation-to-the-west-bank/.

Das Dorothy-Cotton-Institut bildet aus und fördert Wortführer für eine weltweite Menschenrechtsbewegung. Es erforscht praktische Verfahren, die Einzelne und Gemeinschaften verändern und neue Wege zu Frieden, Gerechtigkeit und Heilung eröffnen.

sein Kollege ihn ganz offen, indem er beschrieb, wie er als Afroamerikaner zum ersten Mal die israelische Besatzung erlebt hatte. Für Johnson war die Entscheidung nicht leicht gewesen, sich der Delegation anzuschließen. Ja, er war sich der Menschenrechtsproblematik in Palästina bewusst, aber was ging es ihn an? „Nach Palästina zu reisen bedeutete, mich ganz anders darauf einzulassen", sagte er mir.[17]

Die Äußerung Reverend Sekous ihm gegenüber beantwortete Johnsons Frage zum großen Teil. Diese Delegationsreise, und andere wie sie, beweisen, dass das aktive Engagement für die palästinensische Sache in den afroamerikanischen Gemeinden stärker wird. Deswegen haben immer mehr Organisationen Reisen in die Region für afroamerikanische Geistliche, Sozialarbeiter, Friedensaktivisten und politisch Verantwortliche angeboten - mit einer großen Wirkung: Sie haben bei den Teilnehmern schwierige Fragen aufgeworfen, von denen die Schlüsselfrage vielleicht genau die ist, die schon im Gespräch zwischen den Pastoren Johnson und Sekou gestellt wurde: Warum sollen wir uns darauf einlassen?

Johnson fuhr fort:

> Der Kampf gegen Rassismus ist nie ein Kampf gewesen, der sich auf die Vereinigten Staaten beschränkt hat. Und wir tun uns damit keinen Gefallen, wenn wir denken, das er es so ist. Wir können den Rassismus nicht zu Hause besiegen, wenn wir nicht auch dafür arbeiten, ihn im Ausland zu besiegen. Dass ich hingefahren bin und mich eingelassen habe, bedeutet für mich, dass ich mehr zu der Art Freiheitskämpfer geworden bin, der ich werden will. Es geht darum, der Überlieferung und Tradition treu zu sein, die mir so viel bedeutet - also ich bin wirklich froh, dass ich hingereist bin.

Die Begegnung mit Israel und Palästina hat Johnson auf die zentralen Themen für seine Menschenrechtsarbeit zu Hause gestoßen.

Unglücklicherweise ist Israel ein bedeutender Teil des globalen wirtschaftlichen und politischen Systems, das seine Auswirkungen

---

[17] Rev. Lucas Johnson im Gespräch mit dem Autor, 24. Dezember 2012

auf unsere eigenen Gemeinden hat. Also kämpfe ich, wenn ich in Palästina bin, in gewissem Sinn den gleichen Kampf. Wenn wir uns zurücklehnen und es zulassen, werden wir zu Mittätern. Das erinnert mich an die Kritik, der Martin Luther King Jr. ausgesetzt war, als er begann, sich gegen den Vietnamkrieg zu engagieren: „Konzentrieren Sie sich auf die Bürgerrechte in diesem Land. Kümmern Sie sich nicht um andere Themen und Orte."[18]

Es folgen Kings Worte, mit denen er dieser Herausforderung begegnete, nämlich mit seiner historischen Rede „Zeit, das Schweigen zu brechen", die er in der Riverside Church in New York City am 4. April 1967 gehalten hat:

Warum sprechen Sie über den Krieg, Dr. King? Warum schließen Sie sich den Stimmen des Widerstands dagegen an? Frieden und Bürgerrechte gehören nicht zusammen", sagen sie. „Schaden Sie nicht der Sache Ihrer Leute?", fragen sie. Und wenn ich sie höre, obwohl ich oftmals die Ursache für ihre Sorge verstehe, bin ich trotzdem sehr traurig, denn solche Fragen bedeuten, dass die, die sie stellen, mich nicht wirklich kennen, weder meine Arbeit noch meine Berufung. Ja, ihre Fragen weisen darauf hin, dass sie die Welt, in der sie leben, nicht kennen. Im Lichte eines solch tragischen Missverständnisses halte ich es für äußerst wichtig, klar und deutlich zu sagen, warum ich denke, dass der Weg von der Dexter Avenue Baptist Church, der Kirche, in der ich meinen Dienst als Pastor begann, auf direktem Wege zu dieser hier am heutigen Abend führt.[19]

Die Parallelen zu heute sind fast erschreckend. Die Rede für die Riverside Church hatte Vincent Harding entworfen, Theologe, Historiker, gewaltfreier Aktivist und einer von Kings Verbündeten während der Bürgerrechtsbewegung. Als heutiger Professor für „Religion und soziale

---

[18] ebd.
[19] Martin Luther King, Jr. „A Time to Break Silence", in J.M. Washington (hg.), S. 230

Veränderung" an der Iliff Hochschule für Theologie in Denver, Colorado, gehörte Harding auch zur Palästina-Delegation von Lucas Johnson. Wie Johnson und Sekou wurde er schmerzlich nicht nur an seine Erfahrung der Rassentrennung in seiner amerikanischen Heimat erinnert, sondern auch an das, was er als Augenzeuge in Südafrika erlebt hatte.

„Es ist für sie sehr schwierig, einfach nur in ihren Häusern in den Gebieten zu leben, die die israelische Regierung für jüdische Siedler vorgesehen hat," sagte Harding in einer Zeitungsreportage nach seiner Rückkehr. „Es gibt Orte, wo es Palästinensern nicht erlaubt ist, hinzugehen, und das in dem Land, wo ihre Vorfahren seit Generationen gelebt haben. Es gibt also im wesentlichen ein System der Apartheid."[20] Afroamerikaner verstehen nur zu gut, was sie da sehen. Und der Aufruf der Palästinenser bringt eine immer größer werdende Zahl von Afroamerikanern nach Palästina, um mit eigenen Augen zu sehen.

Ein Weckruf für die Kirche der Schwarzen

Im Jahr 2011 organisierte *Interfaith Peace-Builders*, mit denen ich fünf Jahre zuvor zum ersten Mal in das Westjordanland gereist bin, ihre erste Delegationsreise für afroamerikanische Führungspersönlichkeiten. Rev. Carolyn Boyd von der *Plymouth Congregational United Church of Christ* in Washington, D.C. war dabei. Sie wird Reverend Carolyn genannt und ist bekannt dafür, dass sie leidenschaftlich und überzeugend über ihren Glauben und ihr Engagement für die Menschenrechte spricht. Ich wusste, dass sie kein Blatt vor den Mund nehmen würde, als ich sie darum bat, von ihrer Reise ins Westjordanland zu berichten.

„Wenn du im Bus am militärischen Checkpoint wartest, wenn du siehst, wie Menschenrechte auf jede Art und Weise verletzt werden, dann verstehst du das, weil es dir im Blut ist. Es ist Teil deiner DNA, Teil deiner Erfahrung als ein Afroamerikaner. Es war mir völlig klar. Es erschütterte mich tief. Ich konnte es fühlen.

---

[20] www.denverpost.com/news/ci_22154570/vincent-harding-meets-young-nonviolent-protesters-west-bank, Zugriff 15. Dezember 2012

Mich erinnerten die getrennten Straßen an meine eigene Geschichte. Wie könnte denn meine Geschichte, die so eng verbunden ist mit dem Leiden vieler Menschen, nicht mit dem Kampf der Palästinenser verbunden sein? Haben wir nicht selbst gelernt und haben wir es nicht der Welt beigebracht, dass ‚die Ungerechtigkeit an einem Ort die Gerechtigkeit überall bedroht'? Also ist die Situation dieses Volkes, das wegen der Farbe seiner Haut von der Welt vergessen wird, was zu allem Überfluss auch noch mit Theologie gerechtfertigt wird, für mich ein Weckruf an die Kirche der Schwarzen. Ich sehne mich danach, dass diese meine Kirche ihre starke, stolze, prophetische Stimme wieder erhebt - und sich laut gegen diese Ungerechtigkeit ausspricht. Wenn mehr und mehr Afroamerikaner verstünden, was ich jetzt verstehe, und das ans Licht bringen würden, dann wären wir eine große Armee.[21]

Kurz nach der Rückkehr von ihrer ersten Pilgerreise machte Reverend Carolyn eine bemerkenswerte Äußerung mir gegenüber: „Die palästinensische Sache hat erlösende Kraft für die afroamerikanische Kirche." Nicht ich, sondern sie sagte das, aber ich stimme ihr aus vollem Herzen zu. Und fügte hinzu, dass ich dieses Anliegen als erlösend für die ganze Kirche in all ihrer Vielfalt ansehe, aber dass hier die afroamerikanischen Christen die Führung übernehmen könnten, so wie sie es in der Bürgerrechtsbewegung getan haben. Ich sagte ihr auch, vielleicht in der Art eines Bekenntnisses, dass ich als Jude ein besonders starkes Interesse an der Teilnahme der Afroamerikaner an diesem Kampf habe.

Meine Beine beteten

Es gibt eine tiefe Verbundenheit zwischen den jüdischen und den afroamerikanischen Gemeinden in den Vereinigten Staaten. Und sie findet in mir einen starken Widerhall. Mein Vater war in B'nai B'riths *Anti-Defamation League* (ADL) aktiv, einer jüdischen Lobby-Organisation, die

---

[21] Rev. Carolyn im Gespräch mit dem Autor am 7. Januar 2013

am Anfang des zwanzigsten Jahrhunderts gegründet wurde, ursprünglich um Juden gegen Antisemitismus zu verteidigen. Bereits um 1950 widmete sich die ADL auch der Opposition gegen andere Formen von Vorurteilen und Rassismus in der amerikanischen Gesellschaft. Mein Vater fing früh mit meiner Erziehung an. Ich erinnere mich daran, wie ich einmal in seinem Dabeisein ein Wort gesagt habe, das ich von einem entfernten Verwandten gehört hatte, ein jiddisches Wort für Afroamerikaner, welches von Juden der Generation meiner Eltern benutzt wurde. *Schvartze* ist vielleicht nicht ganz so bösartig wie das Wort mit N, aber es kommt ihm nahe. Die Reaktion meines Vaters war direkt und eindeutig, und ich benutzte das Wort nie wieder.

Einige meiner frühesten Erinnerungen sind die, wie ich meinen Vater auf seinen zahllosen Auftritten in den Synagogen Philadelphias begleitete, wenn er Vorträge hielt über das, was wir damals „Vorurteil" nannten: Rassismus von Weißen gegen Schwarze. Für meinen Vater galt, wie für so viele Juden dieser Zeit, dass Jude sein nur bedeuten konnte, sich aktiv für Menschenrechte einzusetzen. 25 Prozent der *Freedom Riders*[22] im Jahre 1961 waren Schätzungen zufolge Juden, und ungefähr 50 Prozent der weißen studentischen Freedom Riders. In den 1960er Jahren machten Juden fast die Hälfte der Rechtsanwälte aus, die sich der Bürgerrechtsfälle vor Gericht in den Südstaaten annahmen. Ebenso wird geschätzt, dass Juden zwischen einem und zwei Drittel der weißen Freiwilligen ausmachten, die an der Registrierung der Wähler während des *Freedom Summer* im Jahr 1964 teilnahmen.[23]

Meine Freundin Hannah Schwarzschild, eine Rechtsanwältin und langjährige Menschenrechtsaktivistin, ist die Tochter von Henry Schwarzschild, der im Alter von dreizehn Jahren mit seinen Eltern aus

---

[22] Freedom Riders nannte man die weißen und schwarzen Aktivisten aus den Nordstaaten der USA, die gemeinsam in Fernbussen ab Mai 1961 in die Südstaaten fuhren, um die verfassungswidrige Rassentrennung im öffentlichen Raum anzuprangern. Sie wurden dort oft von weißen Schlägern angegriffen, ohne dass die Polizei eingriff, und dann verhaftet, lenkten damit aber die nationale Aufmerksamkeit auf das Unrecht.

[23] www.students.haverford.edu/kkoltunf/Ken/Religion_236_Web/Civil_Rights/Freedom_Riders.html, Zugr. 9.02.2013

Nazi-Deutschland in die Vereinigten Staaten geflohen war, wo er als mutiger und unermüdlicher Kämpfer für die bürgerlichen Freiheitsrechte und Menschenrechte bekannt wurde. Für Henry und seine Tochter Hannah, so wie für viele andere Überlebende von Hitlers Terror und ihren Kindern, heißt die Lektion des Nazi-Holocausts: „Nie wieder" - *für niemanden*.[24] Sie setzt sich gemeinsam mit einer Koalition jüdischer Gruppen dafür ein, dass internationaler Druck auf Israel ausgeübt wird, damit es die Belagerung des Gazastreifens aufhebt. Im Jahre 2011 veröffentlichte Hannah einen kurzen Essay, in dem sie an das Engagement ihres Vaters im Sommer 1961 erinnert:

> Es ist im nächsten Monat fünfzig Jahre her, dass mein Vater, damals ein 35-jähriger Flüchtling aus Hitlerdeutschland, mit einer jungen Frau und zwei kleinen Kindern zu Hause, in einen Fernbus nach Jackson, Mississippi, stieg. Wie die 427 anderen Freedom Riders, die im Mai und Juni 1961 freiwillig in den Terror fuhren, der im nach Rassen getrennten Süden herrschte, hatte mein Vater vor, die illegalen Gesetze des Bundestaates zu übertreten, die es Menschen mit weißer Hautfarbe verbot, neben Menschen mit schwarzer Hautfarbe in öffentlichen Verkehrsmitteln zu sitzen - Gesetze, die nicht nur von der Polizei energisch durchgesetzt wurden, sondern auch vom Ku Klux Klan und dem White Citizens' Council. Es war nur Wochen her, dass ein Mob von wütenden Befürwortern der Rassentrennung in Anniston, Alabama, einen Bus angegriffen und ihn angezündet hatte, in dem Dutzende schwarze und weiße Freedom Riders gefangen saßen ... Mein Vater war nicht naiv. Er kannte die Gefahren. Er wußte auch, dass das Ziel, die Rassentrennung zu beenden, in weiter Ferne lag. Er ist hingefahren, wie er viele Jahre später schrieb, nicht weil er glaubte, dass seine Mission Erfolg haben würde, sondern als eine Tat des Glaubens an

---

[24] In der öffentlichen israelischen Erinnerung an den Holocaust lautet das Motto: „Never again – to us!"

die Richtigkeit moralischen Handelns. Ich ging, weil ich gehen musste.[25]

Fünfzig Jahre nach der Erfahrung ihres Vaters half sie dabei, einen heutigen *Freedom Ride* zu organisieren, um internationale Aufmerksamkeit auf eine andere drängende Ungerechtigkeit zu lenken: Israels Belagerung des Gazastreifens, „dem größten Freiluftgefängnis der Welt". Es besteht aus 1,8 Millionen Menschen, von denen die meisten Flüchtlinge und deren Kinder und Enkel sind: von Palästinensern, die 1948 zu Flüchtlingen gemacht wurden, als die israelische Armee sie aus ihren Dörfern und Städten vertrieben hat, um Platz für den jüdischen Staat zu schaffen. „Jeglicher Grenzverkehr von Menschen und Waren nach und aus Gaza über Land, Luft und See wird immer noch vom israelischen Militär kontrolliert und zum allergrößten Teil verboten", schreibt Schwarzschild. „Deswegen habe ich mit so vielen anderen Amerikanern, denen die Gleichheit und Freiheit am Herzen liegt, dafür gearbeitet, ein Schiff unter US-Flagge mit dem Namen ‚Wagemut der Hoffnung' auszurüsten, damit es die Belagerung von Gaza durchbricht. ... Unser Schiff wird sowohl eine tapfere Gruppe unbewaffneter Menschenrechtsaktivisten an Bord haben, als auch die wagemutigen Hoffnungen von Tausenden, die ihr Geld und ihre Zeit für diese gewaltfreie Mission des Widerstands gegen Rassismus und Ungerechtigkeit eingesetzt haben. Vertreter der israelischen Regierung haben angekündigt, Scharfschützen und abgerichtete Hunde bereit zu halten, um die angeblichen ‚Terroristen' und ‚Provokateure' der Flotille daran zu hindern, nach Gaza zu gelangen. Jeder, der an der Ernsthaftigkeit ihrer Drohung zweifelt, ist einfach nicht informiert."[26]

Schwarzschild versäumt es nicht, die historischen Parallelen hervorzuheben:

> Es gab 1961 auch Amtsträger, die auf ähnliche Weise die Freedom Riders daran hindern wollten, mit dem Staat Mississippi

---

[25] Hannah Schwarzschild, „Why They Go: Freedom Riders Then and Now", www.thehill.com/blogs/congress-blog/civil-rights/161163-why-they-go-freedom-riders-then-and-now, Zugriff 11. Jan. 2013.
[26] ebd.

eine Konfrontation zu provozieren. Es wird immer Stimmen geben, die angesichts von Ungerechtigkeit selbstgefällig Zurückhaltung und „Geduld" anmahnen. Die Organisatoren des US-Schiffes nach Gaza haben in den letzten Monaten Dr. Kings Brief aus dem Gefängnis in Birmingham wieder und wieder gelesen. Wir lassen uns von seiner tiefen Weisheit leiten, während die Kampagne, unsere gewaltfreie Aktion als „Extremismus" und „Provokation" zu verleumden, immer heftiger wird, sowohl innerhalb als auch außerhalb des Kongresses. Als das Schiff „Wagemut der Hoffnung" seinen Kurs in Richtung des besetzten Palästinas aufnimmt, will keine Regierung die Verantwortung für die Sicherheit seiner Passagiere übernehmen und sicheres Geleit garantieren. Sie haben ebenso wenig Aussicht auf Erfolg wie mein Vater vor einem halben Jahrhundert, als er an Bord des Busses nach Alabama ging. Ihre einzige Bewaffnung wird das Vermächtnis des Mutes ihrer widerständigen Vorfahren sein, die moralische Entrüstung einer weltweit wachsenden Bewegung für Freiheit und Gerechtigkeit in Palästina und die feste Hoffnung eines rechtswidrig besetzten Volkes. Sie werden sich ihres Glaubens an die Richtigkeit - ja, die Notwendigkeit - einer moralischen Handlung vergewissern. Sie werden hinfahren, weil sie fahren müssen.

Schwarzschilds bewegende Hommage an ihren Vater und ihr eigenes Engagement im heutigen Befreiungskampf ist ein eindeutiges Echo der moralischen Notwendigkeit, die die amerikanischen Juden in das Schlamassel der Bürgerrechtsbewegung geführt hat. Was diese gemeinsame historische Erfahrung verstärkt, ist eine tiefgehende theologische Verbindung zwischen dem afroamerikanischen Freiheitskampf und der biblischen Erzählung von der Befreiung aus der Sklaverei. Deswegen ist es kein Zufall, dass sie ihren Ausdruck in der aktiven Beteiligung der Juden an der Bürgerrechtsbewegung fand. Es gibt eine ikonenhafte Fotografie von Abraham Joshua Heschel, dem vielleicht größten jüdischen Theologen und Lehrer des Zwanzigsten Jahrhunderts, wie er bei Martin Luther King untergehakt, Seite an Seite mit Ralph Abernathy, Fred Shuttlesworth und Ralph Bunche auf dem Demonstrationsmarsch von

Selma nach Montgomery im März 1965 unterwegs ist. Heschel beschrieb diese Erfahrung so: „Als ich in Selma marschierte, beteten meine Beine."

Eine starke, stolze, prophetische Stimme

Es ist daher für Afroamerikaner besonders schwierig, mit der Tatsache zurechtzukommen, dass ihre Solidarität mit dem Kampf der Palästinenser sie mit dem jüdischen Establishment entzweit. Vincent Harding sagt zu diesem Thema seine Meinung: „Es gibt eine lange Geschichte des Antisemitismus in der westlichen Welt. Ich weiß, was meine jüdischen Brüder und Schwestern jahrhundertelang durchlitten haben und dass es auf solch schreckliche Weise im Holocaust gipfelte. Dann zu sehen, was sich jetzt in dem Land entwickelt, in dem sie sich niedergelassen haben, um dem Holocaust zu entfliehen, ist schmerzlich."[27]

Lucas Johnson redete freimütig mit mir darüber: „Ich fühlte mich durchaus von meinen jüdischen Freunden betrogen, die nicht protestieren. Ich habe sogar mein eigenes Engagement wegen meiner Beziehung zu jüdischen Kollegen und Freunden reduziert."

Ist das nicht schmerzlich und ironisch, dachte ich, als ich Johnson zuhörte, dass da, wo es einmal ein gemeinsames Anliegen gab, ein starkes Bündnis für Gerechtigkeit, das so dramatisch auf dem Foto ausgedrückt ist, auf dem Heschel mit King demonstriert, jetzt Unbehagen, ja Misstrauen herrscht?

Als ich über die inspirierenden Äußerungen der Afroamerikaner zugunsten der palästinensischen Sache nachdachte, und über den unschätzbaren Beitrag, den die Bürgerrechtsbewegung der 1960er Jahre für den aktuellen gewaltfreien Kampf für Palästina leistet, spürte ich ein starkes Verlustgefühl. Gleichzeitig verspüre ich Zuversicht und ein noch stärkeres, unbedingtes Gefühl, dass dieses neue Bündnis zwangsläufig zustande kommen wird.

---

[27] „Vincent Harding trifft junge, gewaltfrei Protestierende im Westjordanland", Link siehe Fußnote 20

Als Vincent Harding erkannte, was Israel tut, erfasste ihn Kummer um meines Volkes willen. Der Schmerz, den er fühlt, ist eine Tat der Liebe. Das gilt auch für Lucas Johnson. Jetzt, da er gesehen hat, was er gesehen hat und weiß, was er weiß, ist ihm klar, wie sich das auf die Beziehungen zu seinen jüdischen Freunden auswirkt:

„Ich mag es ihnen nicht schuldig sein, aber sie sind mir so wichtig, dass ich nur für sie hingereist wäre", sagte er mir, „ist das verständlich?" Ja, das ist es. Hinzureisen, um mit eigenen Augen zu sehen und dann bereit zu sein, seine Stimme zu erheben, ist eine Tat der Liebe. Indem sie sich für „einen positiven Frieden" entscheiden, „bei dem es Gerechtigkeit gibt" anstatt für „einen negativen Frieden, bei dem es keine Spannungen gibt", veranschaulichen Johnson, Harding, Reverend Carolyn und die wachsende Zahl der ins Heilige Land reisenden Afroamerikaner ein Schlüsselprinzip der Gewaltfreiheit. So schrieb Martin Luther King Jr.:

Ungerechtigkeit muss aufgedeckt werden, mit all den Spannungen, die diese Aufdeckung schafft. Sie muss an das Licht des menschlichen Gewissens und an die Luft der öffentlichen Meinung gebracht werden, bevor sie geheilt werden kann.[28]

Johnson mag denken, dass er es seinen jüdischen Freunden nicht schuldig ist, aber der Jude, der dies hier schreibt, ist dankbar für sein Zeugnis und seine Stimme. Hier wird eine Einladung ausgesprochen. Um Antwort wird gebeten. Es ist eine Gelegenheit für Juden, sich an das Geschenk der Verbundenheit mit der afroamerikanischen Gemeinschaft zu erinnern und an ihre Werte und die gemeinsamen Erfahrungen, die uns verbinden. Es ist Abraham Heschel, der mit seinen Beinen betet. Es ist Henry Schwarzschild, der mit dem Bus in die Südstaaten fährt. Es ist der Geist, der damals dabei war. Es ist der Geist, der uns jetzt ruft.

Die Palästinenser erinnern uns. Und sie rufen uns dazu auf, Rechenschaft abzulegen - nicht nur die jüdischen Gemeinden, sondern alle Amerikaner, nicht nur die schwarze Kirche, sondern alle Kirchen. Die Kirche der Schwarzen kann die Führung übernehmen, wie sie es

---

[28] Washington, A Testament of Hope, S. 295

schon einmal getan hat. Mit Lucas Johnson, der seiner Überlieferung und Tradition, die ihm so viel bedeutet, alle Ehre macht, indem er dem Freiheitskampf der Palästinenser seine Augen und sein Herz öffnet. Mit Carolyn Boyds Appell an „die Kirche der Schwarzen, ihre starke, stolze, prophetische Stimme wieder zu erheben."

8. KAPITEL

WIE DIE KIRCHE SÜDAFRIKA GERETTET HAT

Man erzählt sich, wie Erzbischof Desmond Tutu nach seinem Tod vor dem perlenbesetzten Himmelstor steht. Der Heilige Petrus schaut über sein großes Buch hinweg diesen winzigen Mann mit den blitzenden Augen an und fragt ihn, wer er sei. „Nun, ich bin Desmond Tutu, ehemaliger Erzbischof von Kapstadt und einer der Anführer der Anti-Apartheid-Bewegung in Südafrika." Der Heilige Petrus blättert in seinem Buch und sagt schließlich: „Tut mir leid, wir haben Sie hier nicht verzeichnet. Ich muss Sie an den anderen Ort schicken." Der Erzbischof fügt sich. Etwa eine Woche später bekommt der Heilige Petrus wieder Besuch. Es ist der Teufel höchstpersönlich, der ihn zu sprechen verlangt. „Was machst du hier?!" schreit ihn der verblüffte Petrus an. „Dieser Tutu, den du uns geschickt hast", antwortet der Teufel, offensichtlich aufgeregt und verzweifelt, „du musst ihn aufnehmen. Er macht uns die Hölle heiß!"

Den Witz erzählte mir Edwin Arrison, ein anglikanischer Priester aus Kapstadt. Arrison war als Student in den 1980er Jahren aktiv in der Anti-Apartheid-Bewegung. Als Vorsitzender einer kirchlichen Studentengruppe wurde er 1985 und 1986 von der südafrikanischen Regierung verhaftet und eingesperrt, jeweils für mehrere Monate. Er ist eine treibende Kraft in der Organisation *Kairos Südliches Afrika*.

Wir lernten uns 2009 beim Festakt der Veröffentlichung des Kairos-Palästina-Dokuments in Bethlehem kennen. Er gehörte zur Delegation südafrikanischer Geistlicher, Akademiker und Aktivisten, die vom Weltkirchenrat zu dem internationalen Treffen eingeladen worden waren. Das Dokument hat eine ökumenisch zusammengesetzte Gruppe von angesehenen palästinensischen Christen verfasst. Sein Untertitel lautet: „Die Stunde der Wahrheit: Ein Wort des Glaubens, der

Hoffnung und der Liebe aus der Mitte des Leidens der Palästinenser".[1] Es ruft die Welt dazu auf, das Leiden der Palästinenser wahrzunehmen und sie bei ihrem gewaltfreien Widerstand gegen Unterdrückung zu unterstützen. Das griechische *kairos* ist eines der Worte für „Zeit" im Neuen Testament, aber im Unterschied zu *chronos*, was die chronologisch vergehende Zeit beschreibt, ist *kairos* Gottes Zeit. Es ist „ein Augenblick der Gnade und Gelegenheit, in dem Gott zu entschiedenem Handeln herausfordert". So definiert es das südafrikanische Kairos-Dokument von 1985. „Es ist der Moment, in dem eine Situation nach einer Antwort verlangt. Gott bietet uns eine Reihe neuer Möglichkeiten an und wir müssen sie annehmen oder ablehnen."[2]

All die Versammelten von jedem Kontinent auf diesem ökumenischen Treffen unterstützten nach Kräften die palästinensische Sache. Aber manche, besonders die Amerikaner und Europäer, machten sich Sorgen darüber, wie sie den Ruf der Palästinenser zurück in ihre Heimatkirchen bringen sollten: „Würde es dort als zu politisch verstanden werden? Würden wir verdächtigt werden, eine ‚Befreiungstheologie'[3] zu umarmen? Und, was am problematischsten ist: Was ist mit dem Absatz am Ende des Kairos-Dokuments, in dem zum Boykott aufgerufen wird?" Einige behaupteten, dass dieser Aufruf das Dokument unbrauchbar mache: „Wie sollen wir das unseren Kirchengemeinden zu Hause vermitteln?"

Ich merkte schnell, dass es die Südafrikaner waren, die von allen Anwesenden die prophetischsten waren. „Wartet!", sagten sie uns in der Art nüchterner Weisheit, die nur die Erfahrung lehrt. „Das ist erst

---

[1] Kairos-Palästina-Dokument, www.kairospalestine.ps/sites/default/files/German.pdf

[2] Robert McAfee Brown (hg.), Kairos: Three Prophetic Challenges to the Church, Grand Rapids, MI, 1990, S. 3

[3] Befreiungstheologie deutet die Evangelien in bezug auf ungerechte wirtschaftliche, politische und soziale Verhältnisse. Ihren Ursprung hatte sie in katholischen Basisgemeinden im Lateinamerika der 1950er und 60er Jahre. Seitdem gibt es sie in den Kontexten von Befreiungskämpfen auf jedem Kontinent. Sie ist kontrovers, wurde von Rom als häretisch verurteilt und wird von einigen Christen als „getaufter Marxismus" abgelehnt.

der Anfang. Wir brauchten vierzig Jahre, um die Beendigung der Apartheid durchzusetzen. Und die Sanktionen waren ein wichtiger Beitrag dazu. Es ist ein langer Kampf, und sie sind notwendig. Wenn Ihr sie nicht mittragen könnt, steigt am besten jetzt aus. Aber denkt daran, was wir erfahren haben: Wenn Ihr dem Gegenwind, der kommen wird, standhaltet, werdet Ihr Erfolg haben."

Ja, die Südafrikaner wussten, wie man der Hölle die Hölle heiß macht. Von allen Delegationen in dem Raum hatten sie sich die Plätze am Tisch verdient. Südafrikanische Kirchenführer, Geistliche, Theologen und Laien eröffneten 1985 die Kairos-Theologie im Zwanzigsten Jahrhundert mit ihrer „Herausforderung an die Kirchen: Ein theologischer Kommentar zur politischen Krise in Südafrika." Das Dokument stieß eine weltweite Bewegung an. Zwischen 1985 und 1993 folgten einige Kairos-Dokumente in Lateinamerika, Asien und den USA, die sich jeweils für die Unterdrückten und Enteigneten aussprachen, wie es dem Geist des Matthäusevangeliums entspricht (25,31-40). Dann gab es eine Pause bis 2009. Als die Palästinenser ihr Dokument am Anfang jenes Jahres in Angriff nahmen, wendeten sie sich an die Südafrikaner: „Es ist Zeit, dass wir unser eigenes Kairos schreiben", sagte die Gruppe aus Geistlichen, Theologen und Friedensaktivisten. „Könnt Ihr uns helfen?" Eine Gruppe Südafrikaner von mehreren Konfessionen, Weiße und Schwarze, zu denen auch Autoren des Dokuments von 1985 zählten, reiste daraufhin nach Palästina. Sie ermutigten und teilten ihre Erfahrungen beim Verfassen ihres eigenen Schreibens mit. Sie kommentierten die entstandenen Entwürfe, aber sie machten auch sehr deutlich, dass dies die Botschaft der Palästinenser ist. Sie müssten mit ihrer Stimme sprechen und über ihre Anliegen - sowohl politisch als auch theologisch. So sollte es sein: Jedes Kairos-Dokument, jede Kairos-Bewegung, steht in ihrem eigenen Kontext: „Das Wort Gottes mutig, offen und liebevoll im lokalen Kontext und inmitten täglicher Ereignisse sagen", so steht es im palästinensischen Dokument. Aber genau das verbindet jedes Kairos-Dokument mit den anderen, und alle stehen auf den Schultern der bahnbrechenden Arbeit der Südafrikaner.

Daher geschah es ganz im Einklang mit dieser engen Verbindung, dass die neu gegründete Organisation *Kairos Südliches Afrika* im April

Wie die Kirche Südafrika gerettet hat

2011 eine Delegation von Kairos Palästina nach Johannesburg zu einer Konferenz einlud. Ich hatte die Ehre, als einer der wenigen Nicht-Palästinenser und Nicht-Südafrikaner eingeladen worden zu sein. Es war meine erste Reise nach Südafrika, und ich ahnte nicht, was ich erleben und welche Wirkung die Begegnung mit den Menschen haben sollte, die die Apartheid durchlebt und bekämpft hatten. Diese Erfahrung, die an Bedeutung für mich vielleicht nur von der Erfahrung als Augenzeuge der Besatzung des Westjordanlands übertroffen worden ist, hat meinem Leben seitdem die Richtung gegeben.

Siebzehn Jahre waren seit der Wahl Nelson Mandelas zum Präsidenten des neuen Südafrika vergangen. Die Apartheid war überwunden und damit die Maschinerie eines brutalen, unterdrückerischen Polizeistaates. Aber die Früchte der jahrhundertelangen Kolonisierung und fast völligen Versklavung der ursprünglichen Bevölkerung durch eine weiße kolonialistische Minderheit blieben bestehen. Die *townships* waren immer noch da: wuchernde Enklaven inmitten von Städten mit schockierender Armut und siebzig Prozent Arbeitslosigkeit. Die wirtschaftlichen Unterschiede zwischen Schwarz und Weiß, die Arbeitslosigkeit und die Gewalt sind schlimmer geworden als in den Jahren der Apartheid. Das Ausmaß an Leid und Ungerechtigkeit hat mich stark erschüttert. Dies umso mehr, als mich die Frauen und Männer tief beeindruckten, die im Gefängnis gesessen und erlebt hatten, wie die Hälfte ihrer Freunde getötet oder ins Exil getrieben worden sind, ohne dass sie in ihrem Einsatz für Gerechtigkeit je nachgelassen hatten.

„Warum?" - fragte ich meine Gastgeber, die nur Jahrzehnte zuvor ihr Leben und ihre Karriere aufs Spiel gesetzt hatten, um den strukturellen Rassismus in ihrem Land und in ihren Kirchen zu bekämpfen. „Warum engagiert ihr euch so leidenschaftlich für das kleine Palästina, wenn Ihr hier so immense Probleme habt? Die Zeit nach der Apartheid offenbart zum Teil größere Herausforderungen als das Ringen darum, sie zu beenden".

Sie antworteten ohne zu zögern: „Erstens hat die Welt damals nicht weggeschaut. Zweitens haben wir erfahren, was Apartheid bedeutet. Wir können jetzt nicht zuschauen. Das ist auch unser Kampf." Dann wurden ihre tieferen Beweggründe deutlich: „Wir brauchen diesen

Kampf", sagten sie. Reverend Arrison hat dies später bestätigt: „In dem Moment, in dem wir mit den demokratischen Wahlen 1994 unseren Kampf gewonnen hatten, haben wir unsere prophetische Kraft verloren. Aber als die Palästinenser uns baten, mit ihnen solidarisch zu sein, hat uns das geholfen, unsere eigene Seele wiederzufinden. Es hat dabei geholfen, uns erneut unserer Aufgabe hier in Südafrika zu widmen und gleichzeitig mit Menschenrechtskämpfen auf der ganzen Welt solidarisch zu sein. Dieses Engagement hat uns keine Energie gekostet. Im Gegenteil, es hat uns noch die Energie gegeben, neu für die 'Palästinenser in unserem Hinterhof' da zu sein. Kairos-Palästina ist ein Segen für uns."[4]

Die Organisation *Kairos Südliches Afrika*, die Arrison leitet, setzt diese Einsichten um. Sie wurde als Reaktion auf den Ruf der Palästinenser von 2009 gegründet, „um die prophetische Stimme wiederzubeleben, die Gott in den armen und benachteiligten Menschen im südlichen Afrika erkennt." Im Dezember 2011 veröffentlichte *Kairos Südliches Afrika* „A Word to the African National Congress Party (ANC) in These Times". Dieses mutige Wort enthielt das Bekenntnis, dass seit dem Ende der Apartheid 1994 die Kirchen versagt haben, „die Werte der neuen Demokratie zu verinnerlichen". Rassismus und Sexismus kennzeichnen noch immer viele Kirchengemeinden. Zudem ermahnte es die von Klientelpolitik, Korruption und Versagen geprägte Regierung des ANC, ihr Versprechen zu erfüllen, für soziale und wirtschaftliche Gleichheit zu sorgen. Diese Mahnung ist leider im Jahr 2017 aktueller und nötiger denn je. Obwohl sich das Dokument an die Regierung richtete, hatte es auch den Zweck, den Kirchen ins Gewissen zu reden, ihren Kampf zugunsten der Armen und Unterdrückten fortzusetzen.

Der südafrikanische Theologe Tinyiko Maluleke beschrieb mir, wie schnell moralische und geistliche Ziele verloren gehen, wenn Fragen des Regierens überhand nehmen. „Gerechtigkeit" wird zu Fragen wie: „Mit wem besetzen wir das oberste Gericht? Wie funktioniert unser Strafrecht? Sind wir in der Lage, der Kriminalität Herr zu werden? Sind

---

[4] Edward Arrison im Gespräch mit dem Autor, 5. Oktober 2012

wirklich alle vor dem Gesetz gleich?" - ein sehr technisches Verständnis von Gerechtigkeit. Das sind die Dinge, die uns jetzt beschäftigen. Nicht die Gerechtigkeit im biblischen Sinne vom Menschen als Ebenbild Gottes." Maluleke behauptete, dass die Theologie seit biblischer Zeit bis heute den Auftrag hat, die Mächtigen in die Pflicht zu nehmen. Aber die religiösen Institutionen sind meistens vorsichtig und ängstlich und eben nicht prophetisch. „Sag bloß nichts, was Anstoß erregen könnte!" Im Gegensatz dazu drängt Maluleke: „Seid theologisch radikal! Eine theologische Revolution ist nicht nur vernünftig. Wenn du es vernünftig angehst, kommst du nicht weit."[5]

Wie Arrison unterstreicht auch Maluleke, wie das Erleben des Unrechts gegen die Palästinenser die südafrikanischen Theologen bei ihrer Rückkehr inspiriert hat, die drängenden Probleme zu Hause anzugehen. „Kein Wunder, dass uns das Thema Palästina hier in Südafrika so ergriffen hat," fügt er hinzu. „Nach dem Ende der Apartheid ist das Wort Gerechtigkeit zu einem reinen Rechtsbegriff geworden."

Ein Pastor aus Swasiland, das als Nachbarland Südafrikas eines der Mitgliedsstaaten von *Kairos Südliches Afrika* ist, erklärte mir, wie die Anteilnahme an den Problemen und Kämpfen anderer dir dabei hilft, deine eigenen zu verstehen. Denn du fühlst dich nicht mehr isoliert. Sich der Probleme der Palästinenser anzunehmen, sei für jemanden aus dem südlichen Afrika keine zusätzliche Belastung. Vielmehr mache es gerade im Angesicht der immensen Herausforderungen, vor denen das südliche Afrika heute stehe, die Last leichter. So wurde mein Treffen 2011 mehr als ein Ausdruck der Solidarität mit dem Kampf der Palästinenser für Freiheit und Selbstbestimmung. Es bestätigte den eigentlichen Missionsauftrag der Kirchen im südlichen Afrika. Als einziger anwesender Nordamerikaner erkannte ich, dass diese Gründungsversammlung von Kairos Südliches Afrika eine äußerst wichtige Botschaft für die Kirchen weltweit hatte.

---

[5] Tinyiko Maluleke im Gespräch mit dem Autor, 11. April 2011

Bekenntnis und Kirchenkampf

Um diese Botschaft zu verstehen, müssen wir etwas in die Geschichte des südafrikanischen Kirchenkampfes gegen die Apartheid eintauchen. Schon in den frühen 1950er Jahren entstanden die ersten Stellungnahmen der südafrikanischen Kirchen zum grundlegenden Widerspruch zwischen Apartheid und christlichem Glauben. Die Kirche begann nicht nur ihr Schweigen angesichts der rassistischen Gesetze zu brechen, sondern nahm auch die Diskriminierung in ihren eigenen Reihen wahr. Noch wichtiger war, dass die Kirche hinterfragte, inwieweit die christlichen Glaubenssätze selbst dazu missbraucht worden waren, Rassentrennung zu rechtfertigen. Aber erst, als in den 80er Jahren die Aufstände in den Townships und die brutale Unterdrückung jeden Widerstands durch die Regierung das Land an den Rand eines Bürgerkrieges brachten, äußerten Geistliche öffentlich ihren Protest gegen das Regime und ihre Unterstützung der Widerstandsbewegung. Der anglikanische Bischof Desmond Tutu zum Beispiel, der den Vorsitz des südafrikanischen Kirchenrates übernommen hatte, erhob seine Stimme immer deutlicher gegen die Apartheid.

Dann kam Ottawa.

1982 kamen die Delegierten aller reformierten Kirchen der Welt zum Treffen des Reformierten Weltbundes ins kanadische Ottawa. Neun schwarze Pastoren aus Südafrika weigerten sich dort, beim Gottesdienst mit ihren weißen Kollegen am Abendmahl teilzunehmen. Denn auch zu Hause im Apartheidsystem war es ihnen verwehrt. Die Leitung des Weltbundes begriff, um was es ging. Sie erklärte den Bekenntnisfall, den *status confessionis*. Nichts werde in Angriff genommen, alles Tagesgeschäft müsse warten, bis dieser Verrat an den Fundamenten unseres Glaubens geklärt sei. Daraufhin entschied das Plenum, die weißen südafrikanischen reformierten Mitgliedskirchen aus dem Weltbund auszuschließen. Die Verantwortlichen im Reformierten Weltbund hatten erkannt, dass die südafrikanische Kirche mitverantwortlich für die Etablierung des Systems der Rassentrennung war, indem sie die theologische Begründung für die rassistische Politik des 1948 an die Macht gekommenen Regimes geliefert hatte. Darüber hinaus erkannten sie, dass die Kirchen weltweit durch ihr Schweigen und ihre Untätigkeit mitschuldig geworden waren. Und als solche verletzten sie die grundlegenden Gebote der Gemeinschaft aller Geschöpfe und der Würde und Gleichheit vor Gott. Als erste Kirche reagierte darauf noch im gleichen Jahr die *Dutch Reformed Mission Church*, zu der besonders die aus Indien stammenden Südafrikaner gehören. Sie erklärte selbst den Bekenntnisfall und sagte in ihrer Stellungnahme: „Apartheid ist eine Sünde. Die moralische und theologische Rechtfertigung verhöhnt das Evangelium. Der andauernde Ungehorsam gegen das Wort Gottes ist theologische Häresie."[6] Dies als Belhar-Bekenntnis bekannt gewordene Credo, das 1982 offiziell verabschiedet wurde, lehnte jede Doktrin ab, „die entweder eine naturgegebene Verschiedenheit oder die sündhafte Trennung von Menschen verabsolutiert ... und die die sichtbare und aktive Einheit der Kirche zerstört."[7] Von 1990 an begann die weiße *Dutch Reformed Church* einzugestehen, dass die theologische Rechtfertigung der Apartheid eine Sünde war. Aber es dauerte bis 1998, dass sie auf der Grundlage ihres Widerrufs erneut in den Reformierten Weltbund aufgenommen wurde, obwohl sie bis heute das Belhar-Bekenntnis nicht vollständig angenommen hat.

Dem Belhar-Bekenntnis folgte im Jahr 1985 eine Stellungnahme von herausragendem theologischen Mut unter dem Titel: „Eine Herausforderung an die Kirchen. Ein theologischer Kommentar zur politischen Krise in Südafrika."[8] 150 südafrikanische Theologen haben es unterschrieben. Auch bekannt unter dem Namen „Kairos-Dokument", wurde es bald als „eines der bedeutendsten theologischen Dokumente seiner Zeit gesehen."[9] Es läutete 1985 die letzte Stufe des Ringens um das Ende der Apartheid im Jahr 1994 ein. Der südafrikanische Kirchen-

---

[6] Charles Villa-Vicencio, Between Christ and Caesar: Classic and Contemporary Texts on Church and State, Grand Rapids, MI, 1986, S. 241

[7] ebd., S. 243

[8] Das Kairos-Dokument, deutsche Übersetzung in EMW-Informationen Nr. 64 (1985), www.thebe.ch/rundbrief/documents/Kairos-Dokument 1985.pdf

[9] John Allen, Rabble-Rouser for Peace, New York, 2006

historiker John de Gruchy hat festgestellt, dass „Kirchenkampf" zwei Bedeutungen hat, nämlich die Auseinandersetzung nicht nur mit der Apartheid, sondern auch mit sich selbst.[10] Um dieses Verständnis von „Kirchenkampf" zu wissen, ist heute für uns hilfreich.

Einer der Autoren von Kairos-Südafrika, Charles Villa-Vicencio, der spätere Direktor der Ermittlungsabteilung in der Wahrheits- und Versöhnungskommission, antwortete mir ganz ähnlich wie alle südafrikanischen Kirchenführer, von denen ich wissen wollte: „Wie habt ihr das damals gemacht"?

„Es war ein großes Durcheinander," sagte er mir. „Es hat lange gedauert. Und wir waren uns als Kirche nie einig. Aber diejenigen von uns, die eindeutig Stellung bezogen hatten, haben sich durchgesetzt, weil unser Anliegen gerecht war und weil wir zum Schluss auch von den Kirchen weltweit unterstützt wurden. Deshalb war Ottawa so wichtig. Ohne die Unterstützung durch die Kirchen weltweit wäre die südafrikanische Kirche nicht diese starke Kraft im Widerstand geworden. Sie dürfen nicht glauben, dass die gesamte Kirche gegen Apartheid war. Die englisch sprechenden oder sogenannten ‚nicht-rassischen' Kirchen redeten über Opposition gegen Apartheid. Es gab viele Resolutionen und so weiter, aber sie standen nicht auf, um dem Dämon ins Auge zu sehen und zu sagen ‚Schluss damit!' Glauben Sie bloß nicht, dass wir uns einig waren. Es war ein dreckiges Geschäft und dauerte lang. Aber wir haben durchgehalten."[11]

Villa-Vicencio erzählte weiter: „Uns wurde klar, das dies nicht nur der Kampf gegen die politische Ordnung war, sondern auch gegen diejenigen in unseren Kircheninstitutionen, die an der bestehenden Ordnung festhalten wollten. Viele hielten uns für Häretiker! Hier standen sich Kirche und Kirche gegenüber." Das ist es, was John und Steve de Gruchy mit „Kirchenkampf" meinen. Und es ist die wichtigste Lektion für die Kirche in anderen Teilen der Welt. Villa-Vicencio betonte, dass im Kontext dieses Kirchenkampfes das Kairos-Dokument 1985

---

[10] John W. de Gruchy u. Steve de Gruchy, The Church Struggle in South Africa, Minneapolis, MN, 2005

[11] Charles Villa-Vicencio im Gespräch mit dem Autor, 12. April 2011

zustande kam: „Dort haben wir zwischen der Theologie der Kirche und der Theologie des Widerstands unterschieden."

Das südafrikanische Kairos-Dokument formulierte einen moralischen Imperativ, das Böse der Apartheid zu erkennen und direkte und eindeutige Maßnahmen dagegen zu ergreifen. Aber gemäß seiner Überschrift „Herausforderung an die Kirche" wandte sich dieses historische Dokument direkt an die kirchlichen Institutionen mit einem *theologischen* Imperativ. Dieser fordert die Gläubigen heraus, „die Kirche aus ihrem Schlaf zu reißen."[12] „Die Kirche geriet in die Falle des von der Bürokratie aufgebauten Unterdrückungsapparates und gewöhnte sich an eine Kultur des Kompromisses. So hörte sie nicht auf die Stimmen der Unterdrückten."[13] Die Komplizenschaft der Kirche mit der Apartheid wird als „Kirchentheologie" entlarvt, welche die rassistische Politik der Regierung unterstützt hat. Kairos-Südafrika erkannte, dass eine tiefe Krise die Kirche erfasst hatte: „In dieser ‚Stunde der Wahrheit' wird es offenkundig, was die Kirche in Südafrika wirklich ist, und es wird keine Möglichkeit geben, sich zu verstecken."[14]

Folgende Einsicht habe ich aus Südafrika mitgebracht: „Während das palästinensische Dokument der Schrei der Unterdrückten ist, ist das südafrikanische Dokument das Bekenntnis der Komplizenschaft. Mir wurde klar, dass der Kampf dieser südafrikanischen Theologen, Priester und Pastoren das Vorbild für den gegenwärtigen und zukünftigen Kirchenkampf in den Vereinigten Staaten ist. Die Unterdrückung der Palästinenser passiert zwar nicht vor unserer Haustür oder wird von unserem Staat organisiert, aber die Komplizenschaft der Vereinigten Staaten bei dem, was im besetzten Palästina geschieht, könnte nicht eindeutiger sein. Und auch Europa trägt viel Mitverantwortung. Das Bekenntnis der südafrikanischen Kirche liest sich wie die Geschichte unserer eigenen theologischen und politischen Unterstützung für die Etablierung der Apartheid von heute. Der palästinensische Hilferuf hat die Kairos-Bewegung in Südafrika wiederbelebt und in anderen

---

[12] Ch. Villa-Vicencio, Trapped in Apartheid, New York, 1988, S. 200
[13] ebd., S. 201
[14] Kairos-Südafrika-Dokument, 1985

Ländern rund um den Globus ein Echo hervorgerufen. Und wie steht es um die Kirchen in den Vereinigten Staaten? Und in Europa? Wollen sie sich diesem Kampf wirklich verweigern?

Kairos Südafrika - Infragestellung der Kirche

Im südafrikanischen Kairos-Dokument klagten schwarze und weiße Christen nicht die Täter in Pretorias Regierung an, sondern ihre eigene Kirche. Sie nannten das „Kirchentheologie" und meinten damit die Mittäterschaft bei der Errichtung und dem Erhalt des umfassenden Systems der Apartheid. Diese Theologie, so das Kairos-Dokument, „benutzt Begriffe wie Versöhnung und Gewaltlosigkeit und bezieht sie undifferenziert und unkritisch auf alle Situationen. Es gibt kaum einen Versuch zu analysieren, was wirklich in unserer Gesellschaft passiert. ... Dies ist eng verbunden mit einem fehlenden Verständnis von Politik und politischer Strategie."[15] „Kirchentheologie" ist deshalb so einflussreich und schädlich, weil sie unter dem Nimbus des Kampfes gegen die Unterdrückung und dem Einsatz für die Menschenrechte daherkommt. „Nur in begrenztem Maße, zurückhaltend und vorsichtig kritisiert diese Theologie die Apartheid", erklären die Autoren. „Ihre Kritik ist oberflächlich und kontraproduktiv. Denn anstatt sich auf eine gründliche Analyse der Zeichen der Zeit einzulassen, verlässt sie sich auf wenige Grundmuster der christlichen Tradition und wendet diese unkritisch auf unsere Situation an."[16] Die Stärke des Kairos-Dokuments von 1985 hingegen liegt darin, dass es mit seiner Analyse der drei Grundideen - Versöhnung, Gerechtigkeit und Gewaltfreiheit - geradewegs in das Zentrum des Glaubens vordringt, in das Herz des Evangeliums. Wenn wir das Dokument heute lesen, springen die Parallelen zu dem derzeit in Palästina bestehenden Apartheidsystem sofort ins Auge.

---

[15] ebd.

[16] ebd.

Versöhnung

Die „Kirchentheologie" beschreibt den christlichen Standpunkt oft folgendermaßen: „Wir müssen fair sein. Wir müssen beide Seiten hören. Wenn sich beide Seiten nur zu Gesprächen zusammensetzen und miteinander verhandeln, dann wird man Differenzen und Missverständnisse ausräumen und den Konflikt beilegen."

Der Trugschluss hierbei liegt in der Tatsache, dass „Versöhnung" zu einem absoluten Prinzip gemacht worden ist. Aber es gibt Konflikte, in denen die eine Seite ein schwer bewaffneter und gewaltsam vorgehender Unterdrücker ist, während die andere Seite wehrlos der Unterdrückung ausgesetzt ist. Diese beiden Seiten versöhnen zu wollen, ist nicht nur eine falsch verstandene Anwendung des christlichen Begriffs der Versöhnung, sondern ein völliger Verrat an dem, wofür der christliche Glaube immer gestanden hat. In unserer heutigen Lage in Südafrika wäre es ganz und gar unchristlich, um Versöhnung und Frieden zu bitten, bevor die bestehenden Ungerechtigkeiten nicht beseitigt sind. ... Ohne Gerechtigkeit ist in Südafrika keine Versöhnung möglich.[17]

Diese Analyse trifft den Kern des Problems, wenn man sie auf die heutige Situation in Israel und das besetzte Palästina bezieht. Eines der auffallendsten Merkmale im Diskurs in den USA und Europa ist die Sorge um das Bedürfnis nach einer „ausgewogenen" Perspektive. So hört sich das typischerweise an: Sie dürfen nicht über Hauszerstörungen, Checkpoints oder die Einschränkung der Bewegungsfreiheit sprechen, noch über den Tod von unschuldigen Zivilisten, die gezielten Tötungen oder über irgendein anderes Beispiel für das Leid der Palästinenser, ohne nicht ebenso auf die „andere Seite" einzugehen, wie es üblicherweise heißt. Die „andere Seite" bedeutet die Anerkennung des Leids der Israelis, die fünf Kriege ertragen haben, Terroranschläge und das Gefühl der Bedrohung, von erbarmungslosen Feinden umgeben zu

---

[17] ebd.

sein.[18] Man möge nicht über die Enteignung der Palästinenser reden, um Platz für den jüdischen Staat zu machen, ohne das Leid der Juden in der Geschichte zu benennen oder die Vertreibung der Juden aus arabischen Ländern nach Errichtung des Staates Israel. Auf den ersten Blick scheint das fair zu sein.[19] Aber im aktuellen Diskurs hat die Forderung nach „Ausgewogenheit" nichts mit Fairness zu tun. Stattdessen wird sie benutzt, um die Überprüfung der grundlegenden Ursachen des Konflikts zu verhindern.

Wie es das südafrikanische Dokument so aussagekräftig darlegt, dienen in diesem Zusammenhang Appelle an die Prinzipien von „Versöhnung", „Dialog" und „Ausgewogenheit" oft nicht dazu, das Anliegen der Gerechtigkeit voranzubringen, sondern dazu, es zu verschleiern.

---

[18] Die Tatsache der Angst der Israelis, vernichtet zu werden, wird nicht abgestritten. Allerdings ist die Frage relevant, ob die Bedrohung realistisch ist. Der israelische Autor Miko Peled spricht in seinen Erinnerungen davon, wie israelische Generäle und Politiker die wirkungsvolle Fiktion von Israels militärischer Verwundbarkeit ausgenutzt haben: Miko Peled, Der Sohn des Generals. Reise eines Israeli in Palästina, Zürich 2016. Überzeugend stellt das auch Ira Chernus in seinem Artikel vom 18. April 2011 in *The Nation* dar: Three Myths of Israel's Insecurity, www.thenation.com/article/159998/three-myths-israels-insecurity

[19] Die meisten Quellen stimmen darin überein, dass zwischen 750.000 und 850.000 Juden aus Algerien, Ägypten, Irak, Libyen, Marokko, Syrien und Jemen zwischen den frühen 1940er Jahren bis in die 1970er Jahre ausgewandert sind, infolge von Diskriminierung und Verfolgung. Dabei waren die meisten Auswanderungen im Jahr 1948 das Ergebnis von Vergeltung seitens arabischer Regierungen und in einigen arabischen Ländern von judenfeindlichen Ausschreitungen wegen der Gründung des Staates Israel. Diese Fakten werden oft als Gegenargument genannt, um palästinensische Ansprüche auf Rückkehr oder Entschädigung für die Vertreibung aus Palästina im gleichen Jahr abzuwehren. Die Thematik ist umstritten, weil ein Teil der arabischen Juden, die nach Israel immigriert sind, aussagen, dass sie freiwillig gekommen sind, und weil es Vorwürfe über eine zionistische Beteiligung bei der Verfolgung und der Gewalt durch Bombenanschläge und ähnliches in den arabischen Ländern gibt, welche die Auswanderung dortiger Juden nach Israel ausgelöst haben.

Das Beispiel von Südafrika zeigt deutlich, dass erst nachdem die Strukturen der Ungleichheit und Diskriminierung aus dem Weg geräumt worden sind, Mittel und Wege gefunden werden können, die sich der Versöhnung beider Parteien widmen. „Wahre Gerechtigkeit, Gottes Gerechtigkeit," so die Erklärung aus Südafrika, „fordert eine radikale Veränderung der Strukturen".

Gerechtigkeit

An dieser Stelle muss die sehr ernste theologische Frage gestellt werden: Um welche Gerechtigkeit handelt es sich? Eine Untersuchung von kirchlichen Erklärungen und Verlautbarungen ergibt das eindeutige Ergebnis, dass eine Gerechtigkeit der Reformen gemeint ist, das heißt, eine Gerechtigkeit, die vom Unterdrücker, von der weißen Minderheit festgelegt wird und dem Volk als eine Art Zugeständnis angeboten wird. Es scheint nicht die radikale Gerechtigkeit zu sein, die von unten kommt und über die das Volk Südafrikas selbst entscheidet. Reformen sind umgesetzt worden, und zweifellos wird es in naher Zukunft weitere Reformen geben. ... Aber können solche Reformen jemals als echte Veränderung angesehen werden, als der Beginn einer wahren und dauerhaften Gerechtigkeit?[20]

Die Regierung in Pretoria sah sich im Jahre 1985 in die Ecke gedrängt: von der Welt isoliert, mit wirtschaftlichen Sanktionen konfrontiert und gleichzeitig mit den rasch zunehmenden Protesten in den Städten und *townships*, die brutal unterdrückt wurden. In ihrer Verzweiflung bot sie Reformen an: Schwarze ins Parlament, aber mit weniger Stimmrecht als die Weißen, und *homelands* für Schwarze. Das waren politische Enklaven, umgeben vom weiß regierten Südafrika, die sogenannten Bantustans. So gab es faktisch eine „Zweistaatenlösung", bei der die untergeordnete Rasse politisch und ökonomisch von der weißen herrschenden Klasse beherrscht wurde. Deswegen wurden Reformen zu einem Schlüsselthema im Kampf gegen die Apartheid. Die Autoren von Kairos-Südafrika waren besonders beunruhigt über die Auswir-

---

[20] Kairos-Südafrika-Dokument

kungen auf den Kampf gegen Rassismus, weil diese Angebote der Regierung für sie die Versuche einiger Kirchen widerspiegelten, lediglich oberflächliche Veränderungen durchzuführen, welche sich nicht mit den darunter liegenden Ungleichheiten je nach ethnischer Zugehörigkeit befassten. Diese waren Teil des kirchlichen Gemeindelebens geworden, wodurch diese Kirchen weiterhin die rassistische Politik der Regierung unterstützten. Wohlgemerkt, der wesentliche Fokus von Belhar - also Sinn und Zweck des Bekenntnisses - bestand darin, dass jede Unterscheidung aufgrund von ethnischer Zugehörigkeit Verstöße gegen die grundlegenden Werte des Christentums darstellen.

Jesus war eindeutig darin, welche kompromisslose Haltung er von denen erwartete, die die alternative Ordnung verwirklichen sollten, die er das „Reich Gottes" nannte. „Meint ihr, dass ich gekommen bin, Frieden zu bringen auf Erden? Ich sage: Nein, sondern Zwietracht" (Lukas 12,51). Das heißt nicht, dass Jesus die Menschen gegeneinander aufwiegeln wollte oder dass er sich für Konflikte ausgesprochen hat. Das griechische Wort, welches meist mit Zwietracht übersetzt wird, ist *diamerismos*: deutlich zwischen richtig und falsch unterscheiden oder den Unterschied kennen. So können wir die Äußerung Jesu im Matthäusevangelium verstehen (10,34): „Ich bin nicht gekommen, Frieden zu bringen, sondern das Schwert." Es ist das Schwert, das klar und sauber die Wahrheit von den Worten trennt, die die Wahrheit verschleiern und abstumpfen. Es geht darum, den Unterschied zu kennen zwischen einer Theologie, die die Politik und die institutionalisierten Strukturen der Unterdrückung stützt und einer Theologie, die mutig auf Seiten der Witwen und Waisen, der Armen und Enteigneten steht.

Alle diejenigen, die mit eigenen Augen den unerbittlichen Ausbau der illegalen Siedlungen gesehen haben und die fast fertige Infrastruktur aus Mauern und Zäunen, Checkpoints, Passierscheinen und getrennten Strassen im besetzten Palästina, die verstehen, dass die heute auf der Tagesordnung stehende „Zweistaatenlösung" faktisch ein System der Apartheid legitimieren wird, das in mancher Hinsicht schlimmer als das ist, welches Südafrika in seinen Klauen hatte. Und doch ist dies die Lösung, also praktisch die „Reform", wie die israelische Besatzung zu beenden ist, wozu Politiker und Medien weiterhin ihre Lippenbekenntnisse abgeben. Weiter nach „Verhandlungen" zu rufen, während dieser Prozess der Kolonisierung und wirtschaftlichen Kontrolle ungehindert voranschreitet, bedeutet eine Struktur der Ungleichheit zu bejahen, die weder hinnehmbar noch nachhaltig ist. „Fortschrittliche" jüdische Intellektuelle, die Israels Verhalten beunruhigt, versuchen Wege zu finden, die allerschlimmsten Aspekte von Israels Politik zu beseitigen, ohne dem Machtmissbrauch an die Wurzel zu gehen: Sie liegt in Israels Versuch, die jüdische Herrschaft über eine diskriminierte Bevölkerung durchzusetzen.

Martin Luther Kings „Brief aus dem Gefängnis in Birmingham" war seine Antwort auf die Geistlichen aus den Südstaaten, die den Stachel der Rassentrennung abzumildern versuchten, ohne das Machtgefüge zu stören, das die rassistische Ordnung aufrecht erhielt. „Welche Gerechtigkeit?", fragten die Autoren des südafrikanischen Kairospapiers. Apartheid, erklärten sie, kann nicht reformiert werden. Jedes Bemühen, das System zu verändern oder zu reparieren, ohne die grundlegende Struktur der Ungleichheit anzusprechen, ist ein Verrat sowohl an ihrem Kampf als auch an ihrem Glauben als Christen.

Gewaltfreiheit

Das Problem, das sich der Kirche hier stellt, besteht in dem Gebrauch, den die Staatspropaganda von dem Wort Gewalt macht. Der Staat und die Medien haben sich dafür entschieden, das, was die Menschen in den Townships in ihrem Kampf um Befreiung tun, Gewalt zu nennen - zum Beispiel das Steinewerfen, das Anzünden von Autos und Gebäuden und manchmal das Töten von Kollaborateuren. Doch schließt dies die strukturelle, institutionalisierte und uneinsichtige Gewaltanwendung des Staates aus, insbesondere die unterdrückerische und nackte Gewalt von Polizei und Armee. Diese Dinge werden nicht als Gewalt bezeichnet. ... Deshalb bedeutet der Ausdruck „Gewalt in den Townships" das, was die jungen Leute tun und nicht, was die Polizei oder die Apartheid als solche den Menschen antut.[21]

---

[21] Kairos-Südafrika-Dokument

Die Parallelen sind offensichtlich. Die Gewalt des israelischen Staates, und zwar nicht nur in ihren offensichtlichen Formen, sondern auch als strukturelle Gewalt in Form von Verhaftungen, Beschränkungen aller Art und ungleichem Zugang zu Dienstleistungen und ungleicher Verteilung von Ressourcen, wird in den Kontext von Selbstverteidigung gestellt. Palästinensischer Widerstand wird Terrorismus genannt.

„Was man ‚Gewalt' und was ‚Selbstverteidigung' nennt, scheint davon abzuhängen, auf welcher Seite man steht. Jeden Gebrauch physischer Gewalt als ‚Gewalttätigkeit' zu bezeichnen, ist ein Versuch, neutral zu sein und sich zu weigern, selbst darüber zu urteilen, wer im Recht und wer im Unrecht ist. Der Versuch, in diesem Konflikt neutral zu bleiben, ist sinnlos: Neutralität ermöglicht den Fortbestand des Status quo der Unterdrückung (und damit der Gewalttätigkeiten). Es ist eine Haltung, die stillschweigend den Unterdrücker unterstützt."[22]

Heutige Herausforderung für die Kirche

Das südafrikanische Kairos-Dokument war das Ergebnis eines jahrzehntelangen Kirchenkampfes darum, das prophetische Herz des Glaubens anzuerkennen. Es entstand aus der Einsicht, dass die Kirchen eine Mitverantwortung an einem politischen System trugen, welches die Werte verriet, auf denen sich das Christentum gründet. In der gleichen Situation befinden sich die Kirchen heute, da sie Augenzeugen von Israels andauernder Enteignung und Unterdrückung der Palästinenser sind. Die Zeit ist reif dafür, eine Wahl zu treffen. Es ist die Wahl zwischen theologischen Überzeugungen einerseits, die an Glaubenssätzen festhalten, welche ein Volk über ein anderes stellen und damit die Bibelworte derart pervertieren, dass sie Unterdrückung und Landnahme unterstützen. Und andererseits sich einer Bewegung anzuschließen, die den zentralen Werten von sozialer Gerechtigkeit und Menschenwürde zur Erneuerung verhelfen will - die, um es mit den Worten des Evangeliums zu sagen, das Reich Gottes hier auf der Erde bauen will. Die Herausforderung für die Kirchen in den USA, in Europa und überall ist so

---

[22] ebd.

offenkundig wie die, vor der die südafrikanische Kirche vor drei Jahrzehnten stand. Walter Wink, der amerikanische Theologe der Gewaltfreiheit, erinnert uns daran, dass das Streben nach Gerechtigkeit oft unbequem ist und erfordert, sich aktiv zu engagieren:

> Die meisten Christen sehnen sich nach Gewaltfreiheit, aber sie reden nicht über einen gewaltfreien Kampf für Gerechtigkeit. Sie meinen einfach die Abwesenheit von Konflikten. Sie würden gern das System verändert sehen, ohne daran mitzuwirken, es zu verändern. ... Wenn eine Kirche, die die mühsame Identifikation mit den Unterdrückten nicht selbst erlebt hat, anbietet, zwischen verfeindeten Parteien zu vermitteln, verstärkt sie lediglich den Eindruck, dass sie über dem Konflikt steht und keine Partei ergreifen will. Die Kirche sagt zu dem Löwen und dem Lamm: „Hier, lasst mich einen Waffenstillstand aushandeln," worauf der Löwe antwortet: „In Ordnung, nachdem ich mein Mittagessen zu mir genommen habe."[23]

Winks Ermahnung wendet sich an uns, die wir zusehen, wie die Enteignung des palästinensischen Volkes fortschreitet, während der endlose sogenannte Friedensprozess weitergeht. Man muss Partei ergreifen. Wink bringt das auf den Punkt, indem er sagt: „Wenn Kirchenführer Versöhnung predigen, ohne dass sie sich ausdrücklich festgelegt haben, auf der Seite der Unterdrückten für Gerechtigkeit zu kämpfen, ertappen wir sie beim Grätschen in eine Pseudo-Neutralität, die aus nichts als heißer Luft besteht. ... Genauso stellen pauschale kirchliche Verurteilungen von Gewalt die Gegengewalt der Unterdrückten auf die gleiche Ebene wie die Gewalt des Systems, das die Unterdrückten zu solcher Verzweiflung getrieben hat. Entsprechen Steine, die von Jugendlichen geworfen werden, wirklich Gummigeschossen und scharfer Munition, die von der Polizei abgefeuert werden?"[24]

Wie es die südafrikanischen Pfarrer und Anführer im Kampf gegen die Apartheid getan haben, so wenden sich heute aufgrund der Menschenrechtsproblematik in Israel und Palästina mehr und mehr Christen den

---

[23] Walter Wink, *Engaging the Powers*, Minneapolis, MN, 1992, S. 4
[24] ebd., S. 5

Möglichkeiten gewaltfreier direkter Aktion zu. Teil davon ist der Abzug von kirchlichen Geldanlagen aus Unternehmen, die von der Besatzung palästinensischen Landes profitieren, und die Teilnahme am Boykott von israelischen Produkten, die im besetzten Westjordanland hergestellt wurden. Beispielsweise hat die Synode der *United Methodist Church*, die zweitgrößte protestantische Kirche in den USA, 2016 entschieden, fünf israelische Banken wegen deren Siedlungsfinanzierung von den Kapitalanlagen aus ihrem Pensionsfonds auszuschließen. Auch die amerikanische Presbyterianische Kirche hat ihre Millionen 2014 drei Unternehmen entzogen, die von der Besatzung profitieren: *Caterpillar*, deren Bulldozer palästinensische Häuser zerstören, *Hewlett Packard*, deren Technik die israelische Marine bei der Blockade des Gazastreifens einsetzt, und *Motorola Solutions*, die die israelische Trennmauer und Siedlungszäune mit Elektronik ausstatten. Die *United Church of Christ*, immerhin Partnerkirche der Evangelischen Kirche in Deutschland, ist ähnlich aktiv geworden. Die Synode der Anglikaner in London hatten *Caterpillar* bereits 2008 ihr Geld entzogen.

Diese Entscheidungen sind mit großen internen Auseinandersetzungen einhergegangen und zum Teil auch mit scharfen Angriffen von außen. Stimmen in der jüdischen Community und in den Kirchen eifern sich, dass der Boykott israelischer Produkte und Sanktionen gegen die israelische Regierung antisemitisch seien oder dass sie die Sicherheit und das Wohlergehen des Staates Israel gefährden.

Wenn Sie mit diesen Vorwürfen konfrontiert werden, denken Sie an Südafrika. Die Sanktionen und Boykotte, die die südafrikanische Regierung schlussendlich an den Verhandlungstisch gebracht haben, waren nicht durch Hass auf das südafrikanische Volk motiviert. Die internationale Anti-Apartheid-Bewegung hat Südafrika nicht zerstört. Sie hat Südafrika gerettet, indem sie das Ende eines politischen Systems herbeiführte, das die Gesellschaft vergiftet hatte und das Land zu einem Geächteten unter den Staaten der Welt gemacht hatte. Beides, die Sanktionen und die Widerstandsbewegung, hat den Bürgern Südafrikas Hoffnung für die Zukunft gegeben, um die rassistische Ordnung zu beenden und eine echte Demokratie zustande zu bringen. Es waren Taten der Liebe. Und es waren die Kirchen Südafrikas mit der großen Unterstützung durch die weltweite Ökumene, die eine Schlüsselrolle spielten, als es darum ging, das weiße wie das schwarze Südafrika vom Übel der Apartheid zu befreien. Können wir das größer werdende Engagement für Gerechtigkeit in Palästina auch so beurteilen? Als Avantgarde der Liebe für die Menschen im Heiligen Land - Juden, Christen und Muslime. Sie alle haben Befreiung dringend nötig.

Ein Apartheid-Hinterhalt

Im Dezember 2012 besuchte eine Gruppe von zwölf südafrikanischen Christen das Westjordanland. Sie hatten die Einladung der palästinensischen Christen in ihrem Kairos-Aufruf, zu kommen und mit eigenen Augen zu sehen, wörtlich genommen.[25] Die Delegation bestand aus den Kirchenoberhäuptern der Methodisten und Presbyterianer, dem Generalsekretär der Evangelischen Allianz Südafrikas, einem Mitglied der Kirchenleitung der Holländisch Reformierten Kirche und einem Delegierten der südafrikanischen Jugend. Sie machten die gleiche Erfahrung wie viele Südafrikaner, wenn sie die Besatzung sehen: „Ostjerusalem und das Westjordanland zu erleben, war überwältigend", berichteten sie, „es hat uns traumatisiert."[26]

Es ist nicht einfach, mit Ungerechtigkeit und Leid konfrontiert zu werden, das deinem eigenen so ähnlich ist. Es erinnert an die Berichte der Afroamerikaner im vorigen Kapitel, die sich plötzlich in einem Szenario wiederfanden, das ihnen auf schockierende und schmerzhafte Weise bekannt vorkam. Vor kurzem erzählte mir der südafrikanische Theologe Charles Villa-Vicencio seine Erfahrung aus den Jahren der Apartheid: „Ich erinnere mich an das erste Mal, dass ich in den späten Achtzigern nach Palästina gereist bin. Ich war mit einem schwarzen Südafrikaner unterwegs, der mir damals sagte: ‚Das ist schlimmer als

---

[25] www.kairossouthernafrica.wordpress.com/2012/12/05/press-statement-on-december-2012-visit-to-palestine-by-south-african-ecumenical-delegation/, Zugriff 25. Januar 2013

[26] ebd.

was wir in Südafrika haben'."²⁷ Das ist eine Beobachtung, die viele südafrikanische Besucher so wiederholt haben, nachdem sie die heutige Situation in Palästina erlebt haben. Auch den Mitgliedern der erwähnten Delegation ging es so:

> Für uns als Südafrikaner fühlte es sich an, als seien wir in einen weiteren Apartheid-Hinterhalt geraten. Wir wurden Augenzeugen von Verstößen gegen die Menschenrechte und das humanitäre Völkerrecht auf so vielen Ebenen: die zahlreichen Hauszerstörungen, das diskriminierende Rechtssystem, die tägliche Einschüchterung, die Apartheid-Mauer und das dazu gehörige Regelwerk von Bewegungseinschränkung und Zugangsbeschränkung, die Beschädigung von Olivenhainen, die Inhaftierung von einem hohen Prozentsatz der Palästinenser, auch von Kindern und Jugendlichen, die Konfiszierung von Wasser und Land, die Schließung von ehemals pulsierenden Straßen und Geschäften, getrennte Gehwege und Straßen, wobei die grüne Farbe auf palästinensischen Nummernschildern anzeigt, dass ihre Fahrzeuge nur auf bestimmten Strassen zugelassen sind.²⁸

Weil es eine kirchliche Delegation war, ging es besonders um die Erfahrung palästinensischer Christen: „Wir hörten von Christen, wie sie eine politische Katastrophe (die Nakba) erlebt haben und dass sie eine katastrophale Identitätskrise durchmachen - und zwar seit 1948, als der Staat Israel ausgerufen wurde und 750.000 Palästinenser zu Flüchtlingen wurden. Außerdem erleben sie eine theologische Katastrophe, weil das Christentum dazu benutzt wird, die Unterdrückung der ursprünglichen Bevölkerung zu rechtfertigen."²⁹

Für diese südafrikanischen Pilger ging es bei der Not des palästinensischen Volkes nicht nur um die Menschenrechte einer unterdrückten Gruppe. Es ging um die Mitte ihres eigenen Glaubens, um die

---

²⁷ Charles Villa-Vicencio im Gespräch mit dem Autor, April 2011
²⁸ ebd.
²⁹ ebd.

Evangelien und um ihr Empfinden eines starken Sendungsbewusstseins:

> Was wir wahrgenommen haben, stimmt mit dem überein, was die palästinensischen Christen in ihrem Kairos-Dokument vorgeschlagen haben: „Die Stunde der Wahrheit: Ein Ruf des Glaubens, der Hoffnung und der Liebe aus der Mitte des Leidens der Palästinenser." Dieser dringende Appell an die internationale Gemeinschaft schlägt vor, den Widerstand gegen Israels Besatzung als einen Akt der Liebe zu verstehen. Wir sind mit der Überzeugung gekommen, dass alle Menschen - Juden, Muslime, Christen und alle anderen - nach dem Bilde Gottes geschaffen sind und dass, wie es die Palästinenser ausgedrückt haben, *„diese Würde gleichermaßen in allen und jedem von uns ist. Das heißt für uns hier und heute und besonders in diesem Land, dass Gott uns nicht für Kampf und Streit geschaffen hat, sondern dafür, dass wir zueinander kommen, einander kennenlernen und lieben können und gemeinsam das Land in Liebe und gegenseitigem Respekt aufbauen."*[30] Als Afrikaner bringen wir unsererseits das Verständnis des spirituellen Gedankens von „ubuntu" mit: Ein Mensch ist ein Mensch durch andere. Dadurch erkennen wir die Verbundenheit aller an, was den Wert und die Bedeutung von Leben und Beziehungen ausdrückt. So erkennen wir die Menschlichkeit und Würde beider an, des Unterdrückten und des Unterdrückers. Wir widerstehen fundamentalistischen, ausschließenden Theologien und Ideologien. Aber wir tun das nicht aus einer Perspektive des Hasses, der Gewalt oder des Getrenntseins.[31]

Was diese Delegation tatsächlich „überfallen" hat, war nicht nur der Schock über die gleiche Ungerechtigkeit, die sie in ihrem eigenen Land erlitten hatte, sondern auch ihre lebendige Erinnerung an das, was sie mit ihrem Kampf erreicht hatte: eine Erinnerung an das, was die Kirche

---

[30] Kairos-Palästina-Dokument, http://www.kairospalestine.ps/sites/default/files/German.pdf
[31] Presse-Erklärung der Delegation von 2012

kann, an die Kraft des Glaubens und an die Verbundenheit aller Menschen. Wenn sich Menschen um die Themen von Menschenrechten und Unterdrückung versammeln, gibt es eine gemeinsame Sprache und ein klares Einverständnis. Die Herausforderung von Kairos gilt für Gerechtigkeitssucher zu jeder Zeit und an jedem Ort. Sie ist der gleiche Appell an jene spirituellen Werte, die das Herz und der Antrieb für den Kampf werden muss. Und der Beitrag der Kirchen weltweit ist unverzichtbar, um das System zu beenden, das die israelische Gesellschaft von innen zerstört. Ein System, das eines der schändlichsten und am längsten andauernden Menschenrechtsvergehen auf der Welt darstellt. Was ich in Südafrika erlebt habe, hat mich davon überzeugt, dass eine energische, südafrikanische Kirche eine führende Rolle in der weltweiten Bewegung spielen wird, die heutige Apartheid zu beenden.

9. KAPITEL

STIMMEN AUS PALÄSTINA

Ich saß in einem Zelt und es war voller Licht. Es gehörte Fauzieh al-Kurd, der Matriarchin einer der drei Familien, die zwischen November 2008 und Oktober 2009 aus ihren Häusern im Ostjerusalemer Stadtviertel Sheikh Jarrah vertrieben worden waren. Hier hatten sich sechzig Flüchtlinge von 1948 aus West-Jerusalem und anderswo im heutigen Israel nach einem internationalen Abkommen in den 1950er Jahren niedergelassen. Jetzt waren sie von der israelischen Regierung zwangsgeräumt und ihre Häuser fundamentalistischen jüdischen Siedlern gegeben worden. Fauziehs Familie war die erste, die das israelische Militär mitten in der Nacht gewaltsam hinauswarf. Fauziehs Ehemann, bei schwacher Gesundheit und auf einen Rollstuhl angewiesen, starb elf Tage nach der Räumung.

Die vertriebenen palästinensischen Familien haben aus Protest provisorische Unterkünfte auf den Strassen und Nachbargrundstücken errichtet. Sie gehen nicht fort.

Besucht man Sheik Jarrah, so ist man im Zentrum der Besatzung. Das gleiche kann man von vielen anderen Orten sagen: zum Beispiel von Hebron, der Stadt im Westjordanland südlich von Bethlehem, wo wegen sechshundert israelischen Siedlern, die von einer Kompanie israelischer Soldaten geschützt werden, 16.000 palästinensische Bewohner in ihrer eigenen Stadt wie Gefangene leben müssen; oder von Jayyous, einem Dorf im nördlichen Westjordanland, wo der Hochsicherheitszaun die Bauern von ihren Feldern trennt; oder vom Bethlehem Checkpoint, wo Tausende Frauen und Männer sich jeden Werktag in engen eingegitterten Gängen, die Viehgattern gleichen, ab zwei Uhr morgens anstellen, um ihre Arbeitsstelle in Jerusalem, ihre Familien oder Krankenhäuser bei Tagesanbruch zu erreichen.

Aber da gab es noch etwas, das mich auf der Heimreise nach der feierlichen Veröffentlichung des Kairos-Palästina-Dokuments durch den Weltrat der Kirchen in Bethlehem im Dezember 2009 dazu bewegte, diese Familien zu besuchen. Was in Sheikh Jarrah passiert, ist klar und eindeutig Teil des Projekts, ein komplett jüdisches Jerusalem zu schaffen. „Groß-Jerusalem" ist ein Abbild von Israels fast fertiger Kolonisierung des Westjordanlandes: Es ist eine für Juden verwaltete Stadt geworden. Die übrig gebliebenen Palästinenser sind auf schrumpfende Enklaven eingegrenzt. Zusammen mit existierenden und geplanten jüdischen Stadtvierteln wird Sheikh Jarrah, nachdem die palästinensischen Einwohner durch jüdische ersetzt worden sind, den Ring aus jüdischen Siedlungen vervollständigen, der am Ende die ganze Stadt umschließen wird. Während die vertriebenen Familien weiter protestieren, streiten die Anwälte beider Seiten vor Gericht weiter darum, wem die Häuser gehören. Aber der Ursprung dieses Leidens ist kein Streitfall von zwei Parteien über das gleiche Grundstück. Es ist etwas anderes: ein Streit zwischen einer Partei, die gewillt ist, zu teilen, und der anderen, die es nicht ist.

Ich sass mit Fauzieh in dem Zelt. Sie machte einen ruhigen Eindruck trotz des Traumas, der Würdelosigkeit und des Verlusts ihres Ehemanns. Nicht, dass sie keine Fragen hatte: Wie können sie mir vorwerfen, Krieg führen zu wollen, wenn einer der Namen Gottes, den ich täglich in meinen Gebeten benutze, *Salaam* - Frieden ist? Warum tun sie uns das an, obwohl wir doch an die Einheit aller Menschen glauben? Dann rezitierte sie auswendig die Sure aus dem Koran, welche die Heiligkeit und den Wert aller Propheten vor Mohammed bekräftigt, einschließlich von Moses und Jesus, sowie die Pflicht aller Muslime, sie zu ehren.

Ich ging über den Vorgarten, der mit Müll, kaputten Küchenutensilien und Möbeln der Familie al-Kurds bedeckt war, und näherte mich einer Gruppe junger Männer mit schwarzen Anzügen und Hüten - religiöse Juden, die jetzigen Besetzer des Hauses der al-Kurds. Ich sprach sie auf hebräisch an, indem ich ihnen meine jüdischen Referenzen darbot: „Mein Großvater wurde einen Kilometer entfernt geboren, ein Jude in fünfter Generation im Heiligen Land." Die Männer, von denen einige eher wie Jugendliche aussahen, beäugten mich misstrauisch. Weil sie mich beobachtet hatten, wie ich bei Fauzieh gesessen hatte, wussten sie, wo meine Sympathien lagen. Während wir redeten, erkannte ich, dass sie kein Problem damit hatten, mich von der anderen Seite einer sehr klaren Trennlinie aus zu konfrontieren. Sie erwarteten nicht, dass ich meine Meinung änderte, und sie hatten keine Zweifel an ihrer eigenen. Ja, als ich mich um ein Gespräch mit ihnen bemühte, verstand ich, dass es ein wichtiger Teil ihrer Identität war, umstritten zu sein. Sie hielten sich für die heutigen jüdischen Pioniere, für Gottes Streiter. Auf der Haustür prangten Aufkleber mit der Aufschrift: „DAS VOLK ISRAEL WIRD SIEGEN!". Das hebräische Wort steht für militärischen Sieg. Sie waren stolz darauf, dass ihre Aktionen (Familien ihrer Häuser zu berauben) Wut, Entrüstung und sogar organisierten Protest hervorriefen. Das gehörte zur harten Arbeit, das Land für Gott zurückzuerobern. Sie wiesen meine Anregung zurück, das Leid und die Menschenrechte der Familien zu bedenken, die sie vertrieben hatten. Sie sagten, dass Gott ihnen dies alles gegeben habe. Wir sollen hier sein.

Weil ich diese Behauptung schon so oft vorher gehört hatte, traf es mich nicht, sie wieder zu hören. Aber was mich an diesem Tag besonders aufbrachte, war ihre Behauptung, dass die Menschen, die sie vertrieben hatten, es verdient hätten, durch Gottes auserwähltes Volk ersetzt zu werden, weil sie ihren Kindern beibringen würden, Juden zu hassen. Das war mir auch vertraut, zusammen mit anderen rassistischen Vorurteilen, die viele Israelis über die Palästinenser pflegen: Sie seien dreckig, Diebe und schlechte Eltern. Gerade hatte ich jedoch Fauzieh zugehört, wie sie mir von ihrem Kummer erzählte - nicht über den Verlust ihres Hauses, sondern darüber, was mit ihrem Enkel los ist. Dieser Junge hatte gute Noten in der Schule und man hat seine Begabung zum Schreiben entdeckt, aber jetzt sei sein einziger Wunsch, Pilot zu werden, wenn er erwachsen ist, „um Juden töten zu können". Das war ihr Kummer: Dass ihre Zukunft, die ihrer Familie und ihrer Gemeinschaft, welche sie geplant und sich gewünscht hatte, ja, welche ihr der Glauben gewiesen hatte, ihr jetzt gestohlen wurde. Ein Haus kann wieder aufgebaut werden, aber die nächste Generation kann nicht so einfach geheilt werden.

Der Kampf hat begonnen. Es ist der Konflikt zwischen denen, die eine Zukunft planen, basierend auf Enteignung, Habgier und Angst, und denen, die sich nach einem Zusammenleben sehnen, das andere willkommen heißt und nicht ausgrenzt. Hier in dieser kleinen Nachbarschaft verbarrikadieren sich die Juden hinter Toren und Türen und erklären den Sieg. Die Palästinenser sitzen in ihren Zelten wie einst Abraham und wie Palästinenser in jedem beliebigen Ort des Westjordanlandes und Gazastreifens und heißen alle Gäste willkommen. Sie bieten ihnen Kaffee und ihre Hoffnung an und teilen ihren Schmerz. Sie appellieren an die internationale Gemeinschaft, ihre Situation zu bezeugen und nicht untätig zu bleiben.

Harmageddon steht bevor

Abgesehen von den Familien und einigen ausländischen Besuchern wie mir, die Nora Carmi, meine Freundin vom Ökumenischen Befreiungstheologischen Institut Sabeel, begleiteten, war es an dem Tag auf der Straße ruhig. Zwei Tage zuvor hatte genau hier eine große Demonstration stattgefunden. Während die vertriebenen Familien in Sheikh Jarrah durch ihre standhafte und ruhige Präsenz protestierten, wurden die von internationalen israelischen und palästinensischen Aktivisten organisierten Solidaritätskundgebungen für die Familien immer größer. Und obwohl sie gewaltfrei waren, kam es zu einer körperlichen Konfrontation der Unterstützer mit der anderen Seite und der Polizei. Dabei war die Atmosphäre oft angespannt. Stimmen der Empörung wurden laut und die Polizei nahm die Demonstranten, die über die Absperrungen kletterten, fest.

Rabbi Arik Ascherman hatte einen Monat zuvor einen Kommentar unter dem Titel „Harmageddon steht bevor" veröffentlicht. Er gehört zu der israelischen Organisation der Rabbiner für Menschenrechte (Rabbis for Human Rights). Man begegnet Rabbi Ascherman und seinen Kollegen im Westjordanland, wie sie palästinensischen Bauern beistehen, die von jüdischen Siedlern und israelischen Soldaten schikaniert werden, oder palästinensischen Familien, deren Häuser von der israelischen Armee Abrissbefehle erhalten haben. Derzeit setzen sie sich auch für die Sache der Palästinenser in Ostjerusalem ein. Ascherman ist erschüttert, als er zu einer der Demonstrationen nach Sheik Jarrah kommt:

> Ich erlebe, wie der Zorn der Palästinenser derart stark brennt, dass sie nicht einmal, wie sonst, die drohende Verhaftung oder der massive Einsatz von Gewalt abschrecken. In ähnlichen Situationen habe ich Palästinenser gedrängt, sich zu beruhigen, aber hier fühlte ich, dass ich kein Recht dazu habe und dass es nichts bringen würde ... . Israels Demokratie hat bisher versagt. Internationaler Druck hat bisher versagt. Die Friedensaktivisten haben es bisher nicht geschafft. ... Ich sehe Jerusalem in Flammen. Ich sehe Harmageddon direkt vor mir.[1]

Arik Ascherman hat sein Leben dem gewaltlosen Widerstand gegen die Besatzung gewidmet. Als er erlebte, wie die Siedler vor den Augen der enteigneten Familien in deren Häuser zogen, konnte er nur still dabeistehen, sich empören und vielleicht auch spüren, wie sich in seinem eigenen Herzen die Gewalt rührte. Beim Lesen und Mitfühlen fragte ich mich: Höre ich da den Wunsch heraus, dass die brodelnde Gewalt bei dieser Schandtat endlich ausbricht und sich in einer „dritten Intifada"[2] entlädt? Ich gebe zu, dass bei mir der Wunsch aufkam, dass etwas geschehen möge, um aus der Sackgasse herauszukommen, um das Leid

---

[1] Arik W. Ascherman, „Armageddon, Straight Ahead", www.rhr.org.il/ page.php?language=en&name=article, 2. Dezember 2009, Zugriff am 21. Januar 2013.

[2] Intifada: arabisch für abschütteln, steht für die zwei Aufstände der Palästinenser gegen die israelische Besatzung. Seit Aschermans Warnung ist die Unterdrückung der Palästinenser weiter fortgeschritten. Viele fragen sich, wann es zur dritten Intifada kommt. Nach einer Verhaftungswelle sowie Tötungen von Demonstranten durch die israelische Armee, großer Siedleraktivität und israelischen Übergriffen auf dem Jerusalemer Tempelberg kam es im Herbst 2015 zu einer Reihe von Angriffen auf jüdische Israelis mit Messern durch meist sehr junge Palästinenser, die jedoch keiner Organisation angehörten. Trotzdem sprach man von einer 'Messer-Intifada'.

der Palästinenser zu beenden und auf Israels rasender Fahrt ins Verderben mit voller Kraft auf die Bremse zu treten. Ich denke, dass Rabbi Ascherman in dem Moment glaubte, dass niemand das Recht habe, diesen Menschen das Recht auf Widerstand gegen die Verbrechen, die ihnen angetan werden, abzusprechen, auch wenn der Widerstand gewaltsame Formen annehmen würde.

Ein Schrei aus Schmerz, ein Schrei der Hoffnung

Ich hatte in Bethlehem im Dezember 2009 gemeinsam mit mehr als sechzig palästinensischen und internationalen Friedensaktivisten, Theologen und Kirchenverantwortlichen im Rahmen einer Konferenz des Weltrates der Kirchen das Kairos-Palästina-Dokument feierlich veröffentlicht: „Die Stunde der Wahrheit. Ein Ruf des Glaubens, der Hoffnung und der Liebe aus der Mitte des Leidens der Palästinenser." In diesem mutigen Dokument, von dem schon die Rede war, sprechen die palästinensischen Christen für ihr ganzes Volk im besetzten Palästina und im Exil. Wie in der Einleitung deutlich wird, wurde es geschrieben,

... weil wir heute in der Tragödie des palästinensischen Volkes eine Sackgasse erreicht haben. Die Entscheidungsträger geben sich mit Krisenmanagement zufrieden, anstatt sich auf die schwierige Aufgabe einzulassen, nach einer Lösung der Krise zu suchen. Die Herzen der Gäubigen sind von Schmerz erfüllt und von Fragen: Was tut die internationale Gemeinschaft? Was tun die politisch Verantwortlichen in Palästina, in Israel und in der arabischen Welt? Was tut die Kirche?[3]

Die Verfasser des Kairos-Dokuments haben sich der gleichen Wirklichkeit gestellt, die Rabbi Aschermans Frustration und Aufschrei ausgelöst hat. Dessen biblischer Bezug war passend: Harmageddon steht für den Endkampf zwischen Gut und Böse. Aber in ihrem dringenden

---

[3] Kairos-Palästina-Dokument,
www.kairospalestine.ps/sites/default/files/German. pdf,
(teilweise geändert, Anm. d. Ü.)

Aufruf ging es den Autoren von Kairos-Palästina nicht um die Endzeit oder den Zusammenstoß zweier Armeen, sondern um den heutigen Kampf zwischen Hoffnung und Verzweiflung, zwischen menschlicher Verbundenheit und Mitgefühl auf der einen Seite und der Unterwerfung der Machtlosen unter den Willen der Mächtigen andererseits. Das Dokument drückt die erlösende Vision aus, die vor so langer Zeit in der gleichen Stadt die Engel den Hirten verkündet haben. Fauzieh hatte dieselbe Vision. Als ich bei ihr saß, erzählte ich ihr, dass ich in ihr Zelt gekommen bin, um sie zu unterstützen, aber dass mein verletztes Herz von ihrem liebenden Geist geheilt wurde. Ich saß in dem Zelt und es war von Licht erfüllt.

Das gleiche Licht geht vom Kairos-Dokument aus. Es ist ein Schmerzensschrei, der auf Hoffnung hinweist. Die Hoffnung gründet sich auf Gemeinschaft und auf eine kämpferische Verpflichtung zur Gewaltfreiheit. Sie geht auf die zu, die diese Hoffnung und den Geist der Würde zu verhindern suchen. Sie erkennt: Der Ungerechtigkeit nicht zu widerstehen, würde die Sünde noch verschlimmern, weil dadurch die Menschlichkeit des Unterdrückers nicht geachtet würde. Beim Widerstand, so die Verfasser, geht es nicht nur darum, dem Bösen entgegenzutreten. Was dazu kommen muss, ist eine aktive, mitfühlende Hinwendung zu dem anderen: „Das Ebenbild Gottes im Angesicht des Feindes sehen".[4]

Jerusalem ist heute der Ort des Kampfes zwischen den Besatzern und den Enteigneten, und zwar inmitten des Lärms von Demonstranten und Gegendemonstranten und dem Rechtsstreit darum, wer der rechtmäßige Besitzer eines Grundstückes ist. Der Konflikt wird weder von den Gerichten noch durch die Argumente der Rechtsanwälte oder durch Erklärungen der Politiker gelöst. Das geschieht nur vor dem höheren Gericht der unveränderlichen Prinzipien von Menschenrechten und grundlegender Gerechtigkeit.

Im selben Monat, in dem ich Fauzieh in Sheikh Jarrah besuchte, schrieb der palästinensische Menschenrechtsanwalt Jonathan Kuttab in der Los Angeles Times, dass Frieden nicht auf Trennung, sondern

---

[4] Ebd., Teil 4 über Jesu Gebot der Feindesliebe und gewaltfreien Widerstand.

auf Koexistenz beruhen müsse. „Was soll das Gerede von zukünftigen zwei Staaten, wenn Israel immer mehr Kontrolle über das gesamte Gebiet ausübt? Da die Optionen für alle Beteiligten weniger werden, müssen wir anfangen, darüber nachzudenken, wie wir zusammen leben können, anstatt darauf zu bestehen, getrennt voneinander zu sterben."[5]

An jenem Tag betrachtete ich den Vorgarten des Hauses der al-Kurds, der wie ein Müllabladeplatz aussah: Die israelischen Siedler und Hausbesetzer hatten die Möbel der Familie hinausgeworfen. So sieht die Zukunft des Landes aus, wenn Israels Projekt der Enteignung weitergeht, dachte ich mir. Ähnliche Spuren der Zerstörung sieht man in den Städten, auf dem Land, an den Checkpoints, in den Flüchtlingslagern, entlang der obszönen Trennmauer und im schwärzer werdenden Horror von Gaza. Ruinen, Chaos, Unglück - für beide Völker.

Die Alternative ist Fauziehs Vision von friedlicher Koexistenz und ihr Lächeln - trotz allem. Es sind die offenen Zelte, in denen die Familien gegenüber ihren Häusern sitzen, die jetzt jüdische Siedlerfamilien besetzt halten und aufdringlich mit israelischen Fahnen behängt haben. Es ist die wachsende Einsicht, wie Kuttab sie nahelegt: Wenn wir nicht zusammen leben können, werden wir zusammen sterben. So vergleicht der palästinensische Menschenrechtsaktivist Ali Abunimah Israel mit einem „failed state", wobei der Ausweg in Sichtweite liegt:

> Es gibt eine wachsende Debatte unter Palästinensern und sogar unter Israelis über eine gemeinsame Zukunft in Palästina/Israel, die auf Gleichheit und Dekolonisierung beruht anstatt auf ethno-nationaler Trennung und erzwungener Abspaltung. Es gibt diese Debatte, auch wenn der im Leerlauf heulende Motor des gescheiterten Friedensprozesses sich bemüht, sie lächerlich zu machen und an den Rand zu drängen.[6]

---

[5] Jonathan Kuttab, „Steps to Create an Israel-Palestine", http://articles.latimes.com/2009/dec/20/opinion/la-oe-kutab20-2009dec20, Zugriff 16. Januar 2013

[6] Ali Abunimah, "Israel Resembles a Failed State," http://www.aljazeera.com/focus/gazaoneyearon/2009/12/2009 12269262432432.html, Zugriff 21. Jan. 2013

So wird der Frieden gewonnen werden, wie immer letztendlich die politische Lösung aussehen wird: durch den Geist von Menschen, die an Gemeinschaft und geteilte Hoffnung glauben; durch den Widerstand von Frauen wie Fauzieh, die in ihren Zelten im Schatten der Besatzer sitzen. Er wird durch den Widerstand von Frauen, Männern und Kindern gewonnen, die jeden Tag in ihrem besetzten Land aufwachen und ihr Leben weiterleben, indem sie ihre Identität als Palästinenser behaupten. Er wird durch das Zeugnis der Verfasser des Kairos-Palästina-Dokuments gewonnen, die wie die Frauen und Männer der südafrikanischen Kirche zwei Jahrzehnte zuvor klar sehen, was ihr Glauben als Christen von ihnen verlangt:

> Die Kirche hat einen prophetischen Auftrag, nämlich das Wort Gottes mutig, ehrlich und liebevoll im jeweiligen Umfeld und inmitten des Tagesgeschehens zu Gehör zu bringen. Wenn sie Partei ergreift, dann ist ihr Platz auf Seiten der Unterdrückten, wie Christus, unser Herr, an der Seite jedes armen Menschen und jedes Sünders stand und sie zur Buße, zum Leben und zur Wiederherstellung ihrer Würde aufrief, die Gott ihnen verliehen hat und die niemand ihnen wegnehmen darf.[7]

Sie werfen ihren Unterdrückern folgende Herausforderung vor die Füße, als zeugnishafte und widerständige Tat:

> Obwohl wir uns in der Vergangenheit bekämpft haben und noch heute kämpfen, sind wir dazu fähig, zu lieben und zusammen zu leben. Wir können unser politisches Leben in all seiner Komplexität entsprechend der Logik und Kraft dieser Liebe organisieren, nachdem die Besatzung beendet und Gerechtigkeit hergestellt ist. Unsere Zukunft und ihre Zukunft sind eins: Entweder wird der Kreislauf der Gewalt uns beide zerstören oder der Frieden wird beiden zugute kommen.[8]

---

[7] Kairos-Palästina-Dokument, 3.4.1
[8] ebd., 4.3

Die Zeichen der Zeit erkennen

Vor zehn Jahren wurde es den Palästinensern überdeutlich, dass die Verträge von Oslo nicht nur keinen palästinensischen Staat zustande gebracht hatten, sondern dass Israels Annektion und Kontrolle des Westjordanlandes sich intensivierte: Siedlungen wuchsen, die Trennmauer und das Netz von Straßen nur für Juden waren fast fertig, das jüdische „Groß-Jerusalem" expandierte auf Kosten der wenigen übrig gebliebenen palästinensischen Stadtviertel, die Schlinge der Besatzung zog sich zu.

Also entstand das Kairos Dokument 2009 „in einem besonders düsteren Moment der palästinensischen Realität", wie es der Koordinator von Kairos-Palästina, Rifat Odeh Kassis formuliert:

> Dem gegenwärtigen Moment geht die Entwicklung vieler dunkler Jahrzehnte palästinensischer Geschichte voraus. Das palästinensische Volk hat unter der Knute der Fremdherrschaft während der letzten sechs Jahrzehnte Enteignung, Zerstreuung, Manipulation und Überwachung erfahren. Es leidet seit fünf Jahrzehnten unter unmittelbarer militärischer Besatzung. Im Laufe der Zeit hat es verschiede Formen des Widerstandes ausprobiert, die letztlich alle vergeblich waren. Die endlosen politischen Verhandlungen sind in der Sackgasse angekommen. Es gibt kein Anzeichen dafür, dass der sogenannte „Friedensprozess" vorankommt. Und mit Sicherheit kommt er nicht zu einem Ergebnis, das auch nur im entfernten Sinn gerecht genannt werden kann.[9]

Kassis erklärt im Folgenden die Entstehung des Dokuments:

> Wir - das heißt eine Gruppe von fünfzehn führenden palästinensischen Christen aus verschiedenen Konfessionen - entschieden uns, unseren Aufruf *Kairos* zu nennen, um damit die Erinnerung an das südafrikanische Dokument von 1985 herauf

---

[9] Rifat Odeh Kassis, *Kairos for Palestine*, Badayl Alternatives, Indien 2011, S. 100

Stimmen aus Palästina

zu beschwören. Das taten wir, um das Vermächtnis ihres Rufes nach Gerechtigkeit zu ehren, aber auch um zu zeigen, dass Religion eine aktive und positive Rolle ... im Konflikt und seiner Lösung spielen kann und sollte.[10]

Das palästinensische Dokument ehrt sein südafrikanisches Vorbild, indem es ebenso einen starken theologischen Imperativ formuliert. Gleich zu Beginn bringt es sein Anliegen auf den Punkt:

Dies Dokument ist das Wort der christlichen Palästinenser an die Welt über das, was in Palästina geschieht ... . Es bittet die internationale Gemeinschaft, dem palästinensischen Volk zur Seite zu stehen, das länger als sechs Jahrzehnte Unterdrückung, Vertreibung, Leid und eindeutige Apartheid erlebt hat ... . Unser Wort ist ein Ruf der Hoffnung, mit Liebe, im Gebet und Glauben an Gott. Wir richten es zuallererst an uns selbst und dann an an alle Kirchen und Christen der Welt und bitten sie, gegen Ungerechtigkeit und Apartheid aufzustehen und drängen sie, für einen gerechten Frieden in unserer Region zu arbeiten.

Nach diesem Aufruf folgt die Identifizierung der „Zeichen der Zeit", die eine Antwort erfordern. Die Autoren beschreiben die Besatzung mit theologischen Begriffen: „als Sünde gegen Gott und Menschheit, weil es die Palästinenser ihrer grundlegenden, von Gott verliehenen Rechte als Menschen beraubt." „Die israelische Besatzung", erkären sie, „bestimmt unser tägliches Leben." Das fängt mit der Trennungsmauer an, die auf palästinensischem Land errichtet worden ist und „die unsere Städte und Dörfer zu Gefängnissen gemacht hat und zu verstreuten und voneinander abgeschnittenen Enklaven." Und es geht weiter mit dem Gefängnis von Gaza, das unter der israelischen Blockade leiden muss, mit den immer weiter wuchernden Siedlungen, „die unser Land rauben und vergewaltigen", täglichen Demütigungen und Wartezeiten an den militärischen Checkpoints, Hauszerstörungen, der Verdrängung der palästinensischen Einwohner aus Jerusalem und dem

---

[10] ebd., S. 99

tragischen Schicksal von Millionen Flüchtlingen, „die auf ihr Rückkehrrecht warten, Generation für Generation. Was wird ihnen geschehen?"[11]

Das Fundament von Kairos-Palästina ist wie beim südafrikanischen Vorbild vor allem die Botschaft der Evangelien. Die Autoren sprechen deutlich über die Schlüsselrolle, die die Theologie bei der Aufrechterhaltung der Ungerechtigkeit spielt. Das Dokument prangert mit seiner starken, prophetischen Stimme die destruktive Wirkung des Missbrauchs von Texten an:

> Wir wissen, dass bestimmte westliche Theologen versuchen, die Beschränkung unserer Rechte biblisch und theologisch zu legitimieren. ... Die „frohe Botschaft" des Evangeliums ist für uns ein „Vorbote des Todes" geworden. ... Jede Auslegung der Bibel, die zur Rechtfertigung oder Unterstützung von politischen Optionen benutzt wird, die auf Unrecht beruhen, ... raubt dem Wort Gottes seine Heiligkeit, seine Universalität und seine Wahrheit.

In der Tradition des südafrikanischen Dokuments legt die palästinensische „Stunde der Wahrheit" mutig eine Theologie vor, die Christen auffordert, aktiv für die Erfüllung der Mission der Kirche Jesu Christi zu arbeiten:

> Unsere Kirche verkündet das Reich, welches an kein irdisches Reich gebunden ist. Jesus sagte vor Pilatus, dass er tatsächlich König sei, aber: „Mein Reich ist nicht von dieser Welt" (Johannes 18,36). Und Paulus schreibt: „Das Reich Gottes ist nicht Essen und Trinken, sondern Gerechtigkeit und Frieden und Freude im Heiligen Geist" (Römer 14,17). Deshalb kann Religion kein ungerechtes politisches Regime befürworten oder unterstützen, sondern muss sich für Gerechtigkeit, Wahrheit und Menschenwürde einsetzen. Sie muss alles tun, um politische Ordnungen, in denen Menschen Unrecht leiden und die Menschenwürde verletzt wird, zurechtzuweisen.[12]

---

[11] Kairos-Palästina-Dokument, 1.1
[12] ebd., 3.4.3

„Warum werde ich zum Schweigen gebracht?"

Seit der Veröffentlichung des Kairos Dokuments ist die Stimme der palästinensischen Christen, die zum Bau am Reich Gottes aufrufen, lauter geworden. Das *Bethlehem Bible College* organisierte im Jahr 2010 eine bedeutende Konferenz. Als evangelikale Institution richtete sie sich besonders an amerikanische Evangelikale, von denen die meisten typischerweise irgendeine Form von christlichem Zionismus pflegen. Die erste Konferenz mit hunderten von Teilnehmern aus der ganzen Welt, aber überwiegend aus den Vereinigten Staaten, übertraf alle Erwartungen. Zur zweiten Konferenz unter dem Motto *Christ at the Checkpoint* kamen im Frühjahr 2012 doppelt so viele Besucher, um eine Woche lang an Vorträgen, Seminaren, Andachten und Exkursionen ins besetzte Palästina teilzunehmen. Ich hatte das Glück, dabei zu sein, und für mich war einer der Höhepunkte der Vortrag von Munther Isaac, einem palästinensischen Theologen, der auf sehr persönliche und leidenschaftliche Weise die Botschaft von Kairos-Palästina vertrat. Übrigens hat er mittlerweile Mitri Raheb als Pfarrer der Bethlehemer Weihnachtskirche abgelöst. Isaac, jung, gutaussehend, mit durchdringenden Augen und ruhigem, aber verbindlichem Auftreten, fesselte uns Zuhörer.[13] Er dankte den Versammelten für ihr Kommen und machte deutlich, dass er seinen persönlichen Weg und seine eigene Theologie des Landes darlegen würde:

> Für uns Palästinenser ist die Theologie des Landes keine akademische Übung. Sie ist sehr persönlich. Und deshalb fange ich mit meinem Kontext an. Und wenn ich über meine Theologie des Landes spreche, tue ich das in der ersten Person. Denn es geht um mein Leben. Falls Sie in meinem Vortrag meine Wut spüren - wir haben viel durchgemacht. Ich bin palästinensischer Christ und wurde nicht erfunden.[14] Ich wurde in Bethlehem in eine arabische, palästinensische Familie hineingeboren.

---

[13] Video von Munther Isaacs Vortrag: „Palestinian Christians" (30 Min.), www.christatthecheckpoint.com, März 2012

[14] Anspielung auf die Bemerkung des republikanischen Präsidentschaftskandidaten Newt Gingrich 2011, dass die Palästinenser ein „erfundenes Volk" seien. Das Publikum reagierte mit Lachen und Applaus.

Ich bin ein evangelikaler Christ, ein Nachfolger Jesu, ein Sünder, durch Gnade gerettet.

Nach diesen vorbereitenden Worten kam Munther Isaac direkt zur Sache, indem er zeigte, was für eine sehr persönliche Angelegenheit es für einen Palästinenser ist, Theologie zu treiben:

Ich hasse das jüdische Volk nicht. Zu hassen ist gegen mein neues Menschsein in Christus. Aber es scheint so zu sein, dass ich nicht über mein Leid sprechen kann, ohne die Vorwürfe zu hören, entweder antisemitisch oder ein Vertreter der Ablösungstheologie zu sein.[15]

Ablösungstheologie - die Überzeugung, dass die Juden durch die Nichtanerkennung Jesu als Messias das Heil verwirkt haben und die Christen sie als Erben der Verheißungen Gottes abgelöst haben - ist einer der Begriffe für das kirchliche Dogma in der Vergangenheit, das für so viel jüdisches Leid verantwortlich ist. Es wurde benutzt, um Juden zu dämonisieren und das Judentum herabzusetzen. Seit etwa 1950 ist es von Theologen und kirchlichen Gremien verworfen worden und steht im Zentrum der christlichen Buße für die Sünden am jüdischen Volk. Aber über diesen Punkt lädt uns Isaac ein, differenziert zu diskutieren. Er legt dar, wie die kirchliche Abkehr vom Antijudaismus als Waffe benutzt worden ist, um die Kritiker Israels zum Schweigen zu bringen und ihn und seine palästinensischen Mitbürger unsichtbar gemacht hat. „Ich glaube, dass Ablösungstheologie ... zum Unwort geworden ist. Von vielen wird es sogar als Häresie angesehen. Und ich bin davon überzeugt, dass die meisten, die den Begriff gebrauchen, so jede Theologie definieren, die sich vom christlichen Zionismus unterscheidet."

Isaac ist es ernst. Erinnern wir uns daran, dass sein Publikum vor allem aus nicht-arabischen Christen besteht, die mit verschiedenen Versionen einer Theologie aufgewachsen sind, die das Land Israel den Juden zuschreibt - gemäß der göttlichen Verheißung, einem aus der Geschichte hergeleitetem Recht oder einer Kombination aus beidem. Es ist wichtig hervorzuheben, dass bei dieser Theologie nicht zwischen

---

[15] ebd.

dem in der Bibel verheißenem Land und dem heutigen Staat Israel unterschieden wird. Ebenso wenig gibt es dabei Platz für die Palästinenser: Sie werden ignoriert oder verschwinden einfach. Pastor John Hagee von den *Christians United für Israel* [Christen vereint für Israel], einer bekannten christlich-zionistischen Organisation in den USA, spricht von ihnen jedenfalls so abschätzig und in einem rassistischen Ton, den die meisten Zuhörer Isaacs an jenem Tag wohl abgelehnt hätten.[16] Doch ein breites Spektrum an Christen, mag es auch das endzeitliche Glaubenssystem eines Hagee ablehnen, denkt dennoch, dass es die Palästinenser außer acht lassen muss oder zumindest ihre Rechte als zweitrangig gegenüber der Existenz eines sicheren und mehrheitlich jüdischen Staates ansehen muss. Und das ist Isaacs Punkt:

> Unser bloßes Dasein und unsere Stimme stellen für viele christliche Zionisten, die immer noch das traditionelle, einfache Weltbild pflegen, ein Dilemma dar. Die Achse des Guten gegen die Achse des Bösen. So können sie sich sicher fühlen, wenn sie über den Nahen Osten reden. Wir werden bestenfalls ignoriert. Überprüfen Sie Ihre Theologie. Einen theologischen Standpunkt zu vertreten ist eine Sache. Aber etwas ganz anderes ist es, die Frage nach den ethischen Auswirkungen dieses Standpunkts zu ignorieren.[17]

Natürlich, sagte Isaac, sei das Leiden der Juden real, und die Kirche müsse dazu Rede und Antwort stehen. Aber „die Ablösungstheologie

---

[16] *Christians United for Israel* (www.cufi.org) unterstützen Israel politisch und finanziell. Ihr Gründer und Pastor John Hagee ist ein konservativer, christlicher Zionist. In seinen Predigten wirbt er für die Überzeugung, dass der Staat Israel die Erfüllung der biblischen Prophezeiungen über die Endzeit ankündigt und dass es die Pflicht der Christen ist, Israel als jüdischen Staat zu unterstützen. Vergleichbare deutsche Organisationen sind zum Beispiel *Christen an der Seite Israels* (Zeitschrift: israelaktuell.de), die *Internationale Christliche Botschaft Jerusalem*, der *Verein zur Förderung christlicher Israelarbeit*. Ähnlich orientiert ist das *israelnetz.com* mit der auflagenstarken Zeitschrift *Israelreport* und dem Israelnetz-Radio.

[17] Munther Isaacs Vortrag, s.o.

ist nicht das Problem. Antisemitismus ist es. Ich verstehe, dass einige Arten der Ablösungstheologie antijüdisch sein können, und das müssen wir erkennen und beenden. Die Ablehnung und Verfolgung der Juden in Europa ist tragisch und schändlich. Aber lassen Sie uns unsere Werte und Prioritäten ordnen. Wer leidet jetzt? Und zu welchem Tun sind wir aufgerufen?" Hier kam seine angekündigte Wut zum Vorschein, während er direkt und prophetisch wurde:

> Jedes Mal, wenn wir Palästinenser uns äußern, müssen wir die die Gegenseite thematisieren oder wir werden als voreingenommen und nicht vertrauenswürdig hingestellt. ... Wir werden immer kritisiert, weil wir nur Israel die Schuld geben und Israels Unrecht benennen, ohne andere Länder und Mächte zu kritisieren, die den Nahen Osten destabilisieren, wie die Hamas, den Iran und die Hisbollah. Erst nachdem wir palästinensischen Christen über alles Unrecht der Welt gesprochen haben, haben wir das Recht, über unser eigenes Leid zu reden. Das ist beleidigend für mich. Das sagt mir im Grunde genommen, dass meine Perspektive nicht zählt und dass mein Leiden nicht echt ist, sondern erfunden und eingebildet.

> Wie viele Male in meinem Leben bin ich an einem Checkpoint gedemütigt worden? Aber bitte sagen Sie mir, wie ich darüber ausgewogen berichten kann, dann tue ich es. Unsere Familie hat ihr Land verloren, obwohl wir Kaufdokumente haben. Wie soll ich darüber ausgewogen sprechen? Ich bin offen für Vorschläge. Ich habe eine Tante und einen Onkel, die nicht mehr einreisen dürfen, weil es Israel ihnen einfach nicht mehr erlaubt. Gleichzeitig kann jeder Jude, der hier nicht geboren ist, ganz leicht herziehen und das Land nehmen, das uns weggenommen wurde. Bitte erklären Sie mir, wie ich das fair und ausgewogen erzählen soll. Wenn wir sagen, dass die Besatzung der Kern des Problems für uns ist, dann respektieren Sie das bitte. So sehen wir die Dinge. Wir bilden uns unser Leid nicht ein. Der Checkpoint ist unsere Realität. Sie können uns nicht die Art und Weise vorschreiben, wie wir uns über unser Leid zu beklagen haben.

Die Frage hier ist die: Warum werde ich zum Schweigen gebracht? Warum greifen Sie mich an und nicht meine Botschaft? Warum antworten Sie mir nicht auf meine Theologie, auf meine Botschaft, auf meinen Schmerz? Sie ignorieren meine Botschaft und greifen den Botschafter an. Warum werde ich zum Schweigen gebracht?[18]

Sodann wendet sich Isaac gegen den Vorwurf, antijüdische Theologie zu verbreiten oder dadurch eine antiisraelische politische Haltung einzunehmen, dass er das Wort Gottes predigt, wie er es versteht. Ein palästinensischer Christ, der sein Recht verteidigt, in seinem eigenen Land zu leben, spricht einfach und aus der Mitte seines Glaubens, ohne sich dafür zu entschuldigen:

Ich lese meine Bibel wörtlich. Und danach ist Jesus der Nachkomme Abrahams. Und dann bleibe ich bei der wörtlichen Lektüre meiner Bibel und sie sagt mir: Wenn ich in Christus bin, dann bin ich ein Nachkomme Abrahams und bin Erbe nach der Verheißung. Noch einmal, ich lese sie bewußt wörtlich. Mit anderen Worten, das Land, der Segen, ja, die ganze Welt sind mein in Christus, der alle Dinge geerbt hat. Der Raum seines Reiches ist grenzenlos. Wir müssen von Jerusalem aus aufbrechen nach Judäa, nach Samaria, bis an die Enden der Erde.

Lehre ich hiermit Ablösungstheologie? Ich behaupte nicht, dass ich das jüdische Volk ersetze. Ich glaube, dass ich zum biblischen Israel dazukomme. Wie dem auch sei, beachten Sie, dass für eine solche Erweckung zum Glauben die Sammlung des ethnischen Israel im Lande nicht notwendig ist.

Isaac versichert seinen Zuhörern: „Indem ich jeden theologischen Anspruch des ethnischen Israel auf das Land bestreite, rufe ich keineswegs dazu auf, den heutigen Staat Israel zu zerstören. Das jüdische Volk hat in der Geschichte viel erlitten und sie haben das Recht auf einen Staat, in dem sie in Sicherheit leben können. Und es ist nur natürlich, dass sie

---

[18] ebd.

den Staat in diesem Land suchen. ... Was ich sagen will, ist: Ich erkenne das heutige Israel an und will in die Zukunft sehen. Aber bitte zwingen Sie mich nicht dazu, einen theologischen Anspruch für das heutige Israel anzuerkennen als Test für meine Rechtgläubigkeit oder als Beweis dafür, dass ich kein Antisemit bin oder als Voraussetzung für Versöhnung."[19]

Zum Schluss seines Vortrags wendet er sich mit einem bewegenden Aufruf an die Christen der Welt und macht eine anmaßende Behauptung: „Wir Palästinenser sind das Gewissen der Welt - und Sie brauchen uns!" Aber ist das anmaßender als Jesus beim Einschwören seiner Jünger im Evangelium nach Matthäus auf den großen Grundsatz: „Was Ihr einem von diesen meinen geringsten Brüdern und Schwestern getan habt, habt ihr mir getan"? Besonders an evangelikale Christen richtet er folgende Frage:

> Sie wollen den Beweis, dass die Bibel Recht hat? Tun Sie das nicht, indem Sie auf sich selbst erfüllende Prophezeiungen verweisen. Oder indem Sie Weltereignisse als die Erfüllung von Prophetie interpretieren. So beweisen Sie nicht, dass die Bibel Recht hat. Wir beweisen durch unseren radikalen Gehorsam gegenüber den Lehren Jesu, dass die Bibel Recht hat. Indem wir beweisen, dass Jesu Weisungen wirklich funktionieren und dass sie die Welt verbessern können: Lieben wir unsere Feinde, vergeben wir denen, die sich gegen uns versündigen, geben wir den Armen zu essen, setzen wir uns für die Unterdrückten ein, gehen wir noch die zusätzliche Meile. Seien wir inklusiv, nicht exklusiv. Halten wir auch die rechte Wange hin, und dann wird uns die Welt vielleicht ernst nehmen und die Bibel für glaubwürdig halten.
>
> Mein Appell an die Kirche heute lautet: Sei prophetisch! Mit anderen Worten: Sei Kirche. Die Welt hat ein Gewissen verzweifelt nötig. Sie braucht uns. Wir sind das Licht, das Salz. Die palästinensische Kirche muss in Palästina überleben. Wir müssen in diesem Teil der Welt weiterhin ein Licht sein und Hoffnung

---

[19] ebd.

geben. Dafür brauchen wir einander. Werden Sie mir die Hand reichen? Werden Sie mir helfen, zu widerstehen? Werden Sie meinen Schrei hören? Werden Sie neben mir gehen? Mit mir beten? Werden Sie mir helfen, die Hoffnung Jesu in dieser dunklen Welt aufleuchten zu lassen?[20]

Die Logik der Liebe

In Munther Isaac hören wir die Stimme des Kairos-Palästina-Dokuments, das erklärt: „Religion kann kein ungerechtes politisches System begünstigen oder unterstützen, sondern sie muss vielmehr Gerechtigkeit, Wahrheit und Menschenwürde fördern." Das ist der Ruf, der mit jedem Jahr, in dem die Ungerechtigkeit vor den Augen der Welt wächst, lauter und drängender wird. Langsam, aber sicher wachen die Kirchen weltweit auf und fragen: Was muss getan werden?[21]

Die Antwort: ja, der Plan zur Durchführung findet sich in der Bibel. Die Palästinenser, die Südafrikaner und die Anführer der amerikanischen Bürgerrechtsbewegung gehen zur gleichen Quelle. Nachdem es das Problem konkret und kontextuell benannt hat, bietet das Kairos-Dokument eine starke und inspirierende Darlegung der Pflicht zu gewaltfreiem Widerstand gegen Tyrannei: „Die Liebe erkennt in jedem Menschen das Gesicht Gottes. Jeder Mensch ist mein Bruder oder meine Schwester. Allerdings bedeutet das nicht, das Böse oder die von ihm ausgehende Aggression hinzunehmen. Die Liebe bemüht sich vielmehr, das Böse zurechtzubringen und der Aggression Einhalt zu gebieten."[22]

„Christus unser Herr, hat uns ein Beispiel gegeben, das wir nachahmen müssen", erklärt das Dokument. „Wir müssen dem Bösen widerstehen, aber er hat uns gelehrt, dass wir dem Bösen nicht mit Bösem widerstehen können. Das ist ein schwieriges Gebot, besonders wenn

---

[20] ebd.
[21] Kairos-Palästina-Dokument, 3.4.3
[22] ebd., 4.2.1

der Feind entschlossen ist, sich aufzuzwingen und uns das Recht verweigert, in unserem Land bleiben zu können."[23]

Das ist in der Tat schwierig. Für uns alle und konkret für jeden Palästinenser, der unter der Besatzung lebt, ist es wohl das schwierigste Gebot Jesu und eine Zumutung: „Ihr habt gehört, dass gesagt ist: ‚Du sollst deinen Nächsten lieben und deinen Feind hassen.' Ich aber sage euch: Liebet Eure Feinde und bittet für die, die euch verfolgen, damit ihr Kinder seid Eures Vaters im Himmel" (Matthäus 5,45-47).[24] Wie soll denn das umgesetzt werden? Die Verfasser von Kairos beantworten diese Frage direkt:

> Wir sagen, dass unser Weg als Christen angesichts der israelischen Besatzung der Widerstand ist. Für Christen ist der Widerstand ein Recht und eine Pflicht. Aber es ist die Logik der Liebe, die dem Widerstand zugrundeliegt. Daher ist es ein kreativer Widerstand, denn er muss menschliche Wege finden, die sich auf die Menschlichkeit des Feindes einlassen. Das Ebenbild Gottes im Gesicht des Feindes zu sehen, bedeutet für diese Vision des aktiven Widerstands, solche Positionen einzunehmen, die die Ungerechtigkeit beenden und den Täter zwingen, von seiner Aggression abzulassen. So erreichen wir das ersehnte Ziel: das Land, die Freiheit, unsere Würde und Unabhängigkeit wieder zu erlangen.[25]

---

[23] ebd., 4.2.4

[24] Was hier nicht explizit, aber zwischen den Zeilen anklingt, ist die Realität der gewaltsamen Formen des Widerstands von Seiten einiger Palästinenser. Das Kairos-Palästina-Dokument ist dafür kritisiert worden, dass es diese nicht direkt anspricht oder die Gewalt nicht explizit verurteilt. Aber die Forderung nach Gewaltfreiheit ist ein Herzstück des Dokuments. Angesichts des Leidens, das der gewaltsame Widerstand verursacht und der wiederholten Betonung von Gewaltfreiheit sowie ihrer theologischen Herleitung im Dokument ist es schwer vorstellbar, dass es nicht als Plädoyer für den Verzicht auf Gewalt aller Art gemeint ist.

[25] Kairos-Palästina-Dokument 4.2.3

Widerstand tut not, aber nur so, wie die Kairos-Autoren ihn beschreiben, hat er eine Chance. Nur der Widerstand, der dem Grundprinzip der Liebe folgt, „kann standhalten angesichts der eindeutigen Absicht der Besatzungsbehörde [letztlich: der israelischen Regierung], die uns das Existenzrecht verweigert, und angesichts der zahllosen Vorwände und Rechtfertigungsversuche dieser Autorität dafür, dass sie uns weiterhin die Besatzung aufzwingt."[26] Nur dadurch, dass sie die genannten Grundsätze des Widerstands aktiv befolgen, werde es den Palästinensern möglich sein, überhaupt in ihrem Land zu bleiben, bekräftigen die Verfasser. Aber wie soll es ohne Hilfe von außen gelingen? Der Abschnitt endet mit einem Aufruf an die Welt, die Palästinenser in ihrem Kampf zu unterstützen:

> Palästinensische und internationale Organisationen sowie einige religiöse Institutionen rufen Bürger und Regierungen, Anleger, Investoren und Unternehmer zum Abzug ihres Kapitals und zum Boykott aller Produkte der Besatzung auf. Das sehen wir als Bestandteil des friedlichen Widerstandes. Diese Advocacy-Kampagnen müssen mutig vorangetrieben werden und dabei offen und aufrichtig erklären, dass ihr Ziel nicht Rache ist, sondern die Beseitigung des bestehenden Übels und die Befreiung beider, Täter und Opfer, vom Unrecht. Das Ziel ist, beide Völker von den extremistischen Positionen der verschiedenen israelischen Regierungen zu befreien und beiden Gerechtigkeit und Versöhnung zu bringen. In diesem Geist und mit dieser Hingabe werden wir eines Tages die ersehnte Lösung unserer Probleme erreichen, wie es schießlich auch in Südafrika und bei den Befreiungsbewegungen auf der ganzen Welt geschehen ist.[27]

Dies ist ein klares Befürworten eines zivilgesellschaftlichen Aufrufes zu gewaltfreier, direkter Aktion mit theologischer Begründung. Der Be-

---

[26] ebd. 4.2.4
[27] ebd. 4.2.6

zug auf Südafrika ist pointiert und passend. Indem sich die Kairos-Autoren ausdrücklich auf die erfolgreiche weltweite Kampagne beziehen, die Südafrika von der Apartheid befreit hat, und implizit auf die Bewegung, die den legalisierten Rassismus in den Vereinigten Staaten beendet hat, beschwören sie erneut das Potential der Kirche, ihre Verantwortung und ihren Auftrag zu erfüllen, um, in Munther Isaacs Worten, „die Welt durch radikalen Gehorsam gegenüber den Lehren Jesu zu einem besseren Ort zu machen." Der Ruf wird gehört. Das Kairos-Palästina-Dokument wird von Kirchengemeinden in der ganzen Welt gelesen, auch in den USA und Europa.[28] Immer mehr Christen folgen seiner Einladung „Komm und sieh!", indem sie die Touristenpfade verlassen, um die Palästinenser in Israel und dem Westjordanland zu besuchen und ihnen in ihren Häusern, Kirchen, Krankenhäusern und Schulen zu begegnen, wo sie arbeiten, um ihre Gemeinschaft intakt und lebendig zu erhalten. Christen in den USA laden Palästinenser zu Vorträgen in ihre Gemeinden und Arbeitsgruppen ein, zu Konferenzen und Missionsausschüssen. Sie erwägen ernsthaft kirchliche Initiativen, um die Produkte aus den illegalen Siedlungen zu boykottieren, um ihre Geldanlagen den Unternehmen zu entziehen, die von der Besatzung profitieren, und um ihre Regierung zu drängen, die destruktive Wirkung ihrer bedingungslosen und massiven Unterstützung von Israels expansionistischer und unterdrückerischer Politik zu überprüfen.[29] Trotz aller vorhersehbaren Bemühungen, den Schrei der Unterdrückten zum Verstummen zu bringen, wächst die Bewegung.

---

[28] Textheft mit Arbeitshilfe: Arbeitsgemeinschaft Christlicher Kirchen in Baden-Württemberg (ACK), Kairos-Dokument der Christinnen und Christen in Palästina, Impulse zum Gespräch 2, 2011, für 2 € zu bestellen bei www.ack-bw.de > Publikationen

[29] Zum Engagement der amerikanischen protestantischen Kirchen beim Kapitalabzug von Unternehmen, die von der israelischen Besatzung profitieren: siehe 8. Kapitel, im Abschnitt „Heutige Herausforderungen für die Kirche"

Wir weigern uns, Feinde zu sein

Der gewaltfreie Widerstand der Palästinenser nimmt viele Formen an. Schon morgens im besetzten Land aufzustehen, die Kinder in die Schule zu schicken und seiner täglichen Arbeit nachzugehen, ist eine Tat des Widerstands. Während sie mit einer militärischen und zivilen Präsenz konfrontiert sind, die ihnen an jeder Ecke und auf unzählige Weisen sagt: „Ihr gehört hier nicht her!", finden Palästinenser Wege, Jesu Anweisung umzusetzen, ihre Feinde zu lieben. Darin folgen sie dem Kairos-Dokument, kreative Wege des Widerstehens zu suchen, die „sich auf die Menschlichkeit des Feindes einlassen", und indem sie das tun, erhalten sie sich ihre eigene Menschlichkeit.

Auf einer Hügelkuppe in einem fruchtbaren Tal, gerade mal zehn Kilometer südlich von Bethlehem an der uralten Strasse der Patriarchen nach Hebron, liegt der Bauernhof der Familie Nassar. Dieses 42 Hektar große Land, das der jüdische Staat annektieren will, ist eine Paradebeispiel für die Geschichte der israelischen Besatzung Palästinas. Und wie es für diesen Bauernhof und diese Familie weitergeht, wird für die ganze Region wegweisend sein: Wird sie weiterhin ein Ort des Leidens sein oder ein Ort der Hoffnung und Versöhnung? Allein im Jahr 2016 haben mehr als 6.000 internationale Pilger die Farm besucht, die *Tent of Nations*, Zelt der Völker, heißt. Am Eingang werden die Besucher von einem großen Stein begrüßt, auf dem auf arabisch, englisch, hebräisch und deutsch geschrieben steht: WIR WEIGERN UNS FEINDE ZU SEIN.

Daoud (arabisch: David) Nassar ist der Enkel von Daher Nassar, einem palästinensischen Christen, der das Land im Jahr 1916 eworben hat. Wie seine palästinensischen Nachbarn zahlte er Steuern an den osmanischen Sultan. Und wie die anderen Bauern und Dorfbewohner erlebte er, wie am Ende des Ersten Weltkrieges die Herrschaft über das Land von der britischen Krone übernommen wurde. Seine Söhne Bishara und Naif, die den Bauernhof erbten, erlebten, wie im Jahr 1948 die britischen Truppen von jordanischen Soldaten ersetzt wurden und wie dann im Jahr 1967 der blaue Davidsstern über dem Gebiet gehisst wurde, als der Staat Israel die Kontrolle über das Westjordanland übernahm. Nur diese letzte Obrigkeit versucht, ihnen ihr Land wegzunehmen. 1991 wendete Israel seine typische Methode bei der Kolonisierung der besetzten Gebiete an und erklärte den Besitz der Nassars zu „Staatsland". Die Beweislast, dass es ihr Eigentum ist, lag jetzt bei der Familie. Wenige Palästinenser haben es geschafft, ihre Eigentumstitel im Westjordanland erfolgreich geltend zu machen, weil Israel die rechtlichen Hürden für sie sehr hoch gehängt hat. Das Gebiet hat in den letzten zweihundert Jahren zahlreiche Herrschaftswechsel erlebt. Traditionelle, das heißt meist mündliche Methoden bei der Festlegung der Grundstücksgrenzen und der Besitzverhältnisse, die der heutigen Rechtspraxis nicht entsprechen, waren verbreitet. Israels Strategie der Vertreibung funktioniert. Ein Hof nach dem anderen, ein Dorf nach dem anderen, ein palästinensischer Bauer und Hirte nach dem anderen verlassen das Gebiet im Westjordanland, das unter direkter ziviler und militärischer Kontrolle Israels steht. Dieser nach den Oslo-Verträgen „C-Gebiet" genannte Teil macht 60 Prozent aus. Seine Bewohner ziehen in die „Bantustans", wie man die Gebiete in Südafrika zu Zeiten der Apartheid nannte, die den schwarzen Einwohnern zugewiesen wurden: die überfüllten, städtischen Enklaven für die Palästinenser, die nicht auswandern wollen oder können und die nur durch ein System von eingeschränkten Straßen erreichbar sind, das Israel kontrolliert.

Daoud Nassar jedoch, der mit seinen Geschwistern heute die Farm bewirtschaftet, hat zunächst vor dem Militärgericht und 2002 vor dem Obersten Gerichtshof Israels Einspruch erhoben, wobei er die Richter überraschen und die Kaufdokumente seines Großvaters vorweisen konnte. Allerdings kosteteten die Gerichtsverfahren die Familie bisher 180.000 US-Dollar, auch für die neun verschiedenen Landvermessungen, die das Gericht verfügte. Der Fall ist zwar immer noch nicht entschieden, aber das ist im Vergleich schon ein Erfolg. Trotzdem hängt die fehlende richterliche Entscheidung zum Besitz des Grundstückes wie ein Damoklesschwert über der Familie und erhöht das Gefühl der Verunsicherung, wenn wieder neue Abrissbefehle oder Befehle zum Kultivierungsstopp von der Besatzungsbehörde an das Eingangstor des Grundstücks geheftet werden.

Dahers Weinberg, wie das Zelt der Völker auch genannt wird, ist die einzige Hügelkuppe weit und breit, die noch nicht enteignet ist. Sie ist von fünf großen israelischen Siedlungen umgeben. Das frustriert die Besatzungsbehörden und die Siedlergruppen. Diese haben versucht, selbst an das Land zu kommen, indem sie fragwürdige Immobiliengeschäfte über Dritte arrangierten. Das ist eine weitere verbreitete Methode der Landnahme. Daoud bekam einen Blankoscheck. Er hätte also den Kaufpreis selbst bestimmen können. Aber er ist standhaft geblieben: „Wir dürfen nicht aufgeben", sagt er, „dies Land ist unsere Mutter. Und eine Mutter verkauft man nicht."

„Mein Vater wuchs auf dem Bauernhof auf," schreibt Daoud.[30] „Von seiner Geburt an bis zu seinem Tod war dieses Land auf die ein oder andere Weise ein geplagtes Land. Als Christ war er davon überzeugt, dass es so nicht sein sollte. Und es ist nicht übertrieben, zu sagen, dass er nach der Seligpreisung der Bergpredigt im Matthäusevangelium lebte: ‚Selig sind die Frieden stiften, denn sie werden Gottes Kinder heißen.'"

Auch sein Sohn Daoud ist überzeugt, dass Christen dazu berufen sind, Friedensstifter zu sein. Sein Traum ist es, die Farm zu einem Ort zu machen, wo Kinder und junge Leute die Kunst des Friedensstiftens lernen können. In den letzten zwanzig Jahren haben Daoud und seine Familie für die Verwirklichung ihres Traumes gearbeitet. Die entscheidende Frage sei: „Wie kann ich eine Situation herbeiführen, bei der jemand, der entschieden hat, dass ich sein Feind bin, mein Freund werden kann?" Das Zelt der Völker ist Daouds Antwort darauf:

> Wir sind auf unserem Hügel kreativ geworden und haben dem Negativem Positives entgegengesetzt. Unter den Bedingungen, die den Plästinensern im C-Gebiet aufgezwungen werden, gibt es keine Baugenehmigungen. Also haben wir unterirdisch gebaut: sieben Höhlen als Wohnung, Kapelle, Werkstatt und

---

[30] Daoud Nassar, *Daher's Vineyard – Tent of Nations: My Father's Dream*, erhältlich über 'Friends of Tent of Nations North America', www.fotonna.org / Johannes Zang, Zelt der Völker. Dahers Weinberg bei Bethlehem, Berlin (Aphorisma), 2016

Garage. Wir bekommen keine Wasserleitung. So graben wir Zisternen zum Sammeln des Regenwassers. Wir erhalten keinen Anschluss ans Stromnetz. Also haben wir mithilfe von Rupert Neudecks Grünhelmen Solarpanele installiert. Damit überwinden wir nicht nur die Ungerechtigkeit, sondern setzen ein Zeichen für den Erhalt unserer Umwelt. Sowohl die Israelis als auch wir Palästinenser behaupten, dieses Land zu lieben, aber weder die einen noch die anderen behandeln es mit viel Liebe. Die Israelis zum Beipiel verschwenden seine Ressource Wasser. Sie bauen die Siedlungen, die oft abstoßend und aggressiv aussehen, oben auf ehemals schönen Hügeln. Sie verteilen riesige Mengen an Asphalt und Beton für ihre neuen Strassen und zerstören damit oft die Konturen der Natur und schlagen hässliche Wunden. Die Trennmauer selbst ist die vielleicht hässlichste Mauer der Welt, und sie ist sehr gierig nach Land, das sie verschlingt - oft palästinensisches Land. Wir wollen bei uns im Zelt der Völker ein Beispiel für den Respekt gegenüber der Umwelt geben. Allein schon dass wir unser Land bearbeiten und es fruchtbar machen, hilft uns und anderen, sich wieder neu mit dem Land zu verbinden, das wir „unsere Mutter" nennen.

Die Schikanen, denen die Nassars ausgesetzt sind, gehen aber weiter. Die Errichtung der Mauer weit innerhalb der *Grünen Linie* droht sie zu isolieren. Denn ihr Dorf Nahalin wird zu einer Enklave. Die Fahrt nach Bethlehem wird von der Willkür eines israelischen Checkpoints abhängen. Die Angriffe der Siedler hörten erst 2002 auf, seit internationale Volontäre auf dem Hügel leben. Deswegen konnten am Morgen des 19. Mai 2014 die Nassars ihren Augen kaum trauen: Noch vor Sonnenaufgang hatten die Siedler auf einem im Tal gelegenen Teil des Landes eintausend Obst- und Olivenbäume mit schweren Maschinen gerodet und eingegraben. Es war zehn Tage vor der Aprikosenernte.

Kurz vorher hatte die sogenannte Zivilverwaltung von Judäa und Samaria - der verlängerte Arm der israelischen Regierung - einen Teil von Daouds Land erneut zu Staatsland erkärt und nach einer Frist die Konfiszierung angekündigt. Der gerichtliche Einspruch dagegen und die Beschwerde gegen die Zerstörung der Obstbäume im Mai sind bis heute ohne Ergebnis geblieben.

Ein aktueller Grund zu ernster Sorge für Daoud ist der Bau einer religiösen jüdischen Schule, einer sogenannten Yeshiva, direkt an der Straßensperre nahe seinem Eingangstor. Ein Gebäude vom geplanten Campus der neuen Thoraschule ist schon fertig. Die Schule wird die ohnehin schon radikale Siedlerjugend weiter indoktrinieren. Aber vor allem werden dann die Reisebusse der Besucher vor den Steinbrocken der Straßensperre nicht mehr parken können und der Zugang zum Zelt der Völker wird für die vielen Besuchergruppen komplett blockiert sein. Schon heute müssen die Reisebusse oft oben an der Landstraße nach Hebron parken, was den Fußmarsch für ältere Leute erheblich erschwert.

Dennoch wird die Friedensarbeit auf dem Hügel der Nassars fortgesetzt. Der andauernde Besucherstrom wächst weiter. Und Daouds Frau Jihan leitet Englisch- und Gesundheitskurse im Frauenzentrum des tiefer im Tal gelegenen Dorfes Nahalin, bei denen sie von internationalen Freiwilligen unterstützt wird. Dort stellen die Frauen auch Kunsthandwerk her. Zum Beispiel häkeln sie bunte Einkaufstaschen aus Plastiktüten, die sie aufgesammelt und gewaschen haben. Die Planung der Sommerferienlager für Kinder aus der Umgebung geht ebenso weiter wie die jährliche Konferenzwoche für Frauen aus verschiedenen Ländern. Und immer werden Bäume gepflanzt. Die Aufforstung der gerodeten Bäume ist fast abgeschlossen. Übrigens hatte eine jüdische Gruppe aus Großbritannien die Finanzierung der Baumsetzlinge der bereits 2002 von israelischen Siedlern zerstörten 250 Ölivenbäume übernommen. Jeden Monat kommen neue Pflanzungen hinzu. Sie tragen die Namen der Kirchen, Friedensgruppen und Gemeinden aus der ganzen Welt und teilen die Vision der Familie Nassar mit ihrem Glauben an die Macht der Liebe. „Frieden kann nur von unten wachsen," sagt Daoud. „Er kann nie von oben verordnet werden."

Die Kraft der Vergebung

Von Reverend Naim Ateek, dem anglikanischen Priester, war schon die Rede.[31] Er wurde bei Israels Staatsgründung als Achtjähriger aus seinem Heimatdorf in Galiläa vertrieben und hat in den 1990ern *Sabeel*, das palästinensische Zentrum für Befreiungstheologie in Jerusalem, gegründet. Seine Theologie geht direkt auf das historische und heutige Leid der Palästinenser ein. Doch glaubt Ateek wie Daoud Nassar, dass es für die Palästinenser entscheidend ist, an einer gewaltfreien Haltung festzuhalten, sowohl in der Praxis des Widerstands als auch in ihren Gedanken und Gefühlen. Sein erstes Buch ist ein Plädoyer für Gerechtigkeit als Voraussetzung für den Weg zum Frieden. Darin gibt er zu, wie herausfordernd es ist, angesichts der strukturellen Gewalt eines mächtigen Militärstaates bei der Gewaltlosigkeit zu bleiben. Denn „jeder Widerstand gegen den Staat, sogar wenn er gewaltfrei ist, wird als Bedrohung der Sicherheit des Staates interpretiert." Ein Staat, argumentiert Ateek, der sich selbst psychologisch in einem andauernden Kriegszustand sieht, der sich verwundbar fühlt, völlig ungeachtet der Realität seiner haushoch überlegenen militärischen Stärke, wird mit Gewalt auf Widerstand reagieren, und sei dieser noch so gewaltfrei. Das erkläre Israels brutale Unterdrückung des palästinensischen Widerstands, weil Israel die „[erste] Intifada als kriegerischen Akt ansieht, um die Tötungen und das Prügeln so vieler unschuldiger Zivilisten zu rechtfertigen."[32]

Ateek vergleicht die Palästinenser mit den Südafrikanern, die ebenso mit einer Situation konfrontiert waren, „in der es im Angesicht von täglicher massiver staatlicher Gewalt, die zu Entmenschlichung, Deportation und allen möglichen Formen von Ungerechtigkeit führte, schwierig war, gewaltfrei zu handeln."[33] Aber er ist davon überzeugt, dass Christen ein wahrhaftiges und tiefes Verständnis von schöpferischem

---

[31] siehe zweites Kapitel

[32] Naim S. Ateek, Justice and Only Justice: A Palestinian Theology of Liberation, New York, 1989, S. 137; deutsch: ders., Recht, nichts als Recht. Entwurf einer palästinenisch-christlichen Theologie, Luzern, 1990

[33] ebd., S. 138

Widerstand einbringen können, welches den Teufelskreis der Gewalt durchbrechen kann, der beide Völker in Israel/Palästina niederdrückt. Er gibt den palästinensischen Christen den Auftrag, diese Verantwortung auf sich zu nehmen und ihrem Volk die spirituelle Orientierung zu geben, die es so dringend braucht. „Die Herausforderung für uns palästinensische Christen, ja für alle Christen, die mit Bitterkeit und Hass konfrontiert werden, lautet, weiterzukämpfen und nicht der Verzweiflung und dem Hass zu erliegen. Bekämpfe weiter Hass und Ressentiments. ... Hör niemals auf, das Gebot der Liebe und der Vergebung zu leben. ... Denke daran, wie häufig diejenigen, die am meisten durch andere erlitten haben, fähig sind, ihre Hände zu öffnen und Liebe und Vergebung anzubieten."[34]

Die Zukunft bauen

Der palästinensische Christ und Friedensarbeiter Sami Awad ist auch ein sehr gutes Beispiel für Naim Ateeks Gebot, gewaltfrei zu denken und zu handeln. Seinen Vater Bishara kennen wir bereits aus der Erzählung von Pastor Bob Roberts im sechsten Kapitel. Die Bethlehemer Familie Awad, die ursprünglich aus Jerusalem kommt, wie wir gehört haben, ist bemerkenswert. Bisharas Bruder Alex ist ein methodistischer Missionar, der am *Bethlehem Bible College* lehrt und regelmäßig Vorträge in Kirchen der USA hält. Sami Awads anderer Onkel namens Mubarak ist ein gewaltfreier Aktivist, der deswegen von Israel deportiert wurde. Als junger Mann wurde Sami sehr von ihnen beeinflusst und schon früh entschied er sich für ein Leben der Gewaltlosigkeit. Er ging an die Universität in den USA und kam zurück nach Bethlehem, um den *Holy Land Trust* zu gründen, ein Institut für das Studium und die Praxis der Gewaltfreiheit. Dessen Ziel ist es, Einzelne und Gemeinden zu verändern: „Durch die Heilung von historischen Wunden wollen wir eine Zukunft bauen, die das Heilige Land zu einem Modell für Verständnis, Respekt, Gerechtigkeit, Gleichheit und Frieden macht."[35]

---

[34] ebd., S. 184
[35] Holy Land Trust Mission Statement, www.holylandtrust.org/index.php/about, Zugriff 14. Janur 2013

> Ich sprach mit Awad in seinem Bethlehemer Büro und fragte ihn, welche Rolle seiner Meinung nach die Kirche beim Engagement für den Friedens zwischen Palästinensern und Israelis spielen sollte:
> Ich denke, dass wir Christen - ich sage lieber ‚Nachfolger Jesu' - dazu neigen, unseren Glauben zu ignorieren, wenn es darum geht, sich festzulegen, wie der Frieden in unserem Land aussehen könnte. Christen gehen davon aus, dass es ein jüdisch-muslimischer Konflikt sei, und dass wir Christen auf Seiten der Juden gegen die Muslime stehen.[36] Aber so sehe ich das überhaupt nicht. Wir sind genauso eine Partei wie die Juden und die Muslime, wenn es darum geht, das Ergebnis des Friedenspozesses zu bestimmen. Die Rolle der Christen in diesem Konflikt ist es, hinter den Friedensstiftern auf beiden Seiten zu stehen. Sie sollen sich mit denen engagieren, die sich für die Menschenrechte stark machen und zur Unterstützung die christlichen Werte von Liebe, Barmherzigkeit und Empathie, die uns Jesus gelehrt hat, hier einbringen.[37]

Für Awad besteht der Kern der Gewaltfreiheit aus einer Transformation, einer Verwandlung - sowohl auf persönlicher als auch auf gesellschaftlicher Ebene. Wir machen einen Fehler, sagt er, wenn wir von Gewaltfreiheit nur im Rahmen von politischen Zielen reden. Natürlich sind diese entscheidend, aber wir müssen bei uns selbst beginnen. Das ist es, was Jesus uns lehrt, was er meint mit „Liebet Eure Feinde".

Gewaltfreiheit bedeutet nicht nur, gegen den Unterdrücker aufzustehen, weil wir in vielen Fällen den Unterdrücker dämonisieren. Wir sprechen ihm das Menschsein ab und nennen das dann Gewaltfreiheit. Das hat nichts mit Jesu Bergpredigt zu tun. Gewaltlosigkeit hat genauso viel mit der Verwandlung des Unterdrückers zu tun wie mit der Befreiung der Unterdrückten. Die Mittel zum Erreichen dieser beidseitigen Transformation

---

[36] Das ist eine verbreitete falsche Auffassung. Christen und Muslime haben im Heiligen Land jahrhundertelang friedlich zusammen gelebt.
[37] Sami Awad im Gespräch mit dem Autor am 3. Januar 2013

sind konkret. Es fängt auf der zwischenmenschlichen Ebene an und geht von dort aus direkt in Richtung von politischer Lösung weiter, die einen gerechten und nachhaltigen Frieden herbeiführen kann.

Persönliche Transformation bedeutet, dass ich bewusster und achtsamer werde, um zu wissen, was mich davon abhält, meine Ziele zu erreichen. Es bedeutet, meine Ängste und Zweifel wahrzunehmen, zu wissen, woher sie kommen, sie nicht zu verurteilen, aber Alternativen zu schaffen. Zum Beispiel fragen wir palästinensisches Führungspersonal: „Kann es mit den Israelis jemals Frieden geben?" Die sofortige Antwort ist natürlich: „Nein, wir können mit ihnen keinen Frieden schließen. Sie wollen keinen Frieden." Also fragen wir: „Wie kommt Ihr zu der Annahme, dass der Frieden unmöglich ist?" Und die Antwort lautet: „Es ist unsere Erfahrung mit ihnen!" So erkennen wir, dass die Vergangenheit unsere Entscheidungen für die Zukunft bestimmt. Sobald wir das verstehen, können wir herausfinden, was es für unsere heutigen Entscheidungen bedeuten würde, wenn wir sie nicht von der Vergangenheit, sondern von der Zukunft bestimmen lassen, die wir uns schaffen.[38]

Es berührte mich, Awad diese Frage stellen zu hören. Das ist genau die Transformation, nach der ich mich für mein eigenes Volk sehne: frei zu sein von der Gefangenschaft der Vergangenheit, eine Vergangenheit, die beides zerstört, die Gegenwart und jede Hoffnung für die Zukunft.

Im nächsten Kapitel werden wir die Stimmen einiger meiner jüdischen Mitmenschen hören, die den gleichen Wunsch wie ich haben und die mit ihrer Arbeit reichlich Grund zur Hoffnung geben.

---

[38] ebd.

10. KAPITEL

HEILUNG UND HOFFNUNG: STIMMEN AUS DER JÜDISCHEN WELT

Die Bombardierung des Gazastreifens durch das israelische Militär im Juli und August 2014 war nicht der erste derartige Angriff, obwohl er die bisher höchsten Opferzahlen und größten Gebäudeschäden zur Folge hatte, die heute noch nicht behoben sind. Seit der Räumung seiner illegalen Siedlungen im Jahr 2005 hat Israel den Zugang zu dem schmalen Küstenstreifen von allen Seiten eingeschränkt und seit der Machtübernahme durch die Hamas 2007 fast komplett gesperrt. Der Verkehr von Menschen und Waren über Land und Meer und aus der Luft wird verhindert. Raketen, die militante Widerstandsgruppen aus Gaza über die Grenze abfeuerten, wurden immer wieder von Israel durch Luftangriffe beantwortet. Aber als Israel am Tag nach Weihnachten 2008 eine vernichtende Großoffensive über Land und aus der Luft begann, herrschte gerade ein Waffenstillstand. Drei Wochen lang, vom 27. Dezember bis zum 18. Januar, gab es für die wehrlosen Zivilisten keinen Ort zum Fliehen, während die Bomben aus israelischen Kampfflugzeugen auf sie niederhagelten und die israelischen Truppen durch die engen Strassen vorrückten. Mehr als 1.400 Einwohner starben, 400 davon Kinder. Und 14 Israelis. Gaza hat die am dichtesten bevölkerten 225 Quadratkilometer der Welt. Achtzig Prozent der ungefähr 1,8 Millionen Einwohner sind die Nachkommen von Palästinensern, die zwischen April 1948 und Anfang 1949 aus ihren Dörfern und Städten im heutigen Israel von israelischen Soldaten vertrieben worden sind.

Am Morgen des 28. Dezember, als die Nachricht von dem Angriff bekannt wird, setzt sich Brant Rosen, der Rabbiner der jüdischen *Reconstructionist*-Gemeinde in Evanston, Illinois, an seinen Computer und tippt einen kurzen Beitrag für seinen Blog. Er beginnt so: „Mir wird übel, weil ich gerade die Nachrichten aus Israel und Gaza gehört habe." Gewiss, Rosen gesteht Israel das Recht zu, seine Bevölkerung zu schützen, aber wie, schrieb er, „soll die Strangulierung Gazas die Sicherheit der israelischen Bürger garantieren, von den Bomben ganz zu schweigen, die in Gaza das Leben zur Hölle machen? ... Also, bitte keine Ausflüchte mehr. Was Israel den Menschen in Gaza antut, ist eine Schandtat. Es schützt weder die israelische Bevölkerung noch bringt es ihnen einen Deut mehr Sicherheit. Und es bringt der Bevölkerung von Gaza nichts als katastrophales Unheil."[1] Rosen holt tief Luft. „So, ich habe es geschrieben. Und was mache ich jetzt?" Dann drückt er die Maustaste, um es zu veröffentlichen.

Das war keine Kleinigkeit für jemanden mit einem Arbeitsvertrag als Gemeinderabbiner. Was dies für Konsequenzen haben würde, wusste er nicht, oder was er, wenn überhaupt, als nächstes tun würde. Vier Monate später erhielt Rabbi Rosen die Gelegenheit, diese Frage zu beantworten. Jeden Frühling feiern Juden auf der ganzen Welt den Jahrestag der Ausrufung des Staates Israel, auch Unabhängigkeitstag genannt. Wir Juden nennen ihn bei seinem hebräischen Namen Yom Ha'atzmaut. Am 29. April 2009 schrieb Rosen Folgendes in seinen Blog unter dem Titel „Warum ich Yom Ha'atzmaut nicht gefeiert habe":

„Ich kann diesen Meilenstein nicht länger unbefangen feiern. Ich habe erkannt, dass es für mich sinnvoller ist, Yom Ha'atzmaut zum Anlass zu nehmen, um Rechenschaft abzulegen und mein Gewissen zu erforschen."[2] Und anstatt am 61. Jahrestag die Gründung Israels zu feiern, lud Rosen neun Juden und vier Palästinenser in sein Haus im Vorort von Chicago ein, und zwar zu einem Treffen im Rahmen der Initiative „Rabbiner erinnern an die Nakba". Ähnliche Zusammenkünfte gab es in Berkely, Philadelphia und New York. Sie wurden jeweils mit dieser Grundsatzerklärung eröffnet:

---

[1] Brant Rosen, *Wrestling in the Daylight: A Rabbi's Path to Palestinian Solidarity*, Charlottesville, VA, 2012, S. 23-24
[2] ebd., S. 23

Es ist unsere gemeinsame Überzeugung, dass Yom Ha'atzmaut - beziehungsweise die Nakba für die Palästinenser - kein Anlass zum Feiern ist. Wir lassen uns von den Werten der jüdischen Tradition leiten und glauben, dass dieser Tag vielmehr Anlass gibt zu *zikaron* (Gedenken), *cheshbon nefesh* (Gewissenserforschung) und *teshuvah* (Reue). Diese spirituellen Werte zwingen uns uns dazu, folgendes anzuerkennen: Dass Israels Gründung untrennbar mit der Enteignung von Hunderttausenden der ursprünglichen Bewohner des Landes verbunden ist. Dass die Stunde, die so viele Juden für die Stunde der nationalen Befreiung halten, für ein anderes Volk Unglück und Exil bedeutet. Und dass die Gewalt, die 1948 begonnen hat, bis heute weiter andauert. Das ist die Wahrheit unserer gemeinsamen Geschichte. Sie kann nicht geleugnet, ignoriert oder weggewischt werden.[3]

Für Rosen war das „eine eindringliche, spirituelle Erfahrung", die auf zentralen jüdischen Grundsätzen beruhte und von Ritualen aus der jüdischen Tradition begleitet wurde. Sie wurde zum Wendepunkt für ihn sowie für andere dankbare und „von Ehrfurcht ergriffene" Juden, die selbst teilgenommen oder von anderen Orten im Land aus Anteil genommen haben, wie es den Kommentaren auf seinem Blog zu entnehmen ist. Was hier geschah, war bahnbrechend und revolutionär. Hier wurden die Karten neu gemischt. Ich frage mich, ob Rabbi Rosen und die anderen an dem Abend den Gleichklang dieses Ereignisses mit einer Zusammenkunft von Juden vor langer Zeit bemerkten, die ebenso auf die Übel von Enteignung und Tyrannei reagierten. Sie waren Leute wie Rosen und seinesgleichen, die sich auf ihrer Suche nach Orientierung ihren Glaubenstraditionen zugewandt hatten, einer Tradition, die vor allem die Verpflichtung zu Gerechtigkeit verlangte und zu Mitgefühl für die Verletzlichen und Unterdrückten. Das Evangelium berichtet von der folgenden programmatischen Erklärung eines jungen Rabbiners vor langer Zeit in Galiläa:

---

[3] ebd., S. 75

Und er kam nach Nazareth, wo er aufgewachsen war, und ging nach seiner Gewohnheit am Sabbat in die Synagoge und stand auf, um zu lesen. Da wurde ihm das Buch des Propheten Jesaja gereicht. Und als er das Buch auftat, fand er die Stelle, wo geschrieben steht (Jesaja 61,1-2):

Der Geist des Herrn ist auf mir, weil er mich gesalbt hat
und gesandt, zu verkündigen das Evangelium den Armen,
zu predigen den Gefangenen, dass sie frei sein sollen,
und den Blinden, dass sie sehen sollen,
und die Zerschlagenen zu entlassen in die Freiheit
und zu verkündigen das Gnadenjahr des Herrn.
Lukas 4,18-19

Im Hinblick darauf, wie unter den Juden die Bewegung für die Rechte der Palästinenser wächst, könnten wir fragen: Waren die mutigen Erklärungen, die auf den vier kleinen Treffen in den Vereinigten Staaten an jenem Frühlingsabend 2009 verlesen wurden, nicht ein Beweis dafür, dass an dem Tag „das Wort der Schrift vor euren Ohren erfüllt ist" (Lukas 4,21)?

Imperium oder Gemeinschaft?

Dr. Marc Ellis ist einer der führenden jüdischen Theologen unserer Zeit, ein Gelehrter, der die herkömmlichen Annahmen zur jüdischen Identität furchtlos in Frage stellt. Sein bahnbrechendes Buch *Toward a Jewish Theology of Liberation* aus dem Jahr 1987 forderte die Juden - oder vielmehr alle, die sich mit Fragen des Glaubens befassen, und wie dieser sich in der jüngsten Geschichte ausdrückt - zur Auseinandersetzung mit der Tatsache auf, wie sehr der Holocaust und die Staatsgründung Israels die jüdische Selbstwahrnehmung bestimmen. Identität könne durch die Macht überwältigender, prägender Ereignisse wie diese „eingefroren" werden, argumentiert Ellis, was dazu führe, dass Individuen und Kollektive es versäumen, „die für ihre Zeit richtigen Fragen zu stellen."⁴ Das Hauptproblem, mit dem sich das jüdische Volk konfrontiert sieht, ist „das ständige Ringen um unsere Ausrichtung als Individuen und als Volk - hin zur Isoliertheit des Imperiums oder hin zur Solidarität der Gemeinschaft."⁵ Ellis nimmt die Juden dafür ins Gebet, dass sie sich den politischen Zionismus als Antwort auf den Antisemitismus und als wesentliches Element jüdischer Identität angeeignet haben. „Das Leben der jüdischen Mehrheit", schreibt er, hat sich „zu einer neuen Form des Judentums entwickelt, eine Form, die das Imperium anstrebt und aufrecht erhält, nicht unähnlich der Entwicklung des Christentums zur Staatsreligion unter Kaiser Konstantin."⁶

Ellis zufolge bedroht diese neue Form eines „Konstantinischen" Judentums das jüdische Leben und die jüdische Zukunft. „Die Lösung", schreibt er, „liegt im gemeinsamen Kampf mit dem Ziel, nationale Differenzen und Barrieren zu überwinden, anstatt sie noch zu vergrößern und zu erhöhen, wie starke Strömungen innerhalb Israels und der zionistischen Bewegung es fordern"⁷ Ellis stellt sich entschieden gegen jegliches Bündnis von Religion und politischer Macht. Das ächtet er bei allen Glaubensgemeinschaften, nicht nur bei den Juden, und bietet anstelle dessen eine Zukunftsvision, in der traditionelle religiöse Grenzen einer „breiteren Tradition des Glaubens" ... weichen, „die in Verbundenheit mit anderen Gemeinschaften zusammen um Befreiung kämpft".⁸

Zum Konstantinischen Christentum kommt nun das Konstantinische Judentum hinzu. Konstantinischer Islam ist ebenfalls Wirklichkeit geworden. Und doch gibt es Christen, Juden und Moslems, die gegen ‚Konstantinismus' sind und darunter leiden. Wäre es denkbar, dass diejenigen, die einer Konstantinischen Religiosität anhängen, ob Jude, Moslem oder Christ, in

---

4 Marc H. Ellis, *Encountering Jewish Future*, Waco, TX, 2004, S. 107
5 ebd., S. 192
6 ebd., S. 206
7 ebd., S. 54
8 ebd., S. 207

Wirklichkeit die gleiche Religion praktizieren, wenn auch mit unterschiedlichen Symbolstrukturen und Ritualen? Und praktizieren diejenigen, die Gemeinschaft suchen, ebenfalls die gleiche Religion? ... Bewegungen für Gerechtigkeit und Mitgefühl über die Grenzen von Gruppenzugehörigkeit und Religionen hinweg könnten ein Mittel zum besseren Verständnis der Gemeinsamkeiten im Glauben sein, die durch traditionelle religiöse Etikettierungen nicht mehr länger definiert werden können.[9]

Der Preis fürs Nicht Heilen

Um das Thema der jüdischen Identität genauer zu betrachten, wendet sich Ellis in seinem Buch *Encountering the Jewish Future* (2011) der jüdischen Philosophin Hannah Arendt zu. Arendt (1906-1975) war eine deutsch-jüdische Intellektuelle, vielleicht eine der berühmtesten ihrer Zeit (und für manche eine der unrühmlichsten). Arendt schreibt ziemlich viel über Antisemitismus und seine Rolle für die jüdische Identität, was nicht besonders überraschend ist angesichts der Tatsache, dass sie mit 27 Jahren vor den Nazis in die USA fliehen musste und sich dort niederließ. Vielleicht am bekanntesten wurde sie durch ihren Klassiker *Elemente und Ursprünge totaler Herrschaft*, in welchem sie den Begriff der „Banalität des Bösen" einführt. 1962 reiste Hannah Arendt nach Jerusalem, um sich mit dem Prozess des Staates Israel gegen Adolf Eichmann zu befassen, einem Ereignis, das Bedeutung erlangte, weil es den Holocaust einer breiteren Weltöffentlichkeit ins Bewusstsein rückte. Es hob auch den Staat Israel als Repräsentant des jüdischen Volkes und als Bollwerk gegen Antisemitimus hervor: Da gab es jüdische Richter, die saßen in Jerusalem und brachten Nazis vor Gericht, und die israelische Fahne hing prominent an der Wand hinter der Richterbank. In ihrer Berichterstattung, die großen Medienrummel auslöste, weigerte sich Arendt jedoch, Eichmann als ein von Judenhass getriebenes Monster zu beschreiben, sondern bezeichnete ihn vielmehr als einen emotionslosen Bürokraten, der seine Pflicht erfüllte. Dies entfremdete sie

---
[9] ebd., S. 216

vielen jüdischen Intellektuellen ebenso wie der jüdischen Community insgesamt. In den auf den Prozess folgenden Jahrzehnten und speziell nach dem Sechstagekrieg von 1967 haderte Arendt immer stärker damit, dass der Holocaust und der Staat Israel sowohl in der öffentlichen Wahrnehmung der Juden als auch in der jüdischen Selbstwahrnehmung zunehmend dominierten. Zwar spielte das Thema Antisemitismus auch bei Hannah Arendt eine große Rolle, aber, so Ellis, sie „glaubte nicht, dass Antisemitismus prägend oder ewig sei." Stattdessen schien es, „als ob die jüdische Community die Existenz des Antisemitismus brauche, um sich selbst zu begreifen. Arendt stellte fest, dass dieses Verständnis von Antisemitismus fast immer an den realen Herausforderungen vorbeigeht, mit denen das jüdische Volk konfrontiert ist."[10]

Arendt war eine Zionistin gewesen. Nach dem Krieg half sie Juden bei der Einwanderung nach Palästina. Aber 1946 beobachtete sie: „Herzls Bild vom jüdischen Volk, das von einer Welt voller Feinde umzingelt und zusammengedrängt ist, hat heute die zionistische Bewegung erobert und ist zum gemeinsamen Gefühl der jüdischen Massen geworden." Sie sagte voraus, dass das nicht funktionieren würde - Palästina ist „kein Ort, wo Juden isoliert leben können."[11] Der Zionismus sollte sich vor einer Reihe gefährlicher Illusionen hüten: „Manche Leitfiguren des Zionismus geben vor zu glauben, dass Juden sich in Palästina gegen die ganze Welt behaupten können ..."[12] Arendt betrachtete dies als Rezept für die Katastrophe: „Wenn wir wirklich auf allen Seiten mit offenen oder verborgenen Feinden konfrontiert sind, wenn letzten Endes die ganze Welt gegen uns ist, dann sind wir verloren."[13]

Arendts Warnungen treffen in alarmierendem Maße auf die heutige Situation der Juden zu. Wenn wir den Antisemitismus als allgegenwärtig und immerwährend betrachten, schränkt das die Möglichkeiten

---

[10] Marc Ellis, *Encountering the Jewish Future*, Minneapolis, MN, 2011, S. 154

[11] Hannah Arendt, „The Jewish State: Fifty Years Later, Where Have Herzl's Politics Led?", in J. Kohn and R. H. Feldman, hg., *The Jewish Writings*, New York, 2007, S. 385

[12] ebd., S. 386

[13] ebd., S. 385

für die Juden ein, insbesondere im Hinblick auf eine Zukunft für den heutigen Staat Israel. Ellis schreibt: „Antisemitismus hinter jeder Ecke lauern zu sehen, heißt zu behaupten, Antisemitismus sei eine ewige Bedrohung, die die Juden brauchen, um ihre jüdische Identität zu formen und aufrechtzuerhalten. Heute sprechen und schreiben einige jüdische Kommentatoren über den ‚neuen' Antisemitismus. Damit werden meist die bezeichnet, die für die Menschenrechte der Palästinenser eintreten und die Politik Israels kritisieren. ... Die jüdische Community hat also, um bei Hannah Arendt zu bleiben, ein transzendentes Konzept von Judenhass - der heute Israel-Hass genannt wird - durch eine politische Analyse ersetzt, weshalb Palästinenser, Araber im allgemeinen und andere, auch einige Juden, für die Menschenrechte der Palästinenser eintreten und Israels Politik gegenüber kritisch sein könnten."[14]

Genau wie Arendt befürchtet hatte, ist jüdische Identität heute untrennbar mit der Bedrohung durch den Antisemitismus verknüpft. Der Staat Israel, der da ist, um Schutz zu bieten, ist verschmolzen mit dem, was es bedeutet, Jude zu sein. In *The New Anti-Semitism* etwa, 1974 veröffentlicht von der Anti-Defamation League, der wichtigsten jüdischen Lobby-Organisation in den Vereinigten Staaten, behaupten die Autoren Forster und Epstein: „Israel stellt die größte Hoffnung und die höchste Verpflichtung für das weltweite Judentum in zwei Jahrtausenden dar... Juden in der Diaspora fühlen, dass ihre Sicherheit und ihr Überleben als Volk in einer Welt, aus der der Antisemitismus nie verschwunden ist, in großem Maße vom Überleben Israels abhängt."[15]

Diese Position hat sich über die vier inzwischen vergangenen Jahrzehnte hinweg noch verstärkt, was auf die systematischen Anstrengungen der amerikanischen und weltweiten jüdischen Lobby-Organisationen zurückzuführen ist, die mit dem Staat Israel sowohl auf Regierungs- als auch auf zivilgesellschaftlicher Ebene zusammenarbeiten.

---

14 Ellis, *Encountering the Jewish Future*, S.170-71

15 Arnold Forster und Benjamin Epstein, *The New Anti-Semitism*, New York, 1974, S. 17

Das hat viel dazu beigetragen, die Unterstützung des Westens für Israels illegale Expansionspolitik und seinen hemmungslosen Militarismus zu zementieren. Tragischer- und ironischerweise schließt diese Fixierung auf den Antisemitismus eine friedliche Zukunft für den Staat Israel und ebendieses Volk, das der Staat beschützen will, aus. So stellt Ellis die Frage, die sich alle Juden stellen müssen, und die sich tatsächlich jeder - ob Jude oder Nichtjude - dem es darum geht, wie der Frieden verwirklicht werden kann, stellen muss:

> Worin bestünde die jüdische Identität, wenn die Wunden des Holocaust geheilt anstatt offen gehalten würden? ... Heilen bedeutet eine Zukunft jenseits von dem, was Juden in der Vergangenheit erfahren haben. Arendt brachte die Botschaft einer Zukunft, die viele Juden immer noch ablehnen. ... Jetzt, da ich Arendt lese, wird der Preis für die Verweigerung eines Heilungsprozesses immer offensichtlicher. Wohin haben uns unsere Wunden gebracht? Hat unsere Gewalt gegen die Palästinenser, die angeblich nötig ist, um den Ort für Juden auf der Welt zu sichern, ihn sicher gemacht? Oder haben sie dem Jüdischsein auf der Welt eine weitere Verwundung zugefügt?[16]

Es geht sehr um das Thema Heilung. In meiner Arbeit als klinischer Psychologe habe ich mich auf die Reaktion des Menschen auf traumatische Ereignisse spezialisiert. Nicht mehr vertrauen zu können, ist die tiefste, am längsten anhaltende und potenziell am meisten schädigende Wirkung eines psychologischen Traumas. Wie können wir den Sinn dafür wiedergewinnen, dass Beziehungen wechselseitig und wir aufeinander angewiesen sind, wenn wir erlebt oder auch einfach nur beobachtet haben, wie Menschen einander verletzen, grausam sind und Gewalttaten begehen. Wie erlangen wir unsere Fähigkeit wieder, zusammenzuarbeiten und harmonische, produktive und sogar vertraute Beziehungen mit anderen einzugehen? Auf was für ein Leben sollen wir uns als Einzelne und als Gemeinschaft freuen, wenn diese grundlegende Fähigkeit so geschädigt wurde?

---

[16] Ellis, *Encountering the Jewish Future*, S. 175

Nur durch Beziehung und in Gemeinschaft kann der Heilungsprozess stattfinden und Vertrauen wiederhergestellt werden. Das kann in unterschiedlichem Rahmen geschehen, im therapeutischen Einzelgespräch oder in einer Gruppe, in der Klinik, in der Seelsorge oder durch Rituale und kulturelle Gewohnheiten. In welcher Form auch immer, fest steht, dass die „gewählte Behandlung" - um diesen klinischen Terminus zu gebrauchen - mit einer schwierigen emotionalen, kognitiven und oft spirituellen Verarbeitung der schmerzhaften Erfahrung verbunden ist. Es ist notwendig, nach Möglichkeiten zu suchen, dem Geschehenen eine Bedeutung zu geben, selbst wenn es auf die Fragen keine Antwort zu geben scheint. So kann die oft schmerzhafte Reise zurück zur Fähigkeit unternommen werden, wieder lieben und vertrauen zu können. Ebenso steht fest, wie die Behandlung nicht auszusehen hat: Die traumatisierte Gemeinschaft mit einer Festung zu umgeben, auf deren Mauern Soldaten stationiert sind, und den traumatisierten Menschen zu sagen: „Da draußen ist es nicht sicher. Traut niemandem. Bleibt in Sicherheit hinter diesen Mauern - und wir werden euch schützen". Ilan Pappe, der israelische Historiker, dessen bahnbrechendes Buch „Die ethnische Säuberung Palästinas" Juden wie Nichtjuden dazu gebracht hat, das verbreitete Narrativ über die Ereignisse zwischen 1947 und 1949 infrage zu stellen, gebraucht den Begriff „Festung Israel, um das heutige Israel zu beschreiben.[17]

Unter derartigen Bedingungen kann Heilung nicht stattfinden. Tatsächlich werden die Traumasymptome unter solchen Bedingungen noch verstärkt und bedrohen die Gesundheit und sogar das Leben des Leidenden. Wenn der Heilungsweg der Bedeutungsgebung und der positiven Wiederverbindung mit der Welt nicht beschritten wird, kann daraus eine Depression oder sogar ein langsamer Tod resultieren. Oft werden die Individuen oder Gruppen genau dieselbe oder eine ähnlich geartete Gewalt, Grausamkeit oder Unmenschlichkeit gegen andere begehen. Nur indem die Person oder die Gruppe den schmerzhaften Prozess auf sich nimmt, die Erfahrung anzunehmen und ihr einen

---

[17] Ilan Pappe, Die ethnische Säuberung Palästinas, Berlin 2014 (Neuauflage von 2007)

Sinn zu geben, kann sie ihren Weg zurück in Beziehungsfähigkeit und Gemeinschaft finden. Die Heilungsarbeit ist schwierig. Für traumatisierte Menschen und Gruppen tauchen schwierige und schmerzliche Fragen auf: Wie können Menschen anderen Menschen so etwas antun? Wie konnte Gott so ein Geschehen zulassen? Diese Fragen führen zu Problemen der Identität und des Glaubens, durch die sich die Person oder Gruppe durchkämpfen muss, wenn sie auf gesunde und produktive Weise weiterleben soll. Oft kann dies der mühsamste Teil sein, denn die Überwindung eines Traumas bedeutet Veränderung: neue Lebensweisen im zwischenmenschlichen, politischen und sogar spirituellen Bereich zu finden, die das bewahren, was für das Selbst wertvoll und wesentlich ist, aber gleichzeitig eine neue und angepasstere Art und Weise sind, nach dem Trauma zu weiter zu leben. Wenn du versuchst, diesen Prozess zu vermeiden oder zu umgehen, wirst du riskieren, die Konsequenzen tragen zu müssen.

Eingefrorene Identität, eingefrorene Zukunft

Arendts Leben und Werk ziehen sich fast durch das gesamte 20. Jahrhundert. Sie begriff das Trauma und die Herausforderung, es zu überleben und dabei irgendwie menschlich zu bleiben. In der Neuausrichtung des jüdischen Volkes nach dem Krieg beobachtete Arendt eine Fixierung auf den Antisemitismus, was eine „starre Identität" hervorbrachte, die sich auf Selbstschutz gründete. Arendt erkannte dies als höchst problematisch. Für Ellis hat Arendts Warnung aus diesen entscheidenden Jahren eine klare Botschaft für heute:

> Offensichtlich entwickelt sich die jüdische Identität und nimmt zu verschiedenen Zeiten verschiedene Formen an. ... Aspekte jüdischer Identität, die sich über die Zeit hinweg gehalten haben, können in bestimmten Kontexten irrelevant werden, wenn sich neue Wege des Jüdischseins auftun. ... Das ganze Konzept des Antisemitismus als lebensfähiges Konstrukt unabhängig von der sich verändernden Welt wirkt für Arendt wie ein Virus, das Neuanfänge blockiert. Das Gleiche gilt, wenn sich Juden einen überholten Nationalismus zu eigen machen,

obwohl das Zeitalter der Nationalstaaten in Auflösung begriffen ist."[18]

Individuen, Kollektive, Glaubensgemeinschaften und Völker bleiben stecken, wenn ihre Identität gleichsam einfriert, infolge eines Traumas, das durch Unterdrückung ausgelöst wird. Aber sie kann wieder auftauen, wenn etwas sie berührt und ihr schlagartig ins Bewusstsein tritt: So geschah es Saulus auf der Straße nach Damaskus oder der amerikanischen Gesellschaft, als in den 1960er Jahren in der Kirche von Birmingham, Alabama, vier schwarze Mädchen getötet wurden und die Fernsehnachrichten uns zeigten, wie Feuerwehrschläuche auf Menschen gerichtet wurden, die gegen Rassentrennung protestierten, oder auch Rabbi Brant Rosen, als er die Fotos von den Trümmern in Gaza und die verkohlten Kinderkörper sieht.

Hier beginnt Heilung: Das ist der Zeitpunkt, an dem wir gefordert sind, in eine neue Identität hineinzuwachsen, die dem Trauma eine stärkere Resilienz entgegenzusetzen hat. Und wo wir die Unterstützung durch die Gemeinschaft ebenso brauchen wie einen Geist, der dem Wohle aller verpflichtet ist.

Auf meiner Suche nach dieser Heilung, nach Zeichen der Hoffnung, habe ich ein paar Helden gefunden. Der Leser ahnt, auch Brant Rosen gehört dazu. Aber Rosen würde mir vermutlich zustimmen, dass das Risiko, das er eingegangen ist, im Vergleich zu dem verblasst, was einige Israelis im Versuch, die moralische und politische Katastrophe von ihrem Land abzuwenden, riskieren. Sie sind eine winzige Minderheit. Aber das waren die schwarzen Pastoren und Kämpfer für Bürgerrechte auch, die sich in den Vereinigten Staaten der 1950er Jahre in Kirchenkellern versammelten. Ihre lokal begrenzten Aktionen wuchsen zu einer Bewegung heran, die Amerika verändert hat. Ebenso brachten eine Handvoll Pastoren, Akademiker und Aktivisten, die trotz brutaler Repressionen durchhielten, schließlich weltweit die Kirchen dazu, sich gegen das Apartheid-Regime in Südafrika zu stellen. Daran sollten wir denken, wenn wir den Stimmen dieser Israelis zuhören und dafür beten, dass auch sie sich daran erinnern mögen, weil sie

---

[18] Ellis, *Encountering the Jewish Future*, S.179

einer politischen und sozialen Situation im heutigen Israel die Stirn bieten, die wenig Anlass zu Optimismus gibt.

Hier war einmal ein Dorf

Eitan Bronstein Aparicio hat sein Leben dem Erzählen einer Geschichte gewidmet, die die meisten Israelis nicht hören wollen. Bronstein, der mit seinen Eltern im Alter von fünf Jahren aus Argentinien eingewandert war, gründete Zochrot, was auf Hebräisch „die sich Erinnernden" heißt. Das Ziel der Organisation ist es, Israelis über die *Nakba* - das arabische Wort bedeutet Katastrophe - die Vertreibung und Enteignung von mehr als 700.000 Palästinensern zwischen 1947 und 1949 aufzuklären. „Wenn wir von der Nakba sprechen und davon, was hier war, bevor Israel gegründet wurde, dann ist da ein großes Loch, ein schwarzes Loch, von dem die Leute nicht wissen, wie sie damit umgehen sollen. Dies ist vielleicht der wichtigste Zeitabschnitt unseres Lebens hier in dieser Region, und er ist kaum bekannt," sagte Bronstein Aparicio in einem Interview.[19]

Bronstein und seine Kollegen von Zochrot setzen sich dafür ein, dass der Hintergrund der Geschichte von der Gründung Israels erzählt wird, der in der offiziellen Geschichtsschreibung und Erinnerung des Staates bis heute unterschlagen wird. Sie gehören zu einer kleinen, aber wachsenden Minderheit von Israelis, die die ideologischen Fundamente Israels in Frage stellen. Obwohl Bronstein wie alle Israelis im Glauben an die Idee eines jüdischen Staates aufgewachsen ist, verweigerte er trotzdem 1983 den Militärdienst während der Invasion des Libanon und dann noch einmal während der militärischen Niederschlagung der Ersten Intifada. Seine Zweifel vertieften sich im Jahr 2000, als nach dem provozierenden Besuch des Premierministers Ariel Sharon auf dem Jerusalemer Tempelberg, dem Vorplatz der Al-Aqsa Moschee, israelische Polizisten und Soldaten in den ersten fünf Tagen der Zweiten

---

[19] Eitan Bronstein: *Israelis Confront Nakba Denial*, Institute for Middle East Understanding, 10. März 2008, http://imeu.net/news/article001240.shtml, Zugriff 18. Januar 2013

Intifada 47 palästinensische Demonstranten erschossen und fast 2.000 verletzten. „Damals begriff ich," erzählte mir Bronstein am Ende des Jahres 2012, „dass hier etwas Grundsätzlicheres angesprochen werden musste. Es ging nicht bloß um die Frage der Gleichberechtigung zwischen Juden und Arabern, sondern um das fundamentale Problem, dass nämlich der Zionismus faktisch nur Juden erlaubt, Vollbürger zu sein."[20]

Dann veränderte etwas sein Leben. Er forschte über einen außerhalb von Jerusalem gelegenen Park des *Jewish National Fund (JNF)*. Der Jüdische Nationalfonds ist eine gemeinnützige Organisation, die 1901 von der Zionistischen Weltorganisation gegründet worden war, um Land für jüdische Siedlungen in Palästina zu kaufen und zu erschließen. Der JNF hat in ganz Israel ähnliche Parkanlagen geschaffen. Unter dem *Canada Park* (finanziert durch Spenden der jüdischen Gemeinden Kanadas, daher sein Name) liegen die Ruinen von drei palästinensischen Dörfern. In der Mitte des Parks wurde ein Wald gepflanzt, der an die mehr als dreihundert amerikanischen und kanadischen Juden erinnert, die in Israels Kriegen gestorben oder Opfer des gewalttätigen Widerstands der Palästinenser geworden waren. Die Überreste eines Hauses ein kleines Stück weiter im Park, von einer Besuchertafel fälschlicherweise als römisches Badehaus beschrieben, ist alles, was von den palästinensischen Dörfern noch zu erkennen ist. Die 5.500 Bewohner waren aus diesen Dörfern vertrieben worden, als die israelische Armee dieses im Westjordanland liegende Gebiet 1967 von Jordanien erobert hatte. Heute leben sie und ihre Nachkommen als Flüchtlinge vor allem in Ostjerusalem und in der Nähe von Ramallah. Die Existenz dieser Dörfer und der Menschen, die hier lebten, wurde praktisch ausradiert. Der israelische Historiker Ilan Pappe hat diese massive Auslöschung palästinensischer Geschichte einen staatlich organisierten „Memorizid" genannt.[21]

---

[20] Eitan Bronstein Aparicio im Gespräch mit dem Autor, 30. Dezember 2012

[21] Ilan Pappe, Die ethnische Säuberung Palästinas, Berlin 2014, S. 294-305

„Mir kam die Idee, im Park Schilder mit den Namen der drei Dörfer aufzustellen", erzählte mir Bronstein, „und dann schlug ich vor, weil es Hunderte von Orten in Israel gibt, wo einmal solche Dörfer existiert haben: Lasst uns doch durchs Land fahren und da Schilder zu den Dörfern aufstellen, wo sie gewesen sind. In den Ruinen oder da, wo jetzt Israelis leben, hängen wir gelbe Schilder auf, mit den früheren Namen der Straßen zum Beispiel, auf Arabisch und Hebräisch. Diese einfache Aktion ist für die Israelis eine große Herausforderung. Sie rührt an unser Innerstes, weil dieser jüdische Staat geschaffen wurde, indem die meisten Menschen, die hier gelebt hatten, vertrieben wurden. So drücken diese einfachen Schilder beides aus: Ja, es gab dieses Dorf hier, und es wurde zerstört und seine Bewohner wurden daran gehindert, zurückzukehren. Aber auf der anderen Seite ist dieses neue Schild auch Ausdruck der Verleugnung, die bis zum heutigen Tag anhält. Meist werden die Schilder bald darauf wieder heruntergerissen, was uns aber nicht davon abhält, weiterzumachen."[22]

Zochrot führt heute ein großes Spektrum an Aktivitäten durch, zu denen auch Bildungsangebote, Unterrichtsmaterialien und geführte Besuche an diese Orte gehören. Die Organisation hat systematisch Aussagen von Soldaten gesammelt, die zwischen 1947 und 1949 in der israelischen Armee gedient haben, und nun über die Operationen zur ethnischen Säuberung reden, an denen sie teilgenommen haben. Diese Zeugnisse zu hören, ist sehr schmerzhaft. Aber es ist auch sehr berührend, zu sehen, wie diese Männer sich von der Last der verschwiegenen Wahrheit befreien, die sie seit über sechs Jahrzehnten getragen haben. Wie das Erinnern an jene zerstörten Dörfer gehört auch dies zur Wiedererlangung eines kollektiven Gedächtnisses, das notwendig ist, wenn die Israelis eine Zukunft in Betracht ziehen wollen, in der sie nicht mehr die Kolonialherren sind.

Bronstein und seine Kollegen bei Zochrot tun, was sie können, um ihr Land zu retten. Wahrscheinlich haben sie einmal daran geglaubt, ihre Arbeit würde eine Auswirkung auf die Politik haben. Vielleicht, so

---

[22] Eitan Bronstein Aparicio im Gespräch mit dem Autor, 30. Dezember 2012

dachten sie, wenn wir Israelis einmal unsere Vergangenheit besser verstehen, dann werden wir von unserer Regierung fordern, ihr Verhalten zu ändern. Vielleicht, wenn wir das Leid der Palästinenser kennen, wir, die wir selbst gelitten haben, dann können wir Empathie für sie empfinden und aufhören, sie als Feinde zu sehen. Aber die israelische Politik ist eine völlig andere. „Wir werden wahrscheinlich bald außerhalb der Legalität arbeiten müssen," sagte mir Bronstein. Die Knesset, das israelische Parlament, hat in den letzten Jahren Gesetze verabschiedet, die Spenden sowie Fördergelder aus dem In- und Ausland für Organisationen wie Zochrot einschränken oder verbieten, weil sie ein Narrativ öffentlich machen, das den jüdischen Staat in seinen Grundfesten bedroht. Ja, die Knesset hat sogar das sogenannte Nakba-Gesetz verabschiedet, das öffentliche Gedenkfeiern unter Strafe stellt, die an die Vertreibung der Palästinenser erinnern. Also wendet sich Bronstein zusätzlich immer stärker an uns außerhalb Israels: „Ich bin ein Israeli. Das ist mein Zuhause", sagte er mir am Ende unseres Gesprächs. „Und ich bitte um Eure Hilfe. Wir schaffen es nicht alleine, denn die Politik führt uns nirgendwo hin. Druck von außen ist notwendig. Das ist das einzige realistische Szenario. Es gibt keinen anderen Weg, uns zu retten. Als Amerikaner und als Europäer, gerade auch als Deutsche, sollte es euch sehr wohl etwas angehen, was Eure Unterstützung hier anrichtet. Ihr solltet den Einfluss erkennen, den Eure Regierung hat."

Das ist nicht mein Krieg, Bibi!

Nomika Zion hat Migvan mit gegründet. Das ist ein städtischer Kibbutz in Sderot, der israelischen Stadt, die weniger als zwei Kilometer vom Gazastreifen entfernt liegt und seit Beginn der Zweiten Intifada das vorrangige Ziel der Raketen aus Gaza ist. Zion gehört zu *The Other Voice* (Die andere Stimme), einer Bürgerinitiative von Einwohnern Sderots und der umliegenden Region, die eine gewaltfreie Lösung des andauernden Konflikts fordern. Sie veröffentlichte folgenden Brief an Benjamin Netanjahu, dessen Spitzname „Bibi" ist, während der israelischen Bombardierung des Gazastreifens Ende November 2012:

Sderot, 22. November 2012
Das war nicht mein Krieg, Bibi, und der vorige verfluchte Krieg war es genausowenig: Nicht in meinem Namen und nicht um meiner Sicherheit willen. ... Ich fühlte mich nicht sicherer, als an einem kalten Wintertag 2004 zweihundert Wohnhäuser platt gemacht wurden, was zweitausend Flüchtlinge obdachlos machte. Oder als Gazas Kraftwerk bombardiert wurde und eine halbe Million Menschen keinen Strom hatten. Mich beruhigte es nicht, als die Bulldozer Häuser zerstörten und Felder, Plantagen und Hühnerställe überrollten. Als Panzer pausenlos feuerten, als Kampfflugzeuge die Schallmauer wieder und wieder durchbrachen, an Fenstern rüttelten und Terror säten. Auch nicht seitdem Gaza belagert ist und nicht, seitdem die Behörden versuchen, wissenschaftliche Berechnungen anzustellen, wieviele Kalorien die Bewohner Gazas brauchen, um gerade so eben zu überleben, nicht um satt zu werden. Und auf keinen Fall, als eine Helikopterstaffel der Luftwaffe 98 junge Männer in der Polizeiakademie tötete. ... Und schon gar nicht seit zehntausende Häuser zertrümmert wurden, Infrastruktur zerstampft wurde und Körper aufgereiht da lagen, eine Reihe nach der anderen mit Kindern ohne Namen, Jugendlichen ohne Gesicht, Bürgern ohne Identität. Es gibt tausend Wege, Gewalt mit Gewalt zu unterdrücken, aber nicht einer von ihnen hat es je geschafft, sie zu besiegen.[23]

Nomika Zion fragt sich, wo Israel hinsteuert. Und sie macht sich Gedanken darüber, wie man in einer solchen Gesellschaft überleben soll:

Das Leben ist hart, wenn es nichts gibt, an das man glauben kann. Es ist hart in Sderot. Es ist sehr hart in Gaza. Hoffnungslosigkeit hat einen Preis, Bibi. Ein blockierter Horizont. Abgeriegeltes Bewusstsein. Leben ohne Hoffnung fordert einen hohen mentalen Preis.[24]

---

[23] www.nybooks.com/articles/archives/2013/jan/10/it's-not-just-about-fear-bibi-it's-about-hopelessness/, Zugriff 18.Januar 2013

[24] ebd.

Ihr Brief bezieht sich auf die sogenannte „Operation Gegossenes Blei" des israelischen Militärs gegen Gaza zur Jahreswende 2008/ 2009, die zu Beginn des Kapitels beschrieben wird. Die Folgen der israelischen Bomben, Raketen und Panzergranaten im Juli und August 2014 waren noch verheerender. Die Vereinten Nationen zählten über 100.000 obdachlos gemachte Menschen im Gazastreifen, 1.563 Zivilisten unter den Todesopfern im Verhältnis zu fünf zivilen israelischen Todesopfern.[25] Aber neben Nomika Zions Trauer darüber, wie viele unschuldige Menschen ihr Leben lassen mussten, steht ihr Entsetzen über die schwere Krankheit im Herzen ihrer Gesellschaft:

> Es macht mir Angst zu sehen, dass meine Stadt wie bei einem Festival erleuchtet ist und behängt mit israelischen Fahnen. Gruppen von Unterstützern verteilen Blumen auf den Straßen und die Leute hupen vor Freude in ihren Autos bei jeder Bombe, die auf unsere Nachbarn fällt.

Wie ist es soweit gekommen, dass wir als Gesellschaft die Fähigkeit verloren haben, Fragen zur Möglichkeit einer politischen Alternative zu formulieren? Wie ist es dazugekommen, dass die Person, die eine gewaltfreie Lösung vorschlägt, diejenige ist, die unter Wahnvorstellungen leidet und ein Verräter ist, während der, der fordert, Gaza dem Erdboden gleich zu machen, der wahre Patriot ist? Und wie haben diese entmenschlichenden Prozesse uns vom Leiden der anderen abgetrennt? Wie haben wir unsere Fähigkeit zur Empathie verloren?

Nomika Zion weigert sich, sich von der Kriegsbegeisterung anstecken zu lassen, weder von der Euphorie noch von der Dämonisierung des „Feindes". Aber sie ist verzweifelt über „den Strom der Gewalt, die wie eine schwere Krankheit durch die dunklen Poren der israelischen Gesellschaft sickert." Obwohl es vor allem die Palästinenser sind, die Menschenleben zu beklagen haben und die Israelis kaum, fürchtet sie, dass das, was Israel verloren gibt, noch viel tödlicher sein wird. Was bleibt übrig, wenn die innersten Werte einer Tradition nichts mehr gelten? „Es ist eine Art von Euphorie, eine Freude am Krieg, Rachlust,

---

[25] www.ochaopt.org/content/gaza-strip-humanitarian-dashboard-november-2014

Berauschtsein von Macht und das Begraben des jüdischen Gebots: ‚Freue dich nicht über den Sturz deines Feindes' (Sprüche 24,17)."[26] „Das ist nicht mein Krieg, Bibi. Die Verzweiflung hingegen ist ganz und gar meine."

Auf der Suche nach einer lebbaren Zukunft

Rela Mazali traf ich bereits 2006, als ich im Vorstand eines Vereins war, der Frauen aus Israel und dem besetzten Palästina in die Vereinigten Staaten brachte, um die Amerikaner darüber zu informieren, was es braucht, um Frieden in der Region zu ermöglichen. Mazali war eine von drei außergewöhnlichen Frauen, die ich auf einer Vortragsreise begleiten durfte. Als israelische Jüdin reiste sie mit zwei Palästinenserinnen: einer Muslimin aus Gaza und einer Christin aus Bethlehem. Mazali wurde 1948 geboren, ist also genauso alt wie ich, was bedeutet: Während ich, ein 19-jähriger Amerikaner, 1967 die in sechs Tagen erfolgende Eroberung des Sinai, des Gazastreifens, des Westjordanlands und der syrischen Golanhöhen durch Israel in den Fernsehnachrichten sah, war Mazali Soldatin in der israelischen Armee und im Norden Galiläas stationiert. Dort erlebte sie das Bombardement und die Invasion der syrischen Golanhöhen durch das israelische Militär. Es eroberte diesen Höhenzug, während es gleichzeitig gegen Ägypten und im Westjordanland gegen die jordanischen Truppen Krieg führte. Dazu gehörte auch der Kampf um Ostjerusalem, das seit 1949 unter jordanischer Kontrolle stand. Ich hörte während der Vortragsreise viele Male Mazali die Geschichte davon erzählen, die für sie der Beginn des Erwachens war, als ihr die Krankheit bewusst wurde, die ihre Gesellschaft befallen hatte. Hier folgt die schriftliche Fassung ihres Berichts aus einer Veröffentlichung von 2002:

> Ich hörte Rufe aus den umliegenden Baracken: „Wir haben die Altstadt eingenommen!" (Ha'ir ha'atika beyadeynu - wörtlich: „Die Altstadt ist in unseren Händen!") Ich hörte diese merk-

---

[26] www.huffingtonpost.com/nomika-zion/war-diary-from-sderot _b_157497.html, Zugriff 29. Dezember 2012

würdigen Worte. Hörte sie und fand sie merkwürdig. Befremdlich. Damals, mittendrin. Ich erinnere mich deutlich an Fassungslosigkeit. Menschen. Menschen - töteten Menschen. Mechanisch. Brutal. Diese Altstadt - wen kümmerte sie? Was für eine Rolle spielte sie? Ich dachte, dass die systematische, vorsätzliche Massentötung zur Selbstverteidigung dienen sollte, nicht um Orte „einzunehmen". Was für eine Rolle spielten Orte? ... Als ich diesen Krieg von außen betrachtete, wusste ich, dass ich es nicht verstand. Ich wusste, dass ich nicht zu diesem „wir" gehörte.[27]

Mazali gehört zu einer anderen Generation als Nomika Zion, aber sie teilt das gleiche Entsetzen und die Verzweiflung mit der jüngeren Frau über das, was der Militarismus in der israelischen Gesellschaft anrichtet. In einem Artikel aus dem Jahr 2010 fragt sie: „Was tun, wenn das Land, in dem ich lebe, völlig die Orientierung verliert? Völlig jedes Schamgefühl verliert? Was tun, wenn das Regime, das meine Steuern kassiert, sie dafür verwendet, sein bis an die Zähne bewaffnetes Hightech-Militär gegen unbewaffnete Aktivisten einzusetzen, die auf Schiffen gegen eine kriminelle Belagerung Widerstand leisten,[28] um mir dann zu erzählen, es beschütze mich? Was tun, wenn die Regierungen der Welt selbst zu tief verstrickt sind, um dieses Regime, dieses Land, zur Verantwortung zu ziehen?"[29]

---

[27] Rela Mazali, „In Tow: A Mother's and Daughter's Gendered Departures and Returns," in N. Abdo und R. Lentin, hg., *Women and the Politics of Military Confrontation: Palestinian and Israeli Gendered Narratives of Dislocation*, New York, 2002, S. 207-233

[28] Bezug auf den Angriff in internationalen Gewässern gegen die *Mavi Marmara* im Mai 2010, einem türkischen Schiff, das als Teil der „Free Gaza Flotilla" Israels Gaza-Blockade durchbrechen wollte. Neun Aktivisten an Bord des Schiffes wurden von israelischen Kommandos beim Entern des Schiffes getötet, vierzig verletzt.

[29] www.huffingtonpost.com/rela-mazali/a-call-for-livable-future_b_625028.html, Zugriff 28. Juni 2013

Ein Realitätstest für Israel

Als ich vor kurzem mit Mazali sprach, machten wir bittere Witze über die Erfolglosigkeit der Bemühungen von ihr und anderen Organisationen, die israelische Gesellschaft von den Übeln des Militarismus und Rassismus zu befreien. Die Situation hat sich verschlechtert: Die Regierung verfolgt eine Politik, die die Rechte nichtjüdischer Bürger noch weiter einschränkt. Die Belagerung von Gaza geht weiter. Noch mehr Siedlungen nehmen palästinensisches Land im Westjordanland weg. Jerusalem wird zunehmend „araberfrei". Infrastrukturen wie die Trennungs- oder besser Landnahme-Mauer und die getrennten Straßen ähneln immer mehr einem System eingeschlossener, kontrollierter „Bantustans" für Palästinenser, das es mit dem südafrikanischen Apartheidsprogramm der 1980er Jahre aufnehmen kann. „Was sehen Sie angesichts dieser schlimmen Situation kommen?", fragte ich sie. „Lesen Sie meinen Artikel von 2010", erwiderte sie. Tatsächlich erscheinen sieben Jahre später die Schlussfolgerungen von damals sogar noch zwingender:

„Heute", schrieb Mazali, „ist BDS wahrscheinlich das einzige gewaltlose Mittel, das in der Lage ist, Israel aus seinen Verhaltensmustern von militarisierter Brutalität herauszuholen." BDS steht für Boykott, Desinvestition, also Kapitalabzug, und Sanktionen. Die 170 wichtigsten palästinensischen Organisationen riefen im Jahr 2005 weltweit Konsumenten, Anleger und Investoren, Bürger und Regierungen auf, damit die Palästinenser bei der Durchsetzung ihrer Grundrechte auf Gleichheit und Selbstbestimmung zu unterstützen. Konkret sind die Ziele das Ende der Besatzungs- und Siedlungspolitik, der Fall der Mauer und das Rückkehrrecht der Flüchtlinge.[30]

Mutig und kreativ tritt BDS der Gewalt mit einem entschiedenen Engagement für Gewaltlosigkeit entgegen. Die Bewegung ist in erster Linie mit den Palästinensern solidarisch, und dann

---

[30] Siehe auch: www.bdsmovement.net, www.bds-info.ch, www.bds-kampagne.de, www.whoprofits.org; „'Kauft bei Juden, aber nichts aus Israel!' – Die Boykottbewegung als einziger Weg zur Veränderung?", Interview S. 3: www.palaestina-israel-zeitung.de/downloads/2016-Piz10.pdf

mit der Menschheit - gemeinsam mit Tausenden auf internationaler Ebene und mit Israelis, die sich für gewaltlosen Widerstand als ihre Möglichkeit entschieden haben, wie sie sich gegen die Unterdrückung Palästinas zur Wehr setzen, um sie zu beenden.

Als ein Mittel, als Strategie, nicht als Selbstzweck soll BDS wirken. So wie in der Vergangenheit, als der Boykott der nach Rassen getrennten Busse 1956 in Montgomery zur Starthilfe für die entscheidenden Jahre der Bürgerrechtsbewegung in den USA wurde. So wie die weltweite Widerstandsbewegung gegen die Apartheid in Südafrika die Sechziger Jahre hindurch schrittweise an Boden gewann, sehr zum Missfallen der jeweiligen Regierungen in den USA und Großbritannien, als diese Bewegung weiterhin wuchs und nicht verschwinden wollte.

Heute kann BDS es der israelischen Regierung zunehmend erschweren, die Besatzung und ihre innenpolitischen Repressionen aufrecht zu erhalten. ...

BDS ist eine Möglichkeit, denen zum Recht zu verhelfen, denen es bisher versagt wurde. Nicht gegen, sondern vielmehr für beide, Israel wie Palästina, hat BDS zum Ziel, einer Politik ein Ende zu setzen, die das Leben der Palästinenser zerstört und die Menschlichkeit der Israelis auffrisst. BDS unterstützt eine lebenswerte und tragfähige Zukunft für alle Menschen dieses Landes.[31]

Mazalis Überzeugung, dass eine Unterstützung von BDS die effektivste Strategie ist, hat sich über die Jahre nur noch verstärkt. So schließt sich ihre Stimme den Israelis an, die die Welt dazu aufrufen, ihnen zu Hilfe zu kommen: „Ich glaube nicht, dass die Israelis ihren Kurs ändern werden, solange es nicht diesen Realitätstest von außen gibt. Wir haben vieles versucht und dies und jenes gemacht, aber alles wird nur noch schlimmer und schlimmer. Das ist ein trauriges und ein hartes Fazit."[32]

---

[31] Rela Mazali, „A Call for Livable Futures"
[32] Rela Mazali, Gespräch mit dem Autor, 17. Dez. 2012.

Israel vor sich selbst retten

Ein junger Professor an der israelischen Ben-Gurion-Universität war bereits 2009 zu demselben Schluss gelangt. Im August jenes Jahres veröffentlichte die *Los Angeles Times* einen Gastkommentar von Neve Gordon unter dem Titel: „Boycott Israel: An Israeli Comes to the Painful Conclusion That it's the Only Way to Save His Country." Gordon zitiert zu Beginn jüngste Beispiele für die wachsende internationale Kampagne zum Boykott Israels, wo bekannte Sänger für ihre dortigen Auftritte kritisiert wurden oder die Kaufempfehlung von israelischen Kosmetikartikeln kritisiert wurden. Er stellt fest, dass trotz des Zuwachses an Unterstützern für die Kampagne, wobei er den Erfolg ähnlicher Aktionen gegen Südafrika erwähnt, viele Israelis nicht mitmachen, wegen des unangenehmen Echos, das ihnen entgegenschallen würde: „Antisemitismus!" Trotzdem, so Gordon, habe er sich entschlossen, zum Boykott aufzurufen.

Tatsächlich fällt es mir als israelischem Bürger nicht leicht, ausländische Regierungen, internationale soziale Bewegungen, religiöse Institutionen, Gewerkschaften und Bürger dazu aufzurufen, die Zusammenarbeit mit Israel auszusetzen. Aber wenn ich meine beiden Söhne beim Spielen im Hof beobachte, bin ich heute davon überzeugt, dass dies die einzige Möglichkeit ist, Israel vor sich selbst zu retten. Das sage ich, weil Israel an einem historischen Scheideweg angelangt ist und Krisenzeiten eben nach dramatischen Maßnahmen rufen. Das sage ich als Jude, der sich entschieden hat, seine Kinder in Israel aufwachsen zu lassen, der seit fast 30 Jahren Mitglied der israelischen Friedensbewegung ist und der zutiefst in Sorge ist um die Zukunft dieses Landes.

Die genaueste Beschreibung für das heutige Israel liefert der Begriff „Apartheidstaat". Seit fünfzig Jahren kontrolliert Israel das Land zwischen Jordantal und Mittelmeer. In dieser Region leben fast 6 Millionen Juden und über 6 Millionen Palästinenser. Davon leben knapp 3 Millionen Palästinenser und 600.000 Juden im Westjordanland und Ostjerusalem, von Israel seit

1967 besetzt, und obwohl beide Gruppen auf demselben Territorium leben, unterliegen sie zwei vollkommen verschiedenen Rechtssystemen. Die Palästinenser sind staatenlos und entbehren viele der fundamentalsten Menschenrechte. In schreiendem Gegensatz dazu sind sämtliche Juden, ob sie im Westjordanland oder in Ostjerusalem leben, Bürger des Staates Israels. Was mich nachts nicht schlafen lässt, als Vater und als Bürger, ist die Frage, wie gewährleistet werden kann, dass meine beiden Kinder ebenso wie die Kinder meiner palästinensischen Nachbarn nicht in einem Apartheid-Regime aufwachsen."[33]

Gordon kommt zu demselben Ergebnis wie Bronstein und Mazali. „Ich bin davon überzeugt", schreibt er, „dass die einzige Antwort heißt: Druck von außen. Es ist die einzige Möglichkeit, dem Trend zur Apartheid in Israel durch massiven internationalen Druck entgegenzutreten. Die Worte und Verurteilungen der Regierung Obama und der EU haben nichts bewirkt, nicht einmal einen Siedlungsstopp, geschweige denn die Entscheidung, sich aus den besetzten Gebieten zurückzuziehen."[34] Acht Jahre nach der Veröffentlichung dieses Kommentars ähnelt das für einen Staat Palästina übrig bleibende Territorium noch viel mehr den vereinzelten Bantustans des südafrikanischen Vorbildes. In der Tat herrscht hier Apartheid. Gordons Ruf von 2009 nach „massivem internationalen Druck", damit seine Kinder nicht „in einem Apartheidstaat aufwachsen", ertönt heute sogar noch dringlicher. Wie die anderen Stimmen aus Israel auch, ist sein Aufruf ein Hilfeschrei, der nicht ignoriert oder beschwichtigt werden darf, wie etwa durch Appelle, Geduld zu haben und sich zurückzuhalten aus Rücksichtnahme auf geplante Verhandlungen bei politischen Einschätzungen, die der aktuellen Realität längst nicht mehr entsprechen.

---

[33] Neve Gordon, 'Boykottiert Israel: Ein Israeli kommt zu der schmerzhaften Erkenntnis, dass dies der einzige Weg zur Rettung seines Landes ist', http://articles.latimes.com/2009/aug/20/opinion/oe-gordon20, Zugriff 16. Januar 2013, Bevölkerungszahlen sind aktualisiert (2017), Anm. d.Ü.
[34] ebd.

Flecken auf dem Traum:
Die Reise eines amerikanischen Rabbiners

Rabbi Brian Walt hat diese drei Kämpfe alle erlebt. In Südafrika während der Apartheid geboren, emigrierte Walt als junger Mann in die USA. Als Student in Kapstadt war Walt Gründer und Herausgeber von *Strike*, einer Studentenzeitung über jüdische Werte und den Kampf gegen die Apartheid. In seinem Berufsleben hat er sich der Menschenrechtsarbeit gewidmet, als Vorstandsmitglied der „Rabbiner für Menschenrechte" und zuletzt als Mitbegründer der Gruppe „Fasten für Gaza", gemeinsam mit Rabbi Brant Rosen. Walt war einer der Leiter der bereits erwähnten „Dorothy Cotton Delegation" nach Israel und ins Westjordanland. Anlässlich des Todes eines Kollegen hielt Walt im Juni 2012 vor einem Publikum aus Freunden und Kollegen eine Ansprache. Er nutzte die Gelegenheit, seine persönliche Reise als ein Rabbiner zu erzählen, der sich dem zionistischen Traum verschrieben hatte und nun eine schmerzhafte Erkenntnis zulassen musste.

Ich war fast mein ganzes Leben lang ein progressiver, liberaler Zionist", fing Walt seine Rede an. „Liberaler Zionismus und eine tiefe Verbindung zu Israel waren stets zentraler Bestandteil meines Judentums und meiner jüdischen Identität... [das] heißt, ich glaubte, dass der jüdische Staat alle mit Würde, Gleichheit und Respekt behandele. Liberale Zionisten sind dem jüdischen Staat tief verbunden, während sie die Unterdrückung der Palästinenser, die Besatzung und die Siedlungspolitik als Abweichung von den wahren Absichten des Zionismus sehen.[35]

Für Walt, der in einer „Familie glühender, leidenschaftlicher Zionisten" aufgewachsen war, war dies eine bequeme Sicht der Dinge, denn in seinem Beruf hatte er es sich zur Aufgabe gemacht, diesen „Abweichungen" vom Zionismus, die er „Flecken" auf dem Traum vom jüdischen Staat nannte, entgegenzutreten. Das Problem war, dass er in dieser

---

[35] http://palestiniantalmud.com/2012/06/01/affirming-a-judaism-and-jewish-identity-without-zionism/, Zugriff 12. Januar 2013

Arbeit ständig Erfahrungen ausgesetzt war, die den liebgewordenen Glauben an das zionistische Projekt mehr und mehr aushöhlten. Mit der Zeit dämmerte es ihm: „Diese Zerstörungen, die Siedlungen, die gewaltsame Enteignung von palästinensischen Häusern waren keine ‚Lausbubenstreiche'. Der israelische Staat mit seiner geballten militärischen Macht ermöglichte und unterstützte diese Aktionen." Und doch, aufgrund dessen, was Israel ihm immer bedeutet hatte, und weil es so sehr Teil seiner Beziehungen zur Gemeinde war, schien es für Walt sehr schwer, „auch nur daran zu denken, meinen Zionismus aufzugeben."

„2008 kam es dann zur Krise", sagte er. Auf einer von den ‚Rabbinern für Menschenrechte' organisierten Reise besuchte Walt Hebron: eine palästinensische Stadt mit 160.000 Einwohnern, die von einer kleinen jüdischen Siedlergemeinde - mitten ins Herz der Stadt gepflanzt und von einer israelischen Militärgarnison geschützt - in Geiselhaft genommen wird. Walt beschrieb diesen Moment so:

> Dies gab für mich den Ausschlag: Eine menschenleere Straße nur für Juden mitten in Hebron, die an palästinensischen Wohnhäusern vorbeiführt, deren Bewohner nicht vorne aus ihren Häusern auf die Straße gehen dürfen. Als unser Reiseleiter Michael Manikin uns das erklärte und uns die Wohnungen zeigte, wo die Palästinenser über ein Dach und dann eine Leiter runterklettern müssen, um ins Geschäft, in den Supermarkt, ins Krankenhaus zu gehen, da hat sich in mir etwas verändert. Traurigkeit und Wut überwältigten mich. Ich erkannte, dass dies in einiger Hinsicht schlimmer war als das, was ich als Kind in Südafrika mit angesehen hatte. Jedes Mal, wenn ich meine Erfahrungen im Westjordanland mit meiner Erfahrung während der Apartheid verglich, sind Juden sehr wütend geworden. Viele Jahre lang benutzte ich das A-Wort (Apartheid) nie, weil ich wusste, dass ich es nicht durfte. In diesem Augenblick aber brach ich weinend zusammen und gab mir das Versprechen, dass ich mich selbst nie wieder zensieren würde. Es war

mir damals nicht bewusst, aber das war der Moment, in dem ich die Seiten wechselte.[36]

Das eigene Sehen und Erleben der strukturellen Gewalt und des unverhohlenen Rassismus der israelischen Besatzung zwang Walt dazu, sich von dem loszusagen, was für ihn wie für fast jeden Juden unserer Generation faktisch zur Glaubensfrage geworden war: die Loyalität gegenüber dem heutigen politischen Zionismus.

Das Wesentliche bei Walts derartigem „Seitenwechsel" ist die Tatsache, dass es sich nicht um eine Abkehr handelt, sondern vielmehr um eine Bestätigung seines Glaubens und seines Engagements für dessen zentrale Werte.

Ich musste mir schließlich eingestehen, was ich schon lange gewusst, mich aber zu sehr gefürchtet hatte, zuzugeben: Der politische Zionismus ist in seinem Wesenskern ein diskriminierender Ethno-Nationalismus, der die Rechte von Juden über die von Nichtjuden stellt. Als solcher verletzt der politische Zionismus alles, woran ich als Jude glaube. Während es in den 1940er Jahren die verzweifelte Notwendigkeit gab, einen sicheren Hafen für Juden zu schaffen, und diese Notwendigkeit den Großteil der jüdischen Welt und des Westens dazu brachte, die zionistische Bewegung zu unterstützen, kann der Holocaust aber in keinster Weise den systematischen Rassismus rechtfertigen oder entschuldigen, der ein integraler Bestandteil des Zionismus war und ist. In der Vergangenheit hatte ich geglaubt, dass die Diskriminierung, die ich sah - die zerstörten Häuser, die ausgerissenen Bäume, das geraubte Land - nur eine Verirrung der zionistischen Vision sei. Ich begriff schließlich, dass dies alles weder Irrtümer noch Flecken auf einem Traum sind. Sie sind das logische Ergebnis des Zionismus.[37]

---

[36] ebd.
[37] ebd.

Es war eine weite Reise für Walt vom liberalen Zionismus seiner Kindheit zu seiner begeisterten Entdeckung eines authentischen jüdischen Glaubens:

Ich glaube, dass Gerechtigkeit das zentrale Gebot unserer Tradition ist. Als Jude glaube ich, dass es uns geboten ist, Fürsprecher der Armen, Unterdrückten und Benachteiligten zu sein. Vor den 1940er Jahren gab es eine heftige Debatte über Zionismus und Judentum. Innerhalb der zionistischen Bewegung gab es eine kleine, aber einflussreiche Gruppe sehr prominenter Führungspersönlichkeiten - Martin Buber, Judah Magnes und andere - die begriffen hatten: Unseren Willen den Palästinensern aufzuzwingen, würde einen unendlichen Kreislauf der Gewalt schaffen und unsere tiefsten jüdischen Werte verletzen. ... Die meisten Juden waren keine Zionisten. Erst der Holocaust veränderte die jüdische Welt und der Zionismus gewann die Sympathie der Welt. Nach fast 70 Jahren wird heute fast kein Unterschied zwischen Zionismus und Judentum gemacht. Zionismus ist die Religion der amerikanischen Juden geworden.[38]

Neue Fragen an eine alte Geschichte

Wir haben einen Wendepunkt erreicht. Angesichts der Konsequenzen aus dieser Verwirklichung des zionistischen Traums arbeiten jüdische Vordenker daran, einen Weg zurück zu den wichtigsten Werten ihrer Tradition zu ebnen. Gemeinsam mit vierzig anderen Rabbinern und mehreren Studenten mit eben diesem Berufsziel haben Brant Rosen und Brian Walt den Rabbinischen Rat bei der *Jewish Voice for Peace* gegründet.[39] In Amsterdam wurde 2002 *European Jews for a Just Peace* gegründet, mit der Aufforderung: „Nicht in unserem Namen" und „Sagt

---

[38] ebd.

[39] *Jewish Voice for Peace* ist eine bunte und demokratische Gemeinschaft von Aktivisten, die, von der jüdischen Tradition inspiriert, für Frieden, soziale Gerechtigkeit und Menschenrechte arbeiten. JVP setzt sich für die Beendigung der israelischen Besatzung von Westjordanland, Gazastreifen und Ostjerusalem ein; Sicherheit und Selbstbestimmung für Israels und Palästinenser und

nicht, Ihr hättet nichts gewusst!" Zu dieser Föderation jüdischer Organisationen aus zehn europäischen Ländern gehört die deutsche Sektion, die am 9. November 2003 in Berlin ins Leben gerufene „Jüdische Stimme für einen gerechten Frieden in Nahost".[40] Die Mitgliederzahlen sind noch niedrig, aber dies ist der Anfang einer Erweckungsbewegung, die zur Befreiung unseres Volkes führen wird. Eine Mitstreiterin, die Rabbinerin Margaret Holub, hat es in einer Meditation zum Passahfest so ausgedrückt:

> Wie du die Geschichte deines Volkes erzählst, hängt davon ab, wo du dein Volk auf der Welt verortest. Wenn du denkst, dass du einzigartig bist und nur dein eigenes Schicksal zählt, dann kannst du es rechtfertigen, einem anderen Volk schreckliche Dinge anzutun. Wenn du andererseits deinen eigenen Volksstamm als einen Akteur in einer Welt siehst, die sich nach Frieden und Unversehrtheit für jeden Menschen sehnt, dann wirst du dich ganz anders durch unsere verletzte Welt bewegen. Jetzt kurz vor dem Passahfest freue ich mich auf das Essen und Trinken mit meinen Freunden und der Familie und darauf, die Geschichte von unserer Befreiung aus der Unterdrückung zu erzählen. Und gleichzeitig weiß ich, dass wir uns dem stellen werden, auf welche Art und Weise wir heute die Rolle des Pharao in der damaligen Geschichte spielen und ein anderes Volk brutal unterdrücken. Ein wichtiger Teil meiner Freiheit als Jüdin ist die Freiheit, der alten Geschichte neue Fragen zu stellen.[41]

---

eine gerechte Lösung für die palästinensischen Flüchtlinge auf der Basis des Völkerrechts; ein Ende der Gewalt gegen Zivilisten und Frieden und Gerechtigkeit für alle Menschen im Nahen Osten.

[40] Zu den Begründern gehören die Künstlerin Fanny-Michaela Reisin, der Autor und Psychologieprofessor Rolf Verleger, die Schriftstellerin Ruth Fruchtman, die Psychotherapeutin Iris Hefets; www.juedische-stimme.de

[41] https://jewishvoiceforpeace.org/blog/passover-the-freedom-to-question-and-to-re-tell-our-stories

Wie die christlichen Persönlichkeiten, denen wir in den vorigen Kapiteln begegnet sind, haben Rosen, Walt, Holub und eine wachsende Anzahl jüdischer Vorbilder ihre Augen für die Zeichen der Zeit geöffnet. Sie haben den schmerzhaften, unpopulären Schritt aus dem Kreislauf der auf Angst gegründeten Anpassung an den Nationalismus getan, weg von den Privilegien und dem Denken „wir gegen sie". Und dadurch sind sie in einen anderen Kreis getreten - einen, der tief und weit ist; einen, der keine Referenzen braucht, kein zweifelsfreies Glaubensbekenntnis und keinen ethnischen Stammbaum erfordert, sondern nur die Bereitschaft, „in einem unbedingten Netzwerk der Gegenseitigkeit aufgefangen zu werden."[42] Sie sind Mitglied in Martin Luther King Jr.'s *beloved community* (geliebte Gemeinschaft) geworden.

Der eigentliche Geist Israels

Während wir diese heutige jüdische Suche nach einer Anknüpfung an die kostbaren zentralen Werte unserer Tradition betrachten, wenden wir uns wieder Howard Thurman zu. Seine erstaunliche Einsicht über Jesu Wesen in seinem Jüdischsein passt genau zum jetzigen jüdischen Kampf darum, den Sturz in den Abgrund abzuwenden:

> Jesus verstand sich selbst nicht als jemand, der außerhalb Israels stand. Hätte er sich als Begründer einer neuen Religion, eines neuen Glaubens gesehen, dann wäre erbitterter Widerstand zu erwarten gewesen. Mit Recht hätten die Verteidiger des Glaubens ihn bekämpft, weil er bewusst versucht hätte, die Grundlagen des Judentums zu zerstören. Aber wenn es stimmt - wovon ich ausgehe - dass Jesus dachte, lediglich dem eigentlichen Geist Israels als schöpferisches Werkzeug zu dienen, ganz dem Willen Gottes hingegeben, dann musste er, um seine Hausbewohner zu lieben, seinen eigenen Stolz überwinden. In ihrer Haltung schien er den größten Verrat an Gottes Willen zu sehen.[43]

---

[42] James M. Washington, hg., *A Testament of Hope: The Essential Writings and Speeches of Martin Luther King Jr.*, San Francisco, 1986, S. 290

[43] Thurman, *Jesus and the Disinherited*, S. 90.

Der Konflikt Jesu mit der „Hausgemeinschaft" - den „Verteidigern des Glaubens" - rührte direkt aus seinem Jüdischsein. Aus Liebe für sein Volk und dessen Tradition forderte er das Establishment seiner Zeit heraus, zu erkennen, wie tief diese Tradition verraten und verletzt worden war. Thurman spricht von solchen Zeiten, in denen es notwendig ist, lang gehegte Überzeugungen ebenso loszulassen wie ein Selbstbild, das man als Identität und als das Vermächtnis einer kollektiven Geschichte hochgehalten hat. Hier steht Brant Rosen, der sich weigert, einen Sieg zu feiern, der „den anderen", die er heute als Brüder und Schwestern umarmt, Niederlage und Verlust gebracht hat. Hier steht Marc Ellis, der für ein Judentum plädiert, das stolz sein Erbe als echte Befreiungstheologie beanspruchen kann, und Hannah Arendt, die uns auffordert, die Gefahr zu erkennen, in unserem eigenen Leiden isoliert zu bleiben. Hier stehen die tapferen Israelis, die an die Welt appellieren, dass man ihnen helfen möge, ihr Land vor sich selbst zu retten. Alle stehen Seite an Seite mit jenem eigentlichen Geist Israels. Sie entrollen die Schriftrolle und verkündigen die frohe Botschaft.

Willkommen in unserer Synagoge.

11. KAPITEL

ZEIT FÜR KAIROS – EIN WECKRUF

Ich mag Niederländer sehr. Als Psychologe habe ich mich auf das posttraumatische Stress-Syndrom spezialisiert und mein Mentor war ein brillianter Psychiater aus den Niederlanden. Es war eins von drei oder vier Ländern weltweit, das in der Erforschung von traumatischen Stressreaktionen führend war. Und so schien es folgerichtig, in meinem jetzigen Leben als Mitglied eines internationalen und interdisziplinären Netzwerkes, das sich der israelisch-palästinensischen Frage widmet, wieder engen Kontakt mit Holländern zu haben. Ich treffe sie in Jerusalem, wo sie Delegationen mit Pastoren und Menschenrechtsaktivisten begleiten, damit sie Augenzeugen des gewaltlosen Kampfes der Palästinenser gegen die Besatzung werden. Ich treffe sie in Hebron und den anderen Einsatzorten im Westjordanland als „Ökumenische Begleiter".

Diese Menschenrechtsbeobachter unter dem Dach des Weltkirchenrates in Genf schützen zum Beispiel Palästinenser durch ihre Präsenz vor der Gewalt und den Belästigungen der jüdischen Siedler, aber erinnern auch, soweit das möglich ist, die israelischen Besatzungssoldaten an deren Pflichten gegenüber der palästinensischen Zivilbevölkerung, etwa an den militärischen Checkpoints. Mit dem Ruf der palästinensischen Bischöfe im Jahr 2001 an die Christen der Welt: „Betet nicht nur für Frieden in Jerusalem" fing es an. „Schickt Menschen, die unsere Situation und die unserer muslimischen Nachbarn teilen und davon berichten!" Seit dem Herbst 2002 begleiten Teams von je vier bis sechs Freiwilligen aus aller Welt, auch aus der Schweiz, Österreich und Deutschland, in Jerusalem und sieben Orten des Westjordanlandes drei Monate lang Palästinenser und Israelis, die das Ziel eint: die

Beendigung der Besatzung der palästinensischen Gebiete durch die israelische Armee.[1]

Diese Arbeit wird von der evangelischen Kirche der Niederlande (PKN) unterstützt: Sie ist seit dem Zusammenschluss zweier reformierter Kirchen mit der lutherischen die zweitgrößte nach der römisch-katholischen Kirche und finanziert einen Mitarbeiter in Jerusalem, der Besucherdelegationen führt und mit lokalen Organisationen zusammenarbeitet. Außerdem gibt sie Zuschüsse für Organisationen im Inland, darunter ‚Kairos Niederlande' und ‚Freunde von Sabeel Niederlande'. Beide engagieren sich durch Bildungs- und Kampagnenarbeit für einen gerechten Frieden in Israel und Palästina.[2]

Und so kam ich im September 2011 zu einer Konferenz über Kairos Palästina nach Amsterdam, die von diesen beiden Organisationen veranstaltet wurde. An jenem Morgen saß ich im Publikum und hatte Gelegenheit, den typisch holländischen Sinn für Fairness in Form einer Podiumsdiskussion über das Kairos Palästina Dokument zu erleben. Auf dem Podium saßen die Vertreter der unterschiedlichsten Meinungen zu dem Dokument, darunter der Vorsitzende der PKN und ein Rabbiner der Stadt. An vieles, das gesagt wurde, kann ich mich nicht mehr erinnern, aber die Worte des Kirchenoberen und des Rabbiners sind mir noch so lebendig und unmittelbar gegenwärtig wie an dem Tag in Amsterdam.

Der Kirchenpräsident trat ans Rednerpult, ein Pastor, der für vier Jahre in das Leitungsamt gewählt worden war. Er hielt ein Exemplar des Kairos-Palästina-Dokuments hoch und sagte: „Die evangelische Kirche der Niederlande steht voll hinter dem Kampf der Palästinenser

---

[1] Ecumenical Accompaniment Program in Palestine and Israel (EAPPI), www.eappi.org = Ökumenischer Begleitdienst in Palästina und Israel, www.eappi-netzwerk.de, www.peacewatch.ch, www.katastrophenhilfe.diakonie.at/eappi

[2] Wie ihre Schwesternorganisationen etwa in den USA oder Deutschland unterstützen die 'Freunde Sabeels Niederlande' die Jerusalemer bei Konferenzen und Bildungsarbeit, um auf die palästinensische Menschenrechtssituation aufmerksam zu machen und palästinensische Befreiungstheologie und Gewaltfreiheit bekannt zu machen.

für ihre Freiheit und Selbstbestimmung. Dies ist ein gutes und löbliches Dokument. Aber als Leiter unserer Kirche kann ich es nicht unterstützen, weil es einen Boykott Israels befürwortet. Das ist ein Angriff gegen ein ganzes Volk. Das haben wir schon einmal erlebt und in diese Richtung wollen wir nicht gehen." Damit meinte er die judenfeindliche Gesetzgebung in den frühen Jahren der Naziherrschaft in Deutschland.[3] Was er noch sagte, weiß ich nicht mehr, denn in meinem Kopf wirbelten die Gedanken und Gefühle durcheinander, die diese Äußerung ausgelöst hatten. Er ist wahrscheinlich noch auf die „unauflösliche Verbindung mit dem jüdischen Volk" eingegangen, eine Formulierung, die ich während dieser Woche in Holland mehr als einmal hörte.

Danach war der Rabbiner dran. Auch er hielt das Kairos-Palästina Dokument hoch und sagte: „Das ist ein gutes Dokument. Ein beredtes Zeugnis der palästinensischen Sehnsucht nach Freiheit und Selbstbestimmung. Aber ich kann es nicht unterstützen. Ich kann das Dokument nicht bejahen, denn obwohl es über das Leiden und Sehnen der Palästinenser spricht, fehlt das jüdische Narrativ."

Diese Momente in Amsterdam habe ich nie vergessen, weil in diesen beiden kurzen Äußerungen die Gründe stecken, warum der Frieden im Heiligen Land so weit weg ist und sich täglich noch weiter zurückzuziehen scheint. Ich war nicht auf das Podium eingeladen worden und es gab keine Gelegenheit für das Publikum, sich zu äußern. Aber hätte ich es tun können, hätte ich den beiden folgendes entgegengehalten:

Dem Rabbiner hätte ich einfach und geradeheraus erklärt: „Rabbi, du sagst, das jüdische Narrativ sei in dem palästinensischen Dokument ausgelassen, aber du hast unrecht. Das Dokument, das du in der Hand

---

[3] Kurz nachdem sie 1933 an die Macht gekommen war, setzten die Nationalsozialisten Gesetze durch, welche die Juden in Deutschland isolieren, marginalisieren und in den wirtschaftlichen Ruin treiben sollten. Dazu gehörte der Ausschluss aus Führungspositionen in Regierung und Universität, das Verbot, Nichtjuden zu heiraten und, was in unserem Zusammenhang relevant ist, der Boykott von jüdischen Geschäften. Diese Gesetze schufen die Voraussetzung für das spätere Programm der Vernichtung, den Nazi-Holocaust.

hältst, *ist* das jüdische Narrativ von heute. Wenn wir Juden nicht anfangen, die großen Schwierigkeiten zu sehen, in denen wir uns befinden, sind wir als Volk am Ende. Wenn wir eines Tages auf diesen Abschnitt unserer Geschichte zurückschauen, werden wir in Sack und Asche gehen. Wir werden die Verbrechen erkennen, die wir im Namen des jüdischen Volkes und im Namen von jüdischer Sicherheit begangen haben. Und wir werden voller Entsetzen und Bedauern sein und uns sehr schämen. Eines Tages werden wir auf unseren Knien bereuen, was wir im Namen unseres Überlebens und unserer Erlösung getan haben. Schieben Sie den Ruf der Palästinenser nach Gerechtigkeit nicht einfach beiseite. Heute ist das palästinensische Narrativ *unser Narrativ*."

Dem Vorsitzenden der niederländischen protestantischen Kirche hätte ich eine einfache Frage gestellt: Sie sagen, dass Sie das palästinensische Dokument wegen des Boykotts nicht befürworten können. Aber wollen Sie mir wirklich sagen, dass Sie nicht unterscheiden können zwischen den antijüdischen Gesetzen in den ersten Jahren des Dritten Reiches in Deutschland und dem palästinensischen Aufruf an die Weltchristenheit heute, für Gerechtigkeit aufzustehen und durch diese legale, gewaltlose und weltweite Bewegung auf die Misere der Palästinenser aufmerksam zu machen und Druck auf den Staat Israel auszuüben, damit er sich an das Völkerrecht hält?" Ich hätte ihm erklärt, dass es jüdische Stimmen in Israel, Holland und anderswo in Europa und der Welt gibt, die diese Bewegung unterstützen, die verstehen, dass sie ein Erweis der Liebe zu den Juden Israels, ja zu den Juden weltweit ist. Als Jude verstehe ich, wie das Trauma der Kriegsjahre auf die Menschen in Holland immer noch tiefgehende Auswirkungen hat, sogar drei Generationen danach. Ich verstehe die Langlebigkeit dieser Art der Erinnerungen nur zu gut. Aber wenn ich über die Äußerungen des Kirchenpräsidenten und des Rabbiners nachdenke, frage ich mich, wie lange uns alle diese Erfahrungen noch gefangenhalten sollen und uns davon abhalten, hier und heute auf die drängende aktuelle Situation zu reagieren und etwas zu tun.

Einige Monate später kam ich zu meiner ersten Vortragsreise nach Deutschland. Mehrere kirchliche Gruppen, die die palästinensische Sache einem deutschen Publikum nahebringen wollten, hatten meinen

Zeit für Kairos – Ein Weckruf

Besuch im Frühjahr 2012 organisiert. Aber sie waren etwas nervös. Am Abend meines ersten Vortrags nahm mich der Stuttgarter Veranstalter beiseite und bat mich: „Sagen Sie nichts zum Boykott. Sie müssen verstehen, dass das Thema für Deutsche hochsensibel ist." Ich nahm seine Bitte ernst. Aber dann am Rednerpult spürte ich rasch den Hunger bei den Zuhörern, dass das ausgesprochen wird, was sie als richtig empfinden, aber nicht sagen dürfen. Fünf Minuten nach Beginn erzählte ich ihnen die Geschichte von dem holländischen Kirchenratsvorsitzenden und seinem Beweggrund, warum er Kairos Palästina nicht unterstützen könne. Dann stellte ich den Zuhörern die Frage, die ich ihm nicht gestellt hatte: „Wer unter Ihnen verwechselt eigentlich die judenfeindliche Gesetzgebung des Dritten Reiches in den 1930er Jahren mit der internationalen Bewegung heute, den Staat Israel wegen des Unrechts an den Palästinensern zu sanktionieren?" Ich bat nicht um Handzeichen, aber empfand deutlich die non-verbale Antwort: Es war Erleichterung, ja Dankbarkeit. Ich sagte weiter: „Ich mache mit Ihnen ein Tauschgeschäft: Wenn Ihr als Deutsche aufhört, Euch als die schlimmsten Verbrecher der Weltgeschichte zu sehen, werde ich als Jude aufhören, das größte Opfer der Weltgeschichte zu sein. Es ist an der Zeit für uns alle, loszulassen und die Zukunft zu gestalten."

Die Position der holländischen Kirche hatte mich überrascht. Das war schließlich nicht Deutschland. Die Holländer waren selbst Opfer der Nazis gewesen und nicht Täter der Verbrechen gegen die Juden. Aber es hätte mich nicht überraschen sollen. Wer da gesprochen hatte, war ein Kirchenbürokrat und nicht das Kirchenvolk selbst. Sobald Menschen die Gelegenheit bekommen, sobald sie von institutionellen Fesseln und von der Last der Schuld oder der Angst vor Nichtanpassung befreit sind, sehnen sie sich nach Heilung und wollen den Schmerz von Trauma und Trauer überwinden.

Wenige Tage nach dem Amsterdamer Podiumsgespräch begegnete ich dem Kirchenoberen noch einmal bei einem festlichen Abendessen, das zu Ehren der palästinensischen Delegation stattfand, die an der Konferenz teilgenommen hatte. Die Palästinenser, ein südafrikanischer Veteran der Bewegung gegen die Apartheid und ich bekamen jeweils fünf Minuten Redezeit. Jeder von uns forderte die niederländische

Kirche mit deutlichen Worten dazu heraus, der israelischen Apartheid entgegen zu treten, wie sie es zu Zeiten des Kampfes zur Befreiung der Südafrikaner getan haben, um die Schwarzen und Weißen von der Sünde und Häresie der Apartheid zu befreien. Wir stellten den kirchlichen Glaubenssatz von einer „Bindung" an das jüdische Volk infrage, wenn diese die Kirche von einem prophetischen, glaubensgemäßen Handeln abhält. Als Jude fügte ich hinzu: „Wenn die Kirche unser Volk wirklich liebte, würde sie aufhören, unsere Verbrechen zu ermöglichen. Und es sei an der Zeit, sich mutig auf die Seite der Unterdrückten zu stellen. Dann stand der Kirchenratsvorsitzende auf, um zu reden. Er war offensichtlich gekränkt und verärgert. Die Kirche, bekräftigte er, sei ihren Grundsätzen treu. Sie habe die Verantwortung, sowohl den Palästinensern als auch den Juden gegenüber eine ausgewogene Perspektive einzunehmen und ihre Hand beiden Völkern entgegenzustrecken. Die Kirche schlage sich nicht auf eine Seite. Sie arbeite für „Versöhnung". Ich saß neben einem Pastor aus einer kleinen Stadt im Osten. Er lehnte sich zu mir hinüber und flüsterte mir ins Ohr: „Er spricht nicht für mich."

Es sind natürlich auch die Gemeindeglieder, die ihre Stimmen erheben müssen. Kirchliche Institutionen wie Regierungen reagieren letztendlich auf die Stimmen aus ihren Gemeinden beziehungsweise Wahlkreisen, auch wenn es dauern kann. Ich erinnere mich an einen Pastor in Ohio, der mich zurechtwies, nachdem ich Geistliche aufgefordert hatte, sich mutig von den Kanzeln aus zu unserem Thema zu äußern: „Auf Sie kommt es an!" hatte ich gesagt. Er protestierte: „Ich muss es von meiner Gemeinde hören. Wenn mich nur drei oder vier Leute wegen eines Themas ansprechen, das ist alles, was ich brauche."

Ich denke, wir brauchen beides. Der Bethlehemer Aufruf erging an alle Ebenen: an die Kirchenleitungen, an die Pfarrer und an die Menschen in den Kirchenbänken. Offenkundig ist, dass weder die Kircheninstitutionen noch die Regierungen die Führung übernehmen. *Aber sie werden folgen.* Ja, der niederländische Kirchenratsvorsitzende und der Rabbiner waren beide in der Vergangenheit gefangen und unfähig oder unwillig, einen Weg in die Zukunft zu finden. Aber die gute Nachricht, die ich sehe und höre, wohin ich auch gehe, ist die: Menschen wollen frei sein, um ihre Zukunft gestalten zu können, jeder für sich und als Gemeinschaft. Wenn es um alles geht, wenn die Ketten der Vergangenheit am stärksten sind, geschmiedet nicht nur von einem äußeren Unterdrücker, sondern auch von den eigenen Institutionen wie Kirche, Synagoge, Moschee und Regierung, dann schaffen sich die Menschen alternative Gemeinschaften oder sie fordern von den gegebenen Strukturen, sich zu verändern. Es ist die Geschichte der frühen Christen. Sie waren Ortsgemeinden mit der Vision einer alternativen Gesellschaft, die das Reich Gottes inmitten der mächtigsten Tyrannei der Weltgeschichte verwirklichten. Es ist die Geschichte der Kirche zur Zeit der Apartheid in Südafrika, die sich aus dem Sumpf ihres Selbstbetrugs gezogen hat, um die Unterstützung der weltweiten Christenheit zu mobilisieren, die sie brauchte, um das Land aus der Dunkelheit zu führen. Es ist die Geschichte der Bürgerrechtsbewegung in den USA, die aus den Kirchen heraus entstanden ist. Sie hauchte den Kirchen von neuem die Vision und den Geist ein, der vor zweitausend Jahren ihr Geburtshelfer gewesen ist. Die Bewegung erinnerte die Christen an ihr glaubendes und mutiges Herz. Und heute ist es die Geschichte der weltweiten Kairos-Bewegung, die auf den Ruf, solidarisch mit dem palästinensischen Volk zu sein, reagiert.

Kairos USA - Ermutigung zum Handeln

Die Kirchen reagieren. Delegationen aus 26 Ländern waren beim zweiten Jahrestag der Veröffentlichung des Kairos-Palästina-Dokuments 2011 in Bethlehem vertreten. Wie bereits erwähnt, gehörte eine Gruppe aus den Vereinigten Staaten dazu, die das Beispiel der Kairos-Gruppe im südlichen Afrika inspiriert hatte. Sie stellte die Frage: Wenn die Kirche in den USA sich nicht ihrer Verantwortung stellt und auf den palästinensischen Ruf antwortet, wer soll es sonst tun? Innerhalb von sechs Monaten verfassten amerikanische Christen – Frauen, Männer, Weiße und Schwarze, Katholiken und Protestanten, Liberale und Evangelikale – ein Dokument mit dem Titel: „Aufruf zum Handeln: Eine Antwort auf das Kairos-Palästina-Dokument. Ein Wort des Bekennens und Glaubens von Christen in den Vereinigten Staaten".[4] In der Präambel definieren sie die Aufgabe der neu gegründeten Organisation *Kairos USA*. Es geht um „die Mobilisierung der Kirchen in den USA, damit sie treu und mutig auf die Situation in Israel und Palästina reagieren". Außerdem erklärt sie den Hintergrund und Kontext der Neugründung:

> Im Juni 2011 kam eine Gruppe Geistlicher, Theologen und Laien zusammen, um eine neue Bewegung für amerikanische Christen ins Leben zu rufen. Sie sind sich sowohl der Verantwortung als Amerikaner für die Tragödie, die sich in Israel und Palästina abspielt, bewusst als auch der Dringlichkeit der Situation. Wir wurden von den prophetischen kirchlichen Bewegungen im südlichen Afrika, in Zentral- und Südamerika, Asien und Europa inspiriert, die auf den Ruf ihrer christlichen Schwestern und Brüder im besetzten Palästina geantwortet haben. Dies ist unser Zeugnis und unser Bekenntnis – und unsere Antwort als amerikanische Christen auf den palästinensischen Appell.

„Die tragische Realität in Israel und Palästina heute", so heißt es weiter, „würde Jesus und die Propheten tief beunruhigen. Das Land, wo Jesus lebte und von den herrschenden Römern gekreuzigt wurde, ist wieder ein Ort der Gewalt, der Ungleichheit und des Leidens. Palästinenser und Israelis sind in einem Kreislauf der Gewalt gefangen, der ihre Menschlichkeit zerstört, ihre Ressourcen verschwendet und ihre Kinder tötet." Als Christen bekennen die Verfasser dieses „Aufrufs zum Handeln" das tragische Erbe der christlichen Judenverfolgung und erkennen an, dass sie es ist, die im 19. und 20. Jahrhundert das Streben der Juden nach einem Heimatland verursacht habe. Danach bekräftigen die Autoren das Recht des jüdischen Volkes auf „Sicherheit … frei von der Geißel des Antisemitismus", und kommen zu der brandaktuellen Gegenwart, indem sie den Finger auf die Wunde legen: „Die jetzige Politik des Staates Israel wird weder die Sicherheit bringen, die sie suchen, noch das jüdische Volk von der Angst befrei-

---

[4] Der ganze Text und andere Materialien: www.kairosusa.org

en." Obwohl die Gewalt, die gegen Israel gebraucht wird, bei den Israelis tiefgehende Gefühle der Angst und Unsicherheit ausgelöst habe, „ist die Ursache für das aktuelle Zerwürfnis nicht das Ergebnis einer historischen oder natürlichen Feindschaft zweier Völker oder die Tatsache eines tief verwurzelten Hasses gegen das jüdische Volk. Die Gründe sind vielmehr das überwältigende Ungleichgewicht der Macht, die Art und Weise von Israels Gebrauch der Staatsgewalt, die andauernde Beschneidung der Menschenrechte des palästinensischen Volkes und das Versagen der internationalen Gemeinschaft, Israel gemäß den Grundsätzen des Völkerrechts zur Verantwortung zu ziehen."[5]

Wie die Verfasser des südafrikanischen Dokuments während der Apartheid spürten die Autoren des „Aufrufs zum Handeln" ein ausgeprägtes Gefühl der Verantwortung als Bürger der USA für die massive und bedingungslose Unterstützung ihrer Regierung bei dem Unrecht gegenüber den Palästinensern in Vergangenheit und Gegenwart. Aber als Christen waren sie sich auch darüber bewusst, wie eng verzahnt die Regierungspolitik der USA mit einer Theologie ist, die von so vielen amerikanischen Christen vertreten und dazu benutzt wird, eben diese Politik zu rechtfertigen.

Als Einzelne und als Kircheninstitutionen haben wir ein System der Kontrolle, Ungleichheit und Unterdrückung befürwortet, indem wir unsere heiligen Schriften falsch interpretiert, Fehler in der Theologie zugelassen und die Geschichte verdreht haben. Wir haben theologischen und politischen Konzepten nicht widersprochen, die uns zu Komplizen bei der Unterdrückung der Palästinenser haben werden lassen. Anstatt mutig zu reden und zu handeln, haben wir lieber vorsichtige Stellungnahmen abgegeben, die Kontroversen vermieden und liebgewordene Beziehungen nicht störten. Wir haben den Unterschied vergessen zwischen einer Theologie, die die Politik und die institutionellen Strukturen von Unterdrückung stützt und einer Theologie, die der Geschichte und ihren menschlichen

---

[5] „Call to Action: U.S. Response to the Kairos Palestine Document", www.kairosusa.org, Zugriff 5. Feb 2013

Abgründen etwas entgegenhält, indem sie sich mutig auf die
Seite der Witwen und Waisen, der Armen und Enteigneten
stellt.[6]

Das Gründungsdokument von *Kairos USA* beschreibt, dass die besondere Beziehung, die zwischen den Vereinigten Staaten und Israel seit den ersten Tagen des jüdischen Staates besteht, „eine parteiübergreifende Konstante ist und politische Umbrüche überdauert hat". Es fordert uns auf, gründlich darüber nachzudenken, was das in Bezug auf das eigene Erbe der Vereinigten Staaten als Eroberer und Besatzer sagt:

Die Politik unserer Regierung gegenüber Israel hat manches Mal unsere religiös gefärbte Identität als eine von Gott gesegnete und privilegierte Gesellschaft gespiegelt. Beispielsweise ähnelt die Vorstellung, dass das jüdische Volk ein besonderes Anrecht auf Jerusalem habe und ein größeres Recht auf das historische Palästina als die anderen Bewohner des Landes, unserer historischen amerikanischen Vorstellung der „*Manifest Destiny* (der geoffenbarten Bestimmung)" – unsere Nation als die „leuchtende Stadt auf dem Berg". Als Amerikaner und als Christen müssen wir gründlich prüfen, wie unser eigener tief verwurzelter Sinn dafür, Vorrechte zu genießen, sich auswirkt auf unser Engagement für Gerechtigkeit und Gleichheit bei diesem Thema und anderen Menschenrechtsthemen auf der Welt.[7]

Deutsche Solidarität für Kairos Palästina

Die Auseinandersetzung in Deutschland ist der in den USA ähnlich. Hier ist eine Bewegung von unten gewachsen, die Aktivisten in den Kirchen mit anderen Friedensaktivisten vereint, um mutig gegen die offizielle kulturelle, politische und theologische Allianz mit dem Staat Israel aufzustehen.

---

[6] ebd.
[7] ebd.

Zeit für Kairos – Ein Weckruf

Im Juni 2015 hatte ich die Gelegenheit, am Kirchentag in Stuttgart teilzunehmen. Ich war beeindruckt von der Vielfalt der Veranstaltungen für die über 100.000 Menschen, von Gebeten und Konzerten bis zu Foren über Demokratie und sozialer Gerechtigkeit. Allerdings hatte die Kirchentagsleitung die Planung eines Podiums zu Kairos-Palästina abgelehnt, um, so hieß es, die christlich-jüdische Zusammenarbeit nicht zu stören. Deshalb hat ein Bündnis mehrerer kirchennaher Initiativen für die Rechte der Palästinenser einen Veranstaltungstag organisiert unter dem Titel „Gerechtigkeit schafft Frieden in Palästina und Israel – Das Schweigen brechen". Dieser alternative Thementag mit Vorträgen und Podiumsgesprächen stand in der großen Kairos-Tradition, die die Kirchen dazu auffordert, ihrer Berufung treu zu bleiben. Diese Botschaft zu vertreten, kostet Christen in Deutschland einiges, denn bei der bedingungslosen Unterstützung für Israel ziehen Regierung, Medien und Kirchen an einem Strang. Um den Protest zu stärken, hat Erzbischof Desmond Tutu aus Südafrika einen offenen Brief an die Kirchentagsleitung geschrieben. Darin bittet er die deutsche Kirche „inständig, aufmerksam auf das zu hören, was im Kairos-Palästina-Dokument gesagt wird ... [und] sich an die Seite der Unterdrückten zu stellen und das Wort Gottes als frohe Botschaft für alle zu bewahren, anstatt es in eine Waffe zu verwandeln, mit der die Unterdrückten getötet werden."[8]

Am Anfang seines Briefes vom April 2015 erinnert Tutu den Kirchentag an dessen Rolle im Kampf gegen die Apartheid, indem die Konten bei der Deutschen Bank wegen ihrer Geschäfte mit Südafrika gekündigt wurden. Er dankt für die damalige Unterstützung. Sogleich folgt, worauf es heute ankomme, nämlich „sowohl in unseren Kirchen wie auch in unseren Gesellschaften den Kairos-Aufruf zu unterstützen, der die Forderung der palästinensischen Zivilgesellschaft aufnimmt, Boykott, Kapitalabzug und Sanktionen (BDS) als angemessene gewaltfreie Mittel kreativen Widerstands einzusetzen, bis die illegale israelische Besatzung überwunden ist." Natürlich kennt Tutu die Vor-

---

[8] www.kairoseuropa.de/wp-content/uploads/2015/10/
Tutu_Brief_Palaestina_30.04.2015_deutsch-21.pdf

behalte an dieser Stelle und die Angst vor dem schlimmsten aller Vorwürfe, aber er scheut sich nicht, das heiße Eisen anzufassen: „BDS hat nichts mit Antisemitismus zu tun! Macht Geschäfte mit Juden, organisiert etwas mit ihnen, liebt sie. Aber unterstützt nicht die Maschinerie eines Apartheidstaates – weder militärisch oder wirtschaftlich noch politisch. Wir können keine normalen Geschäfte machen, denn die Bedingungen im Heiligen Land sind vollkommen anormal. ... Hütet euch vor Antisemitismus und allen anderen Formen von Rassismus, aber hütet euch genauso davor, zum Schweigen gebracht zu werden von jenen, die euch wegen der Kritik an der unterdrückerischen Politik Israels als Antisemiten abstempeln wollen." Tutu mahnt, wobei er seine eigene Erfahrung weitergibt: „Als Christen haben wir die Pflicht, an der Seite der Unterdrückten, der Geknechteten, der Armen, der mit Vorurteilen Belasteten und der ungerecht Behandelten zu stehen – IMMER. Neutralität darf keine Option sein, denn sie begünstigt die Unterdrücker. IMMER."

Die wachsende Bewegung innerhalb Deutschlands, das palästinensische Volk bei ihrem Kampf für Freiheit und Gleichheit zu unterstützen, bereitet der deutschen evangelischen Kirche ein Problem, denn sie hat offiziell erklärt, genau wie die deutsche Regierung, eine besondere Verantwortung für das jüdische Volk und das Wohlergehen des Staates Israel zu tragen. Ja, die evangelische Kirche ist tatsächlich auf Kollisionskurs mit der Bewegung an der Basis, die solidarisch mit dem palästinensischen Menschrechtsanliegen ist. Dazu gehört das *Kairos-Palästina-Solidaritätsnetz*, das ökumenische Gruppen 2012 gegründet haben. Seitdem tut es seine engagierte prophetische Arbeit. Für den fünfzigsten Jahrestag des Beginns der israelischen Besatzung 2017 hat es einen sehr deutlichen Appell veröffentlicht. Darin bedauern die Verfasser, dass das Kairos-Dokument der palästinensischen Christen bisher von den deutschen Kirchen, den Gemeinden und dem Kirchentag kaum als Herausforderung ernst genommen wird:[9]

---

[9] www.kairoseuropa.de/wp-content/uploads/2016/10/KPS-Appell-final.pdf, Zugriff 20. August 2017

Wir beklagen,

dass wir Christen dadurch mit dazu beitragen, dass die israelische Besatzung der palästinensischen Gebiete ... als „Normalität" wahrgenommen wird ... ;

dass zunehmend Veranstaltungen, in denen die israelische Politik kritisiert ... wird, mit massivem öffentlichen, zum Teil sogar administrativem Druck in einem Maße behindert werden, welches die Meinungs- und Versammlungsfreiheit gefährdet;

dass die deutsche Regierung ... aus Gründen der „Staatsraison" jede ernsthafte Kritik an diesem Staat vermeidet, ihn sogar gegen das Verbot der Lieferung von Waffen in Krisengebiete mit Rüstungsgütern versorgt und militärisch mit ihm kooperiert;

dass die Existenz der christlichen Gemeinden ... in Palästina infolge der Besatzung ernsthaft gefährdet ist und dass sich in Israel antichristliche Ausschreitungen häufen.

Die anschließende Forderung mahnt zu mehr Konsequenz im Blick auf die Shoa und ihre Folgen:

Wir fordern die christlichen Gemeinden und Kirchen in Deutschland auf, endlich wahrzunehmen, dass Deutschland nicht allein durch das Verbrechen an den Juden unter der Naziherrschaft schwere Schuld auf sich geladen hat. Vielmehr wird die Erinnerung an den Holocaust bis heute dazu missbraucht, die Vertreibung und Unterdrückung des palästinensischen Volkes zu rechtfertigen. Wir tragen also Verantwortung für beide Katastrophen. Dazu müssen wir uns endlich verantwortlich verhalten.

„Wahrheit ist immer konkret," hat Dietrich Bonhoeffer einmal gesagt. Im Gegensatz dazu bleiben viele offizielle Stimmen zu Nahost aus Kirche und Politik in Deutschland vage. Darauf weist eine Presseerklärung des Kairos-Palästina-Solidaritätsnetzes hin, die es nach der Rückkehr einer gemeinsamen Pilgerreise von katholischen Bischöfen und evangelischen Kirchenoberen ins „Heilige Land" im Oktober 2016 veröffentlicht hat.[10] Sie kritisiert das Bischofswort zum Abschluss der Pilgerreise als zu allgemein gehalten. Es sei eher desorientierend, abstrakt von der Gewalt auf beiden Seiten zu reden und die „Fragilität des Friedens" zu beklagen. Die Abschlusserklärung der Bischöfe und EKD-Ratsmitglieder verschleiere, dass es im Heiligen Land nicht um einen „Konflikt" geht, sondern um Besatzer und Besetzte. Außerdem wird auf den Brief verwiesen, den die deutschen Aktivisten für Kairos-Palästina vor der Abreise der Kirchenoberen geschrieben hatten und jetzt öffentlich machen. Darin prangern sie an, dass die deutschen Kirchen den Hilferuf im Kairos-Palästina-Dokument überhört haben, während sie es als Diskussionspapier für die kirchlichen Gremien behandelt haben, „das man einmal diskutiert und danach abheften kann."[11]

Dass es anders geht, zeigt eine 80-seitige Broschüre des Netzwerks mit dem Titel: „Wenn ein Glied leidet, leiden alle Glieder mit?", in der sich die vier Autoren engagiert politisch und theologisch mit dem Aufruf aus Bethlehem und den deutschen Reaktionen auseinandersetzen. So wollen sie besonders den Friedenskreisen und Arbeitsgruppen auf gemeindlicher Ebene, die sich dem Aufruf widmen, eine Argumentationshilfe an die Hand geben.[12] Außer dieser Broschüre war der Sendung an die Bischöfe der erwähnte Brief von Desmond Tutu aus Kapstadt hinzugefügt. Der ehemalige Erzbischof schließt ihn mit der eindringlichen Mahnung an die deutsche evangelische Kirche und mit ihr an alle Institutionen weltweit, die behaupten, für Gerechtigkeit und Barmherzigkeit zu stehen:

---

[10] www.kairoseuropa.de/wp-content/uploads/2016/10/KPS-Presseerklärung-zur-gemeinsamen-Botschaft-final.pdf

[11] www.kairoseuropa.de/wp-content/uploads/2016/10/KPS-Brief-gemeinsame-Pilgerreise-DBK-und-EKD-2016.pdf

[12] Gerhard Dilschneider u.a., Wenn ein Glied leidet – leiden alle Glieder mit? Eine Argumentationshilfe zum Kairos-Papier

Bitte schließt euch der ökumenischen Kairos-Bewegung an und fordert öffentlich und solidarisch Freiheit für Palästina, damit auch Israel frei sein kann.[13]

Leider hat der Kirchentag nicht auf Tutus Herausforderung gehört. Die enttäuschende und ausweichende Antwort des Kirchentages erfolgte erst mit dreimonatigem Verzug. Beim Berliner Kirchentag im Mai 2017 gab es wieder nur am Rande einen Thementag, der sich wirklich kontrovers und nicht relativierend dem Thema der Besatzung und des gewaltlosen Widerstands widmete. Er war nicht Teil des offiziellen Programms, sondern wurde, wie schon in Stuttgart zwei Jahre zuvor, vor allem vom Kairos-Palästina-Solidaritätsnetz verantwortet. Im Gemeindezentrum in Berlin-Marzahn fanden prominente Israelis und Palästinenser wie Gideon Levy, Mustafa Barghouti und Mitri Raheb Gehör. Dort forderte auch Albrecht Schröter, der Oberbürgermeister von Jena, eine neue europäische und deutsche Politik für Israel und Palästina.[14]

Solche Auseinandersetzungen innerhalb der Kirche beschränken sich keineswegs auf Deutschland. Sie spielen sich überall da ab, wo sich die Kirche an der Basis auf den theologischen Imperativ besinnt, im dringenden Ruf nach Gerechtigkeit in Palästina die „Zeichen der Zeit" zu erkennen.

Weltweite Bewegung und Kirchenkampf

Die Tugend der selbstkritischen Reflexion, die uns bewusst macht, dass wir eine Verantwortung haben, und zwar auch außerhalb unseres unmittelbaren Kontextes, gehört zum Kern der Kairos-Bewegung. Ein „Kairos-Bewusstsein" beschreibt Professor Allan Boesak, der Befreiungstheologe in der unierten holländisch-reformierten Kirche und Anti-Apartheid-Aktivist folgendermaßen:

---

[13] www.kairoseuropa.de/wp-content/uploads/2015/10/Tutu_Brief_Palaestina_30.04.2015_deutsch-21.pdf

[14] Videodokumentation: www.kairoseuropa.de/kairos-palaestina-solidaritaetsnetz/

Das „Kairos-Bewusstsein" ist ein kritisches Bewusstsein. Es erkennt und beurteilt die Situation, in der wir leben. ... Die Krise, der wir ins Angesicht sehen, ist nicht nur eine ökonomische, soziale und politische, sie ist eine moralische Krise. ... Gewiss, Entscheidungen werden auf der Grundlage einer Analyse von empirischen ... Tatsachen gefällt. Und indem man versteht, wie Macht und Ohnmacht funktionieren. Aber für ein Kairos-Bewusstsein ist die Grundlage des Glaubens für diese Entscheidungen genauso wichtig. Es steht hier viel mehr auf dem Spiel als nur die Befreiung der Unterdrückten. Denn es sind Christen, die andere unterdrücken und behaupten, sie glauben an den Gott von Jesus, der kam, um Gerechtigkeit auf der Erde herzustellen, so dass hier der Glauben, die Integrität des Evangeliums und die Glaubwürdigkeit des kirchlichen Zeugnisses auf dem Spiel stehen. Die Stunde der Wahrheit ist die Stunde des Handelns um der Gerechtigkeit und der Menschlichkeit willen, aber auch um der Integrität des Evangeliums willen.[15]

Während unseres Gesprächs in Kapstadt teilte mir der südafrikanische Theologe Charles Villa-Vicencio, einer der Verfasser des Kairos-Dokuments von 1985, folgende Einsicht mit: „Das geht über Palästina hinaus. Es ist die Konfliktlinie, die sich durch die westliche Zivilisation zieht, der Punkt der Trennung im ersten Jahrhundert zwischen den Nachfolgern Jesu und denen in Jerusalem, die an ihrer Macht von Roms Gnaden hingen."[16] Heute, da wir den Ruf der Kirche in Palästina hören, müssen wir uns fragen lassen: Werden wir Religion dazu gebrauchen, einer Gruppe das Recht zu verleihen, eine andere zu beherrschen oder tragen wir dazu bei, dass die Menschheit erkennt, dass wir zusammengehören und miteinander verbunden sind? Das Pfingstereignis erinnert uns daran, was es bedeutet, mit der Kraft des Heiligen Geistes erfüllt zu sein, nämlich nicht nur in unserer Muttersprache Zeugen von Jesu Botschaft der Liebe und Barmherzigkeit zu sein, sondern „bis an die Enden der Erde" in allen Sprachen der Menschheit.

---

[15] Allan Boesak, „Kairos Consciousness", 25. März 2011, www.kairossouthernafrica.wordpress.com/kairos-consciousness/, Zugriff am 26. Jan. 2013

[16] Charles Villa-Vicencio in Gespräch mit dem Autor, April 2011

Die Kirche ist für diesen Kampf geboren. Ja, sie wurde *in* diesem Kampf geboren. Und sie nimmt die Herausforderung an – in Afrika, in den Vereinigten Staaten und in immer mehr Ländern Europas, Südamerikas und Asiens. Das treue Tun der Kirchen weltweit wird entscheidend sein, um dem System Einhalt zu gebieten, das die israelische Gesellschaft zerstört, das den jüdischen Glauben in Geiselhaft genommen hat, das Konflikten weltweit Nahrung gibt und das die Menschenrechte so systematisch und schon so lang verletzt wie selten sonst auf der Welt. Und denen, die sagen, dass das Reden vom „Beenden" dieses Unrechts in Israel den Wunsch verrät, den jüdischen Staat zerstört sehen zu wollen, und Hass auf die Juden offenbart, muss man antworten: „Meinen Sie die Art und Weise, wie die Welt die südafrikanischen Menschen gehasst hat und ihren Staat zerstören wollte?" Die weltweite Bewegung zur Beendigung der Apartheid dort hat Südafrika zurück in die Gemeinschaft der Völker gebracht. Sie hat seine Bewohner vom Elend, der Gewalt und dem seelentötenden Rassismus des Apartheidsystems befreit, und zwar sowohl die Schwarzen als auch die Weißen.

Indem sie gegen Unrecht und Tyrannei aufstehen, legen sich leitende Geistliche oft mit den Institutionen an, zu denen sie gehören. Das zeigen die Beispiele des südafrikanischen Befreiungskampfes gegen die Apartheid wie die Bürgerrechtsbewegung in den USA und jetzt der Kampf um Gerechtigkeit für die Palästinenser. Die südafrikanischen Theologen John und Steve de Gruchy schreiben in ihrem Buch mit dem passenden Titel *Der Kirchenkampf in Südafrika*: „Die Kirche ist dazu aufgerufen, in der Welt für das Reich Gottes Zeugnis abzulegen … . Weil das so ist, wird sich eine treue Kirche immer im Spannungsverhältnis zur Gesellschaft befinden. Deswegen braucht die Kirche die prophetischen Bewegungen dringend… denn diese zwingen die Kirche durch ihre Kritik, sich selbst zu prüfen und neu zu orientieren. Auch durch solche Bewegungen erneuert Gott die Kirche in jeder Situation und Generation."[17]

---

[17] John W. de Gruchy und Steve de Gruchy, The Church Struggle in South Africa, Minneapolis, MN 2005, S. 111

Was die Kairos-Dokumente seit dem südafrikanischen Dokument charakterisiert, ist die Konsequenz, bei den Kernthemen keine Kompromisse einzugehen und der Wille, über die Vorgaben der institutionellen Kirche hinauszugehen. Kairos ist eine praktische Theologie, die genau in den Zeiten entsteht, wenn sie am meisten gebraucht wird. Darin geht sie auf den ursprünglichen *kairos* zurück: auf die Konfrontation eines visionären Propheten mit dem Übel des Imperiums – des Mannes aus Galiläa, der sich gegen die größte Macht der Welt auflehnt. Der erste *kairos* verkörperte drei Schlüsselfaktoren:

1. eine bedrängende sozialpolitische Situation, die den wirtschaftlichen und sozialen Zusammenhalt in der dörflichen Agrargesellschaft bedrohte;

2. eine von Gott gestiftete ethische und spirituelle Tradition, die in einer Zivilisation verwurzelt war, welche Roms tyrannische Ordnung tödlich bedrohte und

3. das öffentliche Auftreten eines prophetischen Zeugen, Lehrers und Anführers, der sein Volk und dessen Elite zu gewaltlosem Widerstand aufruft, einem Widerstand, der sich ihrer eigenen Tradition verpflichtet weiß.

Jesus wusste, dass es notwendig ist, sich auf die grundlegenden Wahrheiten der jüdischen Tradition zurückzubesinnen, um die politischen Verhältnisse herauszufordern. Diese Wahrheiten waren von der monarchisch-priesterlichen Ordnung der Tempelaristokratie in Jerusalem, die dem römischen Besatzer diente, verraten worden. Freilich war es dieser Widerstand, der die Autoritäten dazu brachte, Jesus zu verfolgen. Seine Botschaft bedrohte die Grundlagen ihrer Macht und Privilegien. Sie handelten deshalb nicht nur, um die Machtverhältnisse zu erhalten, sondern auch, um jede Kritik an den Überzeugungen und Werten zu bekämpfen, welche dazu dienten, das unterdrückerische System zu rechtfertigen. Was jede Freiheitsbewegung in der Geschichte kennzeichnet, ist diese ideologische Herausforderung der Macht und der Versuch, sie zu verhindern, indem man auf der vorherrschenden Meinung besteht. Das gilt auch beim heutigen Eintreten für Gerechtigkeit in Israel und Palästina.

Die Regeln

Wie wir erkannt haben, spielen Überzeugungen eine Hauptrolle beim Erhalt des Status quo in Israel und Palästina. Einflussreiche Meinungen und Prämissen über das Judentum, jüdische Identität und jüdisches Überleben fungieren als unausgesprochene Regeln, die den Diskurs kontrollieren und eingrenzen. Sie sind zu roten Linien geworden, die man nicht überschreitet, ohne im schlimmsten Fall vorgeworfen zu bekommen, antisemitisch zu sein, oder im besten Fall, naiv zu sein und gute Absichten zu haben, dabei aber der christlichen Untugend der Verleumdung des Judentums zu verfallen und den richtigen Antisemiten zu helfen. Diese ungeschriebenen Regeln werden auf den Kanzeln, an den akademischen Lesepulten, in den Redaktionsräumen und bei öffentlichen Diskussionen eingehalten, abgesehen von wenigen Ausnahmen, die aber glücklicherweise zunehmen.

Regel Nummer Eins: „Sensibilität" gegenüber „der jüdischen Perspektive" und dem jüdischen Selbstverständnis ist vorrangig, so wie es von einigen Juden definiert wird, die behaupten, alle zu repräsentieren. Dazu gehören zwei Haupt-Überzeugungen: a.) Der Staat Israel ist notwendig, um die Sicherheit und das Überleben des jüdischen Volkes zu garantieren, und b.) Der Staat Israel und die Werte sowie die Grundsätze des Zionismus sind ein wesentlicher und untrennbarer Bestandteil jüdischer Identität.

Regel Nummer Zwei: Dass die Juden ein größeres Anrecht auf das Land haben, soll nicht angezweifelt werden. Man darf zugeben, dass die Palästinenser gelitten haben und dass ihre Rechte verletzt worden sind. Aber man darf nichts tun oder sagen, was in irgendeiner Weise die grundlegenden zionistischen Prämissen in Frage stellt oder das als Gefährdung der Sicherheit des Staates Israels aufgefasst werden könnte.

Regel Nummer Drei: Die dritte Regel ist eher ein Gebot: „Du sollst die Zweistaatenlösung gutheißen." Viele stimmen jetzt darin überein, sogar die, die lange dafür waren, dass, wie es der israelische Friedensaktivist Jeff Halper ausdrückt: „die Zweistaatenlösung tot ist, begraben unter Siedlungen und Infrastruktur, die zu massiv und zu sehr mit Israel verbunden sind, als dass man sie trennen kann, besonders angesichts des fehlenden Willens seitens der Regierungen einflussreicher Länder, allen voran der USA und Deutschlands, den Druck auf Israel auszuüben, der nötig ist, um es zu solch massiven Zugeständnissen zu zwingen."[18] Was übrig bleibt, sind zwei Optionen, die beide auch für Leute mit sehr unterschiedlichen ideologischen und politischen Ansichten inakzeptabel sind:

1. Eine Fortführung, ja eine Intensivierung der jüdisch-israelischen Herrschaft über eine militärisch besetzte Bevölkerung im Westjordanland und in Jerusalem und über Bürger zweiter Klasse innerhalb der Grenzen Israels vor 1967. Das ist eine Politik, von der viele übereinstimmend sagen, dass sie der Definition von Apartheid entspricht.

2. Ein einziger Staat, in dem Juden als kleiner werdende Minderheit die Macht mit Nicht-Juden teilen.

Diese beiden Alternativen stellen die ersten zwei Regeln in Frage, welche die Existenz eines demokratischen Staates mit einer jüdischen Mehrheit im historischen Palästina voraussetzen. Damit 'Die Regeln' nicht hinterfragt werden, wird das politische Mantra von „zwei in Frieden und Sicherheit nebeneinander existierenden Staaten" wiederholt, als ob das bloße Sagen „Zweistaatenlösung" sie irgendwie herbeiführen wird, trotz der Tatsache, dass eine israelische Regierung nach der anderen dagegen gearbeitet hat und obwohl die internationale Gemeinschaft unfähig oder nicht willens ist, Israels expansionistisches und diskriminierendes Handeln einzudämmen. Weil aber die Kenntnis über die Situation in Israel und Palästina im kirchlichen Establishment zunimmt, sind „Die Regeln" im letzten Jahrzehnt auf lokaler, konfessioneller und ökumenischer Ebene öfter herausgefordert worden. Wir werden Zeugen einer Rückkehr zu den Grundsätzen der Menschenrechte und der Bereitschaft, theologische und biblisch begründete Überzeugungen zu hinterfragen, die jüdische Privilegien im Heiligen Land untermauern. Wir erleben auch eine gewachsene Standhaftigkeit bei Christen, der Einschüchterung zu widerstehen, die in dem Vorwurf

---

[18] Jeff Halper, „The Israeli Elections: The Ball Is in Our Court," www.icahd.org/node/468, Zugriff am 3. Februar 2013

steckt, dass Kritik an Israels Handeln ein Angriff gegen Juden sei und ein Verrat an einem halben Jahrhundert harter Arbeit für christlich-jüdische Versöhnung darstelle.

Diejenigen, die am Erhalt des Status quo interessiert sind, spüren ganz richtig, dass diese Infragestellung von den „Regeln" das Fließen der bedingungslosen Militärhilfe und den diplomatischen Blankoscheck zur Unterstützung Israels von Seiten der USA bedroht. Jüdische Gelehrte, die gemeinsam mit amerikanischen Lobbyorganisationen in enger Verbindung zum Staat Israel arbeiten, haben mit großer Entschlossenheit eine Kampagne aufgezogen, mit der sie dieser Bedrohung entgegentreten. Sie benutzen dazu eine bislang sehr wirkungsvolle Methode, nämlich: das Thema ändern, wegführen vom Eintreten für Menschenrechte hin zur Bekämpfung von Antisemitismus. Der springende Punkt ist damit nicht mehr das Eintreten für die Unterdrückten, sondern die christlich-jüdischen Beziehungen. Jüdische Hegemonie und Privilegien in Israel anzuzweifeln, so behaupten diese Stimmen, entstamme dem Antisemitismus.[19] Deshalb ist es so wichtig, den palästinensischen Kontext zu beachten. Die ethische Notwendigkeit, die sich so eindringlich aus dem Bethlehemer Klageruf der palästinensischen Christen ergibt, überwindet langsam aber sicher die Zurückhaltung der amerikanischen Christen, zugunsten von Gerechtigkeit für die Palästinenser zu sprechen und zu handeln, weil sie Angst vor dem Vorwurf hatten, unsensibel gegenüber dem historischen Leid der Juden zu sein.

Glauben wir denn im Ernst, dass die tief empfundene Reue der Christen angesichts des Antisemitismus jetzt mit einem Wiedererstarken von antijüdischen Gefühlen ersetzt wird? Weit gefehlt. Tatsächlich sind sich die Christen ihrer historischen Sünden nie bewusster gewesen als heute. Was vielmehr hinweggefegt wird, ist die sündhafte Untätigkeit und das Totschweigen angesichts der Taten, die nicht nur

---

[19] Ein Beispiel ist das Israel Action Network (IAN), das sich als strategischer Zusammenschluss der jüdischen Dachorganisationen in Nordamerika beschreibt, im Jahr 2010 gegründet, um „die jüdische Gemeinschaft Nordamerikas zu mobilisieren, die Angriffe gegen die Legitimität Israels zu bekämpfen." www.israelactionnetwork.org/aboutus, Zugriff am 5. November 2012

der Würde der Palästinenser und der Bindung an ihr Heimatland Gewalt antun, sondern auch der Menschlichkeit und den Freiheitsträumen, für die die ursprünglichen jüdischen Siedler Israels so viel geopfert haben. Was von Kairos-Palästina und der internationalen Kairos-Bewegung, die dadurch entstanden ist, gefördert wird, ist, dass die Christen wieder entdecken, sich leidenschaftlich für die Unterdrückten einzusetzen und bereit sind, die Wahrheit gegenüber den Mächtigen zu sagen. Dazu gehört das Kreuz, den Gegenwind und die Zensur auf sich zu nehmen. Es ist für die Kirche an der Zeit, dass sie ihr eigenes Haus in Ordnung bringt. Es ist an der Zeit für die Kirche, Kirche zu sein.

Und es ist an der Zeit für das jüdische Establishment, das Verteidigen von dem zu lassen, was nicht verteidigt werden kann. Und aufzuhören, Regeln für Christen aufzustellen. Stattdessen sollten sie in den Spiegel gucken. Ist das nicht das, was Jesus heute von uns - seinem Volk - erwarten würde, wenn er vom Ölberg aus die Mauern der Privilegien und Ausgrenzung sähe, die wir errichtet haben? Was würde Jesus tun, wenn er heute wieder nach Jerusalem käme? Vor welchem Tempel der Macht und Gier würde er stehen und prophezeien, wie er zerstört werden wird? Welches Reich würde er verkünden im Angesicht dieser Denkmäler vergänglicher Macht und militärischer Größe? Welches leidende Volk würde er dann zu Gott zurückführen?

Die neue Ökumene: das Entstehen der „liebenden Gemeinschaft"

Das Verfassen eines Kairos-Dokuments bringt Menschen zusammen. Es schafft ein Zuhause für diejenigen, die sich bis dahin in ihren Gemeinden und Konfessionen getrennt voneinander für Gerechtigkeit eingesetzt haben. Damit ist nicht eine „ökumenische" Bewegung gemeint in dem Sinne, wie das Wort oft gebraucht wird: eine Art Vereinte Nationen der Kirchen, bei der jeder Delegierte an seinem Pult sitzt und seinen oder ihren konfessionellen „Hut" auf hat. Es ist vielmehr „ökumenisch" in dem Sinne, dass eine Einheit aus dem gemeinsamen Dienen heraus entsteht. Charles Villa-Vicencio hat das in folgenden Fragen zugespitzt: „Kann eine schöpferische, prophetische Kraft die

Institution Kirche erfassen, die von ihrer Geschichte der Kompromisse mit den Strukturen der Unterdrückung geprägt ist? Kann Religion wirklich den eisernen Käfig der Geschichte öffnen? Kann Religion eine qualitativ andere Form von Gesellschaft schaffen? Ist das Reich Gottes eine reale Möglichkeit?"[20]

Es gab ja bereits solche Aufbrüche. Und sie können wieder geschehen. Es ist die Aufgabe der weltweiten Kairos-Bewegung, die Kirche und alle anderen Hoffnungsträger, die für die Zeichen der Zeit Zeugnis ablegen, an ihre historische und heilige Berufung zu erinnern. Mitri Raheb, der bisherige Pastor der lutherischen Weihnachtskirche in Bethlehem und unermüdliche Streiter für Gerechtigkeit, erklärte diese Berufung 2011 auf der Bethlehemer Konferenz „Kairos für globale Gerechtigkeit":

> Im Kairos-Dokument gibt es einen ganzen Abschnitt über die Hoffnung, und für mich ist das der stärkste Teil. Es gibt einen großen Unterschied zwischen Optimismus und Hoffnung. Ich bin alles andere als optimistisch. Tatsächlich sagt mir meine politische Analyse, dass wir uns auf das raffinierteste Apartheidsystem zu bewegen, das es jemals in der neuesten Geschichte gegeben hat. Das Westjordanland wird mehr und mehr wie ein Schweizer Käse aussehen, wo die Israelis den Käse bekommen und die Palästinenser die Löcher. Die Fakten sind eindeutig. Aber dennoch spricht das Kairos-Dokument davon, dass wir Hoffnung haben können und sollen. Martin Luther sagt es am besten: Selbst wenn wir wüssten, dass morgen die Welt unterginge ... selbst wenn wir wüssten, dass die internationale Gemeinschaft aufgrund von Kairos sich nicht ändern wird, sogar wenn wir das wüssten, gäbe es für uns nur eine Option: Wir würden hinaus in unseren Garten gehen, in unsere Welt, in unsere Gesellschaften und würden dort Olivenbäume pflanzen.

---

[20] Charles Villa-Vicencio, Trapped in Apartheid, New York 1988, S. 209

„Darum geht es bei Kairos!", führte Raheb weiter aus. „Olivenbäume zu pflanzen, wenn dich die Leute für verrückt halten. Aber ich sage Euch, Schwestern und Brüder, eine verrückte Welt wie diese braucht verrückte Menschen wie uns. Wenn wir diese Olivenbäume heute nicht pflanzen, dann wird es übermorgen keinen Schatten geben, in dem unsere Kinder spielen können. Dann wird es kein Öl geben, um damit die ganzen verletzten Israelis, Palästinenser und alle anderen zu heilen. Und es wird keine Zweige geben, mit denen wir winken können, wenn der Frieden kommt. Das ist der Geist des Kairos-Dokuments, das den Geist der Hoffnung atmet, einer Hoffnung, die der Auferstehung einer Kultur des Lebens entspringt!" Dann erzählt Mitri Raheb die Geschichte zweier amerikanischer Freunde während des Präsidentschaftswahlkampfes im Jahr 2008. Beide glaubten, dass ihr Kandidat alles in Ordnung bringen würde. „Und ich sagte ihnen: Wisst ihr was? Gott sei Dank ist unser Messias vor zweitausend Jahren gekommen, hat gesagt, was gesagt werden musste und getan, was getan werden musste, und jetzt sind wir am Ball – entweder wir heben ihn auf oder wir lassen ihn liegen. Hoffnung heißt, den Ball in die Hand zu nehmen und zu sagen: Ja, wir werden es tun. In diesem Sinne, liebe Schwestern und Brüder, ist es wirklich die Stunde der Wahrheit. Es ist Zeit zu handeln."[21]

Aufruf zum Handeln

Es gibt konkrete Vorschläge für Initiativen, Kirchen und Einzelne, die dem Geist von Kairos-Palästina entsprechen, der Hoffnung hegt, selbst wenn sie am weitesten entfernt zu sein scheint. Und ebenso dem Geist von Kairos-Südafrika, der von seiner eigenen Kirche verlangte, ihrem Auftrag treu zu bleiben. Und nicht zuletzt dem Geist des „Briefes aus dem Gefängnis in Birmingham", der vom Glauben Taten forderte:[22]

---

[21] Mitri Raheb, „The Way Forward: From Kairos Palestine to a Kairos Movement for Global Justice," Rede auf der Konferenz Kairos for Global Justice, Dezember 2011

[22] Material und Hilfen zur Umsetzung unter www.kairosusa.org; www.kairoseuropa.de/kairos-palaestina-solidaritaetsnetz/ ; www.eappi-netzwerk.de/engagieren/

Das Land besuchen: „Komm und sieh!", sagen die Autoren von Kairos-Palästina, „um die Fakten und die Menschen dieses Landes kennenzulernen, sowohl Palästinenser als auch Israelis." Wie viele zehntausend Pilger besuchen das Land jedes Jahr? Und wie viele von ihnen bleiben auf den ausgetretenen Touristenpfaden anstatt die Besatzung mit eigenen Augen zu sehen und Palästinenser und Israelis kennenzulernen, die sich für Gerechtigkeit und Koexistenz einsetzen? Denn fürwahr, wenn es Pilgern erlaubt wird, die Situation so zu erleben, wie sie wirklich ist, dann gehen sie nicht nur auf den Spuren Jesu, dann *sehen sie, was Jesus sah*. Und weil sie Augenzeugen des Leidens werden und das Unrecht sehen wie Jesus in seinen Tagen und die Propheten in ihren Tagen, sind sie berufen, ihre Stimme zu erheben und zu handeln.

Lernen: Wachse über Stereotypen und tief sitzende Vorurteile hinaus. Vermeide voreingenommene und einseitige Berichte und Reportagen in den Medien. Es gibt eine Menge Alternativen: Bücher, Dokumente, Vorträge, Videos, Tagungen, Webseiten und alternative Medien.

Gemeindeleben bereichern: Bete und predige für Gerechtigkeit und Frieden in Palästina und Israel. Nutze die Gelegenheiten, die dortige Situation kennenzulernen, erkunde Möglichkeiten des kulturellen und wirtschaftlichen Austauschs. Bestelle zum Beispiel Olivenöl aus dem Westjordanland. Ermutige deine Gemeinde, Frieden zu stiften, zum Beispiel durch eine Partnerschaft deiner Gemeinde, Schule oder Universität zu einer palästinensischen und einer israelischen Institution. Erstere sind bisher vernachlässigt worden.

Theologisch reflektieren: Prüfe fragwürdige Auslegungen der Bibel und theologische Ansätze, die es mit ermöglicht haben, dass das Unrecht nicht hinterfragt wird. Gehe offen und aktiv theologischen Fragen auf den Grund, damit unser Handeln von Jesu Weisung geleitet wird, „die Zeichen der Zeit zu deuten" (Lukas 12,56)[23].

Gewaltfrei handeln: Übersetze die Sorge um das Anliegen in die Tat. Unterstütze die Menschen in Israel, in den besetzten Gebieten und auf der ganzen Welt, die sich mit friedlichen Mitteln für Gerechtigkeit einsetzen. Recherchiere zum palästinensischen Aufruf zu BDS,

---

[23] Einheitsübersetzung

das heißt Boykott, Desinvestition (Kapitalabzug) und Sanktionen, und andere legitime gewaltfreie Methoden, um selbst aktiv zu werden. Lade ehemalige Teilnehmer am Ökumenischen Begleitprogramm zur Menschenrechtsbeobachtung in Palästina und Israel EAPPI ein, das vom Weltrat der Kirchen getragen wird, um einen Vortrag zu halten. Und erwäge selbst die Teilnahme an diesem Freiwilligenprogramm oder bei einem Einsatz zum Helfen bei der Olivenernte in palästinensischen Dörfern im Herbst, die von israelischen Siedlern bedrängt werden.[24]

Politische Fürsprache und Lobbyarbeit: Fordere Rechenschaft von der Regierung der USA beziehungsweise Deutschlands, Österreichs oder der Schweiz und ihren gewählten Amtsträgern entsprechend deinen Grundsätzen, nämlich Gerechtigkeit, Frieden und Sicherheit für Israelis genauso wie für Palästinenser. Sprich die Parlamentsabgeordneten deines Wahlkreises auf das Thema hin an.

„Hör auf, unsere Kinder zu töten!"

Es war im Sommer 2006. Ich besuchte das palästinensische Dorf At-Tuwani in den Hügeln südlich von Hebron im Westjordanland mit einer Gruppe Amerikaner. At-Tuwani hat etwa 350 Einwohner: Bauern und Hirten, die ihr Wasser vom Brunnen holen und ihre Schafe auf dem umliegenden Weideland grasen lassen. Das Dorf gibt es seit Jahrhunderten. Heute sind seine Einwohner der israelischen Besatzungsarmee auf Gedeih und Verderb ausgeliefert. Die Soldaten blockieren den Zugang zu ihrem Weideland aus Gründen der „militärischen Notwendigkeit". Außerdem leiden die Familien in At-Tuwani unter der ständigen Belästigung durch die Bewohner der nahe gelegenen jüdischen Siedlung Maon. Seit 1982 haben Maons Siedler mehr als 1.500 *dunams* vom Land des Dorfes konfisziert. Ein *dunam* entspricht 1.000 Quadratmetern. Während die Siedler mit reichlich Wasser und Strom aus neu verlegten Leitungen versorgt werden, werden diese Dienstleistungen den Dorfbewohnern verweigert.

---

[24] CVJM Ostjerusalem und YWCA of Palestine: www.jai-pal.org/en/campaigns/olive-tree-campaign/olive-picking-program ;
http://www.tentofnations.org/volunteer/volunteer-opportunities/#

Dies und die Landnahme bilden nur den Auftakt für den Plan Israels, die historische Bevölkerung dieser Region von ihren Höfen und Dörfern zu vertreiben. At-Tuwanis Vieh wurde nicht verschont. Die Tiere wurden durch Rattengift krank, das die Siedler Maons auf dem Weideland verteilt hatten. Das Wasser der Dorfbrunnen wurde absichtlich mit toten Tieren verunreinigt. At-Tuwanis Kinder werden dazu gezwungen, einen Umweg zur Schule zu machen, wobei sie von internationalen Friedensaktivisten begleitet werden, weil die Siedler die Kinder auf ihrem Schulweg tätlich angegriffen haben und die israelischen Soldaten zwar präsent sind, bei den Siedlern aber nicht eingreifen.

In At-Tuwani tranken wir mit den Dorfbewohnern Tee und hörten zu, wie sie ihre Geschichten erzählten. Wir trafen die internationalen Friedensaktivisten, die dort leben, um durch ihre dauerhafte Anwesenheit den Bewohnern Schutz zu bieten. Bevor wir gingen, dankten uns die Bauern, dass wir gekommen waren. Aber ein Mann stand auf und sagte: „Es ist gut, dass ihr kommt und uns besucht, aber ihr müsst etwas tun. Ihr müsst für uns sprechen. Geht nach Hause und sagt eurem Präsidenten: Hör auf, unsere Kinder zu töten." Diese Äußerung traf mich ins Mark. Er hat uns nicht gesagt, die *israelische Regierung* aufzufordern, sein Volk in Frieden leben zu lassen. Er hat uns an *unsere eigene Regierung* verwiesen, die er als Wurzel des Übels ansieht, das er erleben muss. Tatsächlich sieht das der Rest der Welt auch so, nur die große Mehrheit der Amerikaner nicht. Dies Thema wird im Kairos-USA Dokument direkt angesprochen: „Anstatt ein ehrlicher Unterhändler in den Verhandlungen zwischen Israelis und Palästinensern zu sein, hat unsere Regierung die ganze Zeit finanziell und diplomatisch die Politik Israels unterstützt, die Leiden über die Palästinenser bringt, die den Israelis weiterhin keine Sicherheit bringt und welche die Aussicht auf einen gerechten Frieden hat immer mehr schwinden lassen."[25]

---

[25] „Call to Action: U.S. Response to the Kairos Palestine Document," www.kairosusa.org; Eine verstörende Analyse der zentralen Rolle der USA bei der Ermöglichung von Israels Unterdrückung der Palästinenser bietet Rashid Khalidi, Brokers of Deceit: How the U.S. Has Undermined Peace in the Middle East, Boston 2013

DIE MAUER ÜBERWINDEN

In der historischen Rede, die Martin Luther King Jr. in der Riverside Church im April 1967 hielt, nahm er sich furchtlos der schwierigen Frage an, inwiefern, und hier benutze ich die Formulierung von Kairos-USA, „unser eigener, tief verwurzelter Anspruch darauf, auf der privilegierten Seite zu sein, unser Einstehen für Gerechtigkeit und Gleichheit in Menschenrechtsfragen auf der ganzen Welt beeinflusst." Der Weg bis zu dieser Rede war für King nicht leicht gewesen. Er hatte von seinen eigenen Mitstreitern in der Bürgerrechtsbewegung bei seiner Entscheidung starken Gegenwind bekommen, sich gegen den Krieg in Vietnam auszusprechen. Vielleicht hatte er sich mit einigen der gleichen Fragen auseinanderzusetzen, die Afroamerikaner sich heute stellen: Was haben wir mit einem Kampf zu schaffen, der so weit weg von uns stattfindet? Aber wir können uns nicht vorstellen, dass King lange gezögert hat. Von Scham, Trauer und Wut wegen des Krieges überwältigt, erkannte King, dass das, was wir im Ausland anrichteten, nicht getrennt werden konnte von unserem Thema zu Hause: „Ich könnte nie wieder meine Stimme gegen die Gewalt der Unterdrückten in den Ghettos erheben, wenn ich mich nicht erst klar und deutlich zu dem größten Gewaltanwender der Welt äußere: meiner eigenen Regierung."

Höher als die Zugehörigkeit zu Rasse oder Volk oder Glaubensbekenntnis steht die Berufung zur Kindschaft und zur Geschwisterlichkeit. Weil ich glaube, dass [Gott,] der Vater sich sehr um seine leidenden und hilflosen und ausgestoßenen Kinder sorgt, komme ich heute Abend, um für sie zu sprechen. Das, glaube ich, ist das Vorrecht und die Last von uns allen, die sich an Bindungen und Loyalitäten halten, die weiter und tiefer gehen als Nationalismus und die über die Ziele und Positionen hinausgehen, die unser Land sich selbst gesetzt hat. Wir sind berufen, für die Schwachen, für die Stummen zu sprechen, für die Opfer unseres Landes, für diejenigen, die es „Feinde" nennt, denn kein Dokument dieser Welt kann diese Menschen zu weniger machen als zu unseren Brüdern.[26]

---

[26] Martin Luther King Jr., „A Time to Break Silence," in James M. Washington, hg., Testament of Hope: The Essential Writings and Speeches of Martin Luther King, Jr., San Francisco, 1986, S. 230

Wer liefert Waffen an Israel? Wer finanziert die Enteignung und tägliche Demütigung der Palästinenser im Westjordanland und die militärische Belagerung Gazas? Wer schirmt Israel auf der internationalen Bühne von Kritik ab? Und wer könnte unsere Gesellschaft bei diesem Thema besser zur Verantwortung rufen als die Kirche, die mit der Kraft des Evangeliums ausgerüstet ist, um diese prophetische Bewegung anzuführen?

Ruf in die Nachfolge

Sie hat es schon getan. Sie kann es wieder tun, die Kirche, die im Nachhall von Jesu Worten geboren wurde, wie er sie am Anfang des zweiten Evangeliums gesagt hat:

> Nachdem aber Johannes verhaftet worden war, kam Jesus nach Galiläa und predigte das Evangelium [die frohe Botschaft] Gottes und sprach: Die Zeit [der *kairos*] ist erfüllt, und das Reich Gottes ist nahe herbeigekommen. Tut Buße und glaubt an das Evangelium!
> Markus 1,14-15

Denken wir darüber nach, was diese Erklärung Jesu bedeutet. Dadurch, dass Rom Johannes verhaften ließ, versuchte es, das folgenreiche Geschehen, das er vorausgesagt hatte, aufzuhalten. Die Zeit ist jetzt reif, so wie sie damals reif war, sich die Finger dreckig zu machen. Das griechische Wort *metanoeite*, das meistens mit „bereut" oder „tut Buße" übersetzt wird, bedeutet „sich ändern", „unseren Fokus radikal verändern": weg von unseren üblichen Gewohnheiten und Sorgen dahin, dass wir unsere Aufmerksamkeit auf die dringenden Bedürfnisse der Gesellschaft richten. Der Kairos fordert von uns, dass wir nicht passiv sind, sondern erkennen, dass das Reich in unserer Reichweite ist, dass es an uns liegt, es auf Erden zu bauen. Um es mit dem Kairos-Südafrika-Dokument zu sagen: „Es ist eine Zeit, in der Gott zum entschlossenen Handeln aufruft." Der Theologe John Marsh drückt es so aus: „Die Gelegenheit beim Schopfe zu fassen, bedeutet Rettung, sie nicht zu beachten, die Katastrophe. Eine dritte Möglichkeit gibt es nicht."²⁷ „Hoffnung," sagt das Kairos-Palästina-Dokument, „ist die Fähigkeit, Gott mitten im Elend zu sehen und Mitarbeiter des Heiligen Geistes zu sein, der in uns wohnt."²⁸

Der Ruf in die Nachfolge wurde von Jesus verkündet und dann von seinen Jüngern verbreitet. Heute sind es die Palästinenser, die diesen Ruf verkünden. Sie rufen uns dazu auf, die Schwächen in unserem Denken anzuerkennen und die Fehler in unseren Glaubensvorstellungen. Sie predigen uns, dass wir die Kraft empfangen werden, uns selbst zu heilen und für das Reich Gottes zu arbeiten, wenn wir auf den Schrei der Unterdrückten hören. In ihrer „Botschaft des Glaubens, der Hoffnung und der Liebe" stehen die Palästinenser in der Tradition des ursprünglichen Rufes in die Nachfolge durch Jesus. Sie stehen in der Tradition von Martin Luther King Junior, der zu einem „positiven Frieden" aufrief, „der in der Anwesenheit von Gerechtigkeit besteht, nicht ...[zum] negativen Frieden, der die Abwesenheit von Spannungen beschreibt."²⁹ Und sie stehen in der Tradition der südafrikanischen und in deren Folge der weltweiten Kirche, die angesichts des Übels der Apartheid den *status confessionis* erklärt hat, den Bekenntnisfall.

Es wird Stimmen geben, die uns dazu drängen, diesen Ruf nicht zu beachten. In dem Maße, in dem die Bewegung wächst, die auf die Zeichen der Zeit antwortet, werden jene Stimmen lauter, schriller und anklagender werden. Die Mauern, die auf palästinensischem Land gebaut worden sind, um Bruder von Bruder und Schwester von Schwester zu trennen, werden noch dicker und höher gebaut werden. Aber niemand kann in unseren Herzen eine Mauer bauen. Während wir vor der Mauer in Jerusalem stehen, hören wir die frohe Botschaft: Wir können diese Mauer zum Einsturz bringen. Sie wird fallen, ja, sie stürzt tatsächlich schon ein, so wie Jesus es seinen Jüngern damals über den Tempel in

---

[27] John Marsh, zitiert in Robert McAfee Brown, hg., Kairos: Three Prophetic Challenges to the Church, Grand Rapids, MI, 1992, S. 3

[28] Kairos-Palästina Dokument, 3.2.

[29] James M. Washington, hg., Testament of Hope: The Essential Writings and Speeches of Martin Luther King, Jr., San Francisco, 1986, S. 295

Jerusalem prophezeit hat, der das Symbol für Habgier und Unterdrückung war.

Die Warnung von Martin Luther King an die Christen, die er in seiner Gefängniszelle in Birmingham, Alabama, aufgeschrieben hat, spricht heute so laut und deutlich wie vor fünf Jahrzehnten:

Der Richterspruch Gottes steht über der Kirche wie nie zuvor. Wenn die heutige Kirche nicht den sich aufopfernden Geist der frühen Christen wiedergewinnt, wird sie ihre Glaubwürdigkeit verlieren, das Vertrauen von Millionen verspielen und als ein irrelevanter sozialer Verein abgetan werden, der keine Bedeutung für das zwanzigste Jahrhundert hat.[30]

Währenddessen bleiben die Palästinenser in ihren Dörfern, Städten und Flüchtlingslagern – ja, an den Eingängen ihrer Zelte – geduldig und aufrecht. Ihre Standhaftigkeit gibt uns Zuversicht. Sie bieten ihre Gastfreundschaft an und appellieren an das Gewissen der Welt.

---

[30] ebd., S. 300

WORUM ES IN DEUTSCHLAND GEHT

Nachwort des Autors zur deutschen Ausgabe

Er hielt meinen Arm fest und blickte mir direkt in die Augen. Er wollte mir etwas sagen. Jürgen war ein pensionierter Pastor, ein älterer Mann mit gütigen, traurigen Augen. Das war vor vier Jahren in Hannover. Wir hatten zu einem Gespräch im kleinen Kreis über meine Perspektive als Jude im Kampf um Gerechtigkeit für die Palästinenser eingeladen. Danach hatte er sich zu mir gesetzt, und das war seine Geschichte: Auf einer Reise nach Israel hatte er einen alten Mann kennengelernt, der eine Nummer auf seinem Unterarm tätowiert hatte. Er hatte sie Jürgen gezeigt - wortlos als Geste der Versöhnung. Und dann hatten sich die beiden Männer umarmt. Jürgen erzählte mir das mit Tränen in seinen Augen. Da begriff ich, als ich ihm zuhörte: Deutschland vermisst seine Juden. Was Jürgen nach Israel geführt hatte, war seine Sehnsucht nach Versöhnung mit den Überlebenden der Shoa, die mit dem Projekt eines eigenen Landes ihre Würde zurückgewonnen und sich aus der Asche erhoben hatten. Aber in diesem Mann gab es noch etwas anderes als Trauer, Scham und Schuldgefühl für das, was den Juden unter den Nazis widerfahren ist. Es war ein Gefühl, dass etwas fehlt, wonach man sucht, nach dem man sich sehnt. So etwas hatte ich bereits während der zweiwöchigen Vortragsreise erkannt, aber erst in diesem Augenblick konnte ich das in Worte fassen.

Als ich mit Jürgen zusammensaß, begriff ich, wonach diese deutschen Pastoren suchten, als sie zu unserem Treffen kamen: Sie suchten nach Verbindung zu den Wurzeln ihres christlichen Glaubens. Damit einher ging das deutliche Gefühl, dass die Kirche diese Verbindung verloren hat und dass sie als Institution dem Kern des Evangeliums den Rücken zugekehrt hat. Der Kern ist Jesu Parteinahme für die Armen und Leidenden. Das verkündet er bereits in der „Antrittserklärung" zu seinem öffentlichen Wirken bei seiner Predigt in Nazareth (Lukas

4,16-21), in der klaren Botschaft der Beispielgeschichte des Barmherzigen Samariters und besonders eindringlich am Schluss des Matthäusevangeliums: „Was Ihr getan habt einem von diesen meinen geringsten Brüdern, das habt ihr mir getan" (Matthäus 25,40). Hinter dem deutschen Kummer um seine verlorenen Juden steckt eine Sehnsucht nach diesem Juden von vor zweitausend Jahren. Dieser jüdische Wesenskern des Christentums kann nie verloren gehen - Jesus verkörpert ihn in seinem Leben und Sterben.

Dass Jürgen diesen Kern als Christ auch nie verloren hat, war ihm nicht bewusst. Jesu Leben als Lehrer und Handelnder stand voll in der Tradition der jüdischen Propheten. Er lebte dafür, diese Tradition des Widerstehens gegen Gewaltherrschaft und des Einsatzes für soziale Gerechtigkeit einen riesigen Schritt weiter zu führen, nämlich weg vom Stammesdenken hin zum Universalen, weg von der Begrenzung auf ein Volk, eine Monarchie, einen Opferkult und weg von einer Bindung an ein Territorium - hinaus in alle Welt, zu allen Völkern und Menschen.

Dennoch gibt es ein starkes Bedürfnis nach Wiedergutmachung und Versöhnung, besonders in der deutschen Kirche. In seinem Buch „Theologen unter Hitler" beschreibt der Historiker Robert Erickson Leben und Werk dreier deutscher evangelischer Theologen, die die rassistische und antisemitische Politik des Nationalsozialismus befürwortet haben.[1] Einer von ihnen, Paul Althaus, schrieb dem Aufstieg des Nationalsozialismus eine eindeutig religiöse Bedeutung zu: „Unsere evangelischen Kirchen haben die Wende von 1933 als Geschenk und Wunder Gottes begrüßt. Darum empfangen wir den Wendepunkt dieses Jahres als Gnade aus Gottes Hand. Er hat uns vor dem Abgrund und aus der Hoffnungslosigkeit gerettet."[2] Andere schlossen sich ihm an, vor allem Gerhard Kittel, der führende Bibelwissenschaftler seiner Zeit. Er tat den Nazis den Gefallen, eine theologische Rechtfertigung für ihre rassistische Rhetorik und antisemitische Politik zu entwickeln.

---

[1] R.P. Erickson, Theologen unter Hitler. Das Bündnis zwischen evangelischer Dogmatik und Nationalsozialismus, München 1986

[2] R.P. Erickson / S. Heschel, *Betrayal: German Churches and the Holocaust*, Minneapolis, 1991, S. 23–24

Die Geschichte der Kirche in Nazi-Deutschland ist sehr bekannt. Es ist die Geschichte eines durch das Trauma von 1918 und dessen Folgen geistig, spirituell und wirtschaftlich gebrochenen Volkes. Das Misstrauen von Kirchenleitung und Theologen gegenüber Weimar mischte sich mit dem Argwohn gegenüber einer „Moderne", die das traditionelle soziale Gefüge und die tief verwurzelte lutherische Idee von „guter Herrschaft" infrage stellte. All das führte zu dem dringenden Wunsch, wieder Würde und Nationalstolz zu erlangen. Von dort war der Weg nur kurz zu einer umfassenden völkischen Theologie, und schließlich zum Faschismus und in die Katastrophe. Es entsteht ein erschreckendes, beunruhigendes Bild. *Aber es ist sehr wichtig, zu begreifen, dass die Geschichte Deutschlands in der ersten Hälfte des 20. Jahrhunderts in dieser Hinsicht nicht einzigartig ist.*

Oft haben nationalistische, mit religiösen und messianischen Motiven gefärbte Bewegungen dazu gedient, politische Regime zu festigen. Bedauerlicherweise hat sich die Kirche oft mitschuldig gemacht. Europa erholte sich noch von der Katastrophe des Zweiten Weltkrieges, als ein reaktionäres, rassistisches Regime 1948 in Südafrika die Macht übernahm. Die Buren (Afrikaners) stammten von den Niederländern ab, die Südafrika ursprünglich kolonisiert hatten. Zu Beginn des 20. Jahrhunderts hatten ihnen die Briten eine vernichtende militärische, kulturelle und politische Niederlage beigebracht. Sie hatten ihnen, so meinten sie, ihr historisches und gottgegebenes Recht geraubt, Südafrika zu beherrschen und seine natürlichen Ressourcen auszubeuten - einschließlich der wirtschaftlichen Versklavung der Ureinwohner. Mit dem Segen und der Unterstützung der Niederländisch-Reformierten Kirche in Südafrika gestalteten die Buren ein politisches Modell, das der völkischen Theologie entsprach, die die deutschen Kirchenoberen und Theologen während der Nazizeit entwickelt hatten. „Unsere Geschichte ist das größte Meisterwerk aller Zeiten!", schrieb Daniel F. Malan, Vorsitzender der *South African National Party* und erster Premierminister der neuen Regierung. „Diese Nation ist das uns rechtmäßig zustehende Erbe, denn sie wurde uns vom Architekten des Universums selbst gegeben."[3]

---

[3] J.W. de Gruchy, The Church Struggle in South Africa, Minneapolis, 2005, S. 30

Der südafrikanische Historiker und Theologe John de Gruchy stellt fest: „Ein besiegtes Volk braucht eine Deutung seiner Geschichte, einen Mythos ... Es ist nicht überraschend, dass die Geschichte der Buren, wie die anderer Nationen, einen sakralen Charakter annahm."[4]

Die frühen zionistischen Schriften erzählen eine verstörend ähnliche Geschichte. Wie die Deutschen nach der Schmach von 1918 und wie die Buren nach ihrer Niederlage gegen die Briten, suchten die Juden Europas nach Würde, nach Erlösung vom Leiden und nach einem Heilmittel gegen das Gefühl von Schande und Scham, das sich aus der jahrhundertelangen Marginalisierung und Beschneidung ihrer Rechte gespeist hatte. Für die bedrängten und geschundenen Juden Osteuropas in der zweiten Hälfte des 19. Jahrhunderts wurde die nationale Idee zu einem zentralen Gedanken. Sie wurde zur Grundlage, zwar nicht für eine Theologie, aber für eine „Zivilreligion", das heißt einer wirkmächtigen Ideologie. Der Gründer des modernen Zionismus Theodor Herzl schrieb: „Der Gedanke muss hinausfliegen bis in die letzten jammervollen Nester, wo unsere Leute wohnen. Sie werden aufwachen aus ihrem dumpfen Brüten. Denn in unser aller Leben kommt ein neuer Inhalt. ... Darum glaube ich, dass ein Geschlecht wunderbarer Juden aus der Erde wachsen wird. ... Die Juden, die wollen, werden ihren Staat haben. Wir sollen endlich als freie Männer auf unserer eigenen Scholle leben und in unserer eigenen Heimat ruhig sterben. Die Welt wird durch unsere Freiheit befreit, durch unseren Reichtum bereichert und vergrößert durch unsere Größe."[5]

Als der Staat Israel errichtet wurde und diese Vision verkörperte, waren jüdischen, aber auch kirchlichen Institutionen Tor und Tür geöffnet, sich einer Theologie zu verschreiben, die das Projekt jüdischer Vorherrschaft im Heiligen Land förderte.

Das einzig Gute ist, dass gerade dann, wenn die Kirchen am offenkundigsten mit Unrecht und Unterdrückung im Bunde waren, aus ihrer Mitte prophetische Bewegungen aufgestanden sind, um sowohl gegen

---

[4] ebd., S. 29

[5] Theodor Herzl, Der Judenstaat, Berlin, 1898, S. 136–137; www.ldn-knigi.lib.ru/JUDAICA/Herzl-Judenstaat.pdf

die Verbrechen des Staates als auch gegen die Irrlehren des kirchlichen Establishments zu protestieren. In den ersten Jahren des Dritten Reiches gründeten deutsche Pfarrer und Theologen die Bekennende Kirche. Sie erklärten die von den Nazis protegierte Reichskirche für häretisch. Mitglieder der Bekennenden Kirche ließen ihren Worten Taten folgen: Sie retteten Opfer des Regimes und wagten offenen Widerspruch gegen die Regierung. Alle bezahlten mit dem Verlust ihrer Arbeitsstellen und einige mit ihrem Leben. In Südafrika gab es eine kleine Gruppe von mutigen Pastoren, die im Bündnis mit säkularen Gruppen und mit dem bewaffneten Widerstand die Absetzung des Apartheidregimes forderte und dafür Haftstrafen, Exil und Armut auf sich nehmen mussten.

Heute ist die Kirche erneut herausgefordert. Sie ist aufgerufen, sowohl das Leiden der Palästinenser anzuprangern als auch Israel selbst von der rassistischen Politik zu befreien, die seine Gesellschaft krank macht und die gegen fundamentale Grundsätze des jüdischen Glaubens verstößt. Einzelne Stimmen aus den Kirchen haben auf den Ruf geantwortet, sogar gegen den Widerstand ihrer eigenen Institution, und haben sich gegen die theologische Unterstützung der heutigen Apartheid in Israel ausgesprochen. Durch die hartnäckige Überzeugungsarbeit von Gruppen und Gremien haben sich große protestantische Kirchen für direkte Aktion entschieden, besonders in den USA, Kanada und Südafrika, indem sie ihre Geldanlagen den Unternehmen entziehen, die von der Besetzung Palästinas profitieren.[6] Und auch dadurch, dass sie Bildungsangebote und Pilgerfahrten in die Region fördern, um denen beizustehen, die leiden und sich für einen gerechten Frieden einsetzen. Die ökumenische Bewegung, besonders durch ein Programm wie EAPPI, dem ‚Ökumenischen Begleitprogramm in Palästina und Israel' des Weltrates der Kirchen unter Beteiligung der katholischen Friedensbewegung Pax Christi, bekundet ihre starke Solidarität für die palästinensische Sache.[7]

---

[6] Beispiele im 8. Kapitel, Abschnitt 'Herausforderung für die Kirche'

[7] Ecumenical Accompaniment Program in *Palestine and Israel*, www.eappi-netzwerk.de, siehe 11. Kapitel

Doch weltweit halten sich die Kirchen mit direkter, prophetischer Aktion zurück, wie es etwa der Genfer Weltrat der Kirchen in den 1980er Jahren beispielhaft mit dem Programm zur Bekämpfung des Rassismus und der uneingeschränkten Verurteilung der Apartheid in Südafrika getan hat. Die 'Nationale Koalition Christlicher Organisationen Palästinas' hat dem Weltrat der Kirchen im Juni 2017 einen Brief geschrieben und die Maßnahmen der internationalen kirchlichen Organisationen und ökumenischen Einrichtungen als „lauwarme Diplomatie" charakterisiert. In der Realität der Amtskirche stehen Trauma und Schuld, die von den historischen Verbrechen gegen die Juden herrühren, dem Einsatz für Gerechtigkeit für die Palästinenser im Wege.

Das ist in Deutschland ein akutes Problem. Sowohl für die Kirche als auch für die Regierung macht die Buße gegenüber dem jüdischen Volk eine offizielle Säule des deutschen Selbstverständnisses aus. Bundeskanzlerin Angela Merkel erklärte 2008 in einer Rede vor dem israelischen Parlament: „Diese historische Verantwortung [für die Sicherheit Israels] ist Teil der Staatsräson meines Landes."[8] Die Evangelische Kirche in Deutschland (EKD) und ihre Landeskirchen haben in offiziellen Äußerungen versucht, das Leiden der Palästinenser anzuerkennen, aber gleichzeitig halten sie an einer Theologie fest, die dem jüdischen Anspruch auf das Land ein größeres Gewicht verleiht als dem palästinensischen. Sogar bei den Kirchenverantwortlichen, die die Bibel nicht als eindeutige „Besitzurkunde" für das Land akzeptieren, kommt eine Ambivalenz zum Vorschein, die es der Kirche unmöglich macht, eine solidarische Haltung einzunehmen und sich klar und unzweideutig auf die Seite der Unterdrückten zu stellen. Und den Worten Taten folgen zu lassen. Seit das Wissen über Israels Menschenrechtsverbrechen an den Palästinensern zugenommen hat, und besonders seit der „Stunde der Wahrheit", dem Kairos-Dokument der palästinensischen Christen 2009, hat die EKD damit gerungen, die Verpflichtung gegenüber dem Staat Israel mit den fundamentalen christlichen Werten von Gleichheit und Gerechtigkeit in Einklang zu bringen.

---

[8] "Israels Sicherheit als deutsche Staatsräson: Was bedeutet das konkret?" http://www.bpb.de/apuz/199894/israels-sicherheit-als-deutsche-staatsraeson?p=all, Zugriff 9. September 2017.

Die römisch-katholische Kirche hat den Hilferuf der christlichen Palästinenser im Kairós-Palästina-Dokument offiziell nicht zur Kenntnis genommen. Immerhin spricht sie in politischen Stellungnahmen klar vom Recht des palästinensischen Volkes auf ein würdevolles Leben in einem eigenen Staat. Der Vatikan hat Palästina als Staat anerkannt. Trotzdem haben auch die deutschen katholischen Bischöfe nicht auf das Kairos-Palästina-Dokument reagiert. Wie in den entsprechenden Gremien der EKD wirkt ebenso auf katholischer Seite die NS-Vergangenheit lähmend und verhindert eine positive Antwort auf die Forderungen der Palästinenser. Die quälende Ironie hierbei ist, dass die deutschen Kirchen im Versuch, ihre Sünden der Vergangenheit wiedergutzumachen, erneut einem rassistischen Regime theologischen Beistand leisten.

Der Aufruf der palästinensischen Zivilgesellschaft von 2005 zu Boykott, Kapitalabzug und Sanktionen (BDS) ist zu einem Hauptkampfplatz geworden, wo auf der ganzen Welt Unterstützer auf wachsenden Widerstand von Seiten der Regierungen und anderer institutioneller Verteidiger des Status Quo stoßen, nämlich die Augen weiter vor den israelischen Verstößen gegen die Menschenrechte zu verschließen.[9] Nirgends ist dieser Konflikt heftiger als in Deutschland. Die Evangelische Mittelostkommission der EKD (EMOK) stellte in ihrer Antwort von 2011 auf das Kairos-Palästina-Dokument fest, dass sie sich nicht an den gewaltfreien Aktionen von BDS beteiligen könne, denn: „Ein allgemeiner Boykott Israels erinnert die Kirchen in Deutschland an den Aufruf ‚Kauft nicht bei Juden!' im Jahr 1933 und ist für uns nicht zu akzeptieren." Offizielles Vorgehen gegen BDS in Form von Absagen öffentlicher Veranstaltungsräume für Vorträge nach Rufmordkampagnen gegen die Referenten, viele von ihnen kritische Juden, und städtische Magistratsbeschlüsse gegen BDS, wie im Sommer 2017 in Frankfurt am Main, haben in Deutschland zugenommen - immer unter dem Banner der Behauptung, BDS sei antisemitisch. Diese Unfähigkeit, zwischen den Verbrechen der Nazis gegen die Juden einerseits und dem Ruf eines unterdrückten Volkes nach Wiederherstellung seiner Rechte andererseits zu unterscheiden, ist eine Tragödie und eine moralische Bankrotterklärung.

---

[9] Zu BDS siehe 10. Kapitel

Sie sind ein klares Zeichen für die ethische Verwirrung, in der sich bei dieser Problematik Kirche und Staat in Deutschland befinden. Es ist weiterhin notwendig, wachsam gegen Antisemitismus und alle anderen Formen von Rassismus und Diskriminierung zu sein. Aber die Herausforderung besteht nicht mehr darin, die Vergangenheit zu reparieren. Sie besteht vielmehr darin, sich auf Aktionen festzulegen, die das Leiden der Palästinenser unter dem jüdischen Staat beenden. Ja, Wiedergutmachung für vergangene Sünden ist nötig. Aber das muss so geschehen, dass sich Menschen auf der ganzen Welt zusammenschließen, die die Gefahr erkennen, die der Zionismus als ethno-nationalistische Ideologie darstellt, und zwar nicht nur für Israelis und Palästinenser, sondern als Teil einer globalen Wirtschaftsordnung der zunehmenden Ungleichheit und Ausbeutung. Deutschland ist nicht das einzige Land, das dieser Art von Staatsräson folgt. Amerika im „Zeitalter von Trump" beeilt sich, seine Mauern gegen die Bedrohung durch „den anderen" noch höher zu bauen, mit zunehmender Toleranz gegenüber Rassismus und Ungleichheit. Seit Trumps Wahl sind Gesetze erlassen worden, die es der Polizei noch eher erlauben, Gewalt gegen Schwarze anzuwenden und Einwanderer von unseren Grenzen zu vertreiben. Gleichzeitig werden Gesetze vorbereitet, die amerikanische Bürger und Unternehmen strafrechtlich verfolgen sollen, die BDS unterstützen. Ich frage mich, was passieren würde, wenn die Kirche es wagte, mit einer Stimme zu sprechen und aufstände, um zu rufen: „Halt!" Würde dem die Staatsräson der uneingeschränkten Unterstützung für Israel in Deutschland, den USA und anderswo standhalten? Hier liegen die Herausforderung und die Hoffnung.

Und es gibt Grund zur Hoffnung. Die Delegierten aller reformierten Kirchen der Welt haben auf dem Treffen ihres Weltbundes in Leipzig im Juli 2017 eine Resolution angenommen, die wegweisend ist: „Die Integrität des christlichen Glaubens und Handelns steht angesichts des herrschenden Unrechts in Palästina und des Aufschreis der palästinensischen Christen auf dem Spiel."[10] Die Resolution ermutigt, Delegationen zu Besuchen in die Region zu senden, um Augenzeugen

---

[10] Verabschiedung der Resolution im Plenum vom World Communion of Reformed Churches am 7. Juli 2017, www.palestineportal.org/wcrc-general-council-2017-report/, Zugriff 30. August 2017

der Situation der „lebendigen Steine des Landes" zu werden, womit die Menschen im Unterschied zu den toten Steinen der heiligen Orte gemeint sind. Auch soll untersucht werden, inwieweit Theologie dazu benutzt wird, ihre Unterdrückung zu rechtfertigen. Und die Mitgliedskirchen sollen ihre Beziehung zu Israel und Palästina in den Bereichen Mission, Bildung und Finanzen überprüfen. Außerdem beauftragt die Resolution den Reformierten Weltbund, den Brief der Koalition christlicher Organisationen Palästinas vom Juni 2017 zu beantworten, in dem diese darum bat, Aktionen zu benennen, die unternommen werden können, um ihrem Ruf nach „nicht billiger Solidarität" zu begegnen. Solche Stellungnahmen brauchen wir. Das wäre der Beginn einer neuen ökumenischen Bewegung für Frieden, Gerechtigkeit und Bewahrung der Schöpfung. So erfüllt die Kirche ihren Auftrag, Liebe und Barmherzigkeit auf der Welt zu verwirklichen und sich den großen Krisen der Menschheitsgeschichte entgegenzustemmen.

Das Anliegen geht weit über Palästina hinaus. Als Weltgemeinschaft stehen wir vor der Frage, von der das Schicksal der Menschheit abhängt: Entscheiden wir uns für Feindseligkeit, „wir gegen sie", oder für Vertrauen? Der gemeinsame Einsatz für die palästinensische Sache, die von einer lebendigen Kirche im Bündnis mit anderen Widerstandsbewegungen angeführt wird, kann zur Speerspitze für eine weltweite Bewegung für soziale Gerechtigkeit werden.

Mark Braverman
Portland, Oregon
11. September 2017

DANKSAGUNG

Im zehnten Kapitel zitiere ich den Theologen Marc Ellis, der fragt, welches Ziel wir als Zivilisation ansteuern: „Das Schlüsselthema ist das ständige Ringen um unsere Ausrichtung als Individuen und als Volk – hin zur Isoliertheit des Imperiums oder hin zur Solidarität der Gemeinschaft." Ellis schreibt über das jüdische Volk, aber er führt aus, was das zentrale Thema dieses Buches ist, dass unser Überleben als globale Gesellschaft von unser aller Entscheidung für die Gemeinschaft abhängt. Dies Buch handelt vom Entstehen einer Gemeinschaft, die nationale, ethnische und religiöse Grenzen überschreitet. Ich sehe es als Vorrecht an, zu dieser Gemeinschaft und Bewegung zu gehören. Und es ist ihr Verdienst, dass dieses Buches geschrieben wurde.

Die Formulierung „zu zahlreich, um sie alle aufzuzählen" ist abgedroschen, aber sie ist wahr, was die Namen der Personen angeht, die mich unterstützt, geleitet und herausgefordert haben. Und dass ich sie Freunde und Kollegen nennen kann, ist ein besonderer Segen für mich. Dennoch möchte ich diejenigen Kollegen extra erwähnen, die mir großzügig ihre Zeit für Interviews zu Verfügung gestellt haben, deren Arbeit in diesen Seiten vorkommt und die vieles andere zur Unterstützung beim Schreiben dieses Buches getan haben. Einige von ihnen kommen auf diesen Seiten direkt zu Wort, aber alle ihre Stimmen schwingen mit. Ich gehe soweit zu sagen, dass ich meine eigene Stimme gefunden habe, weil sie mit mir singen, beten, weinen und manchmal sogar schreien: Edwin Arrison, Charles Villa Vicencio, Hannah Schwarzschild, Brian McLaren, Rabbi Brant Rosen, Rabbi Brian Walt, Richard Horsley, Rev. Naim Ateek, Rev. Mitri Raheb, Rifat Kassis, Nora Carmi, Nomika Zion, Eitan Bronstein Aparicio, Tali Shapiro, Rela Mazali, Rev. Bob Roberts, Sr. Paulette Schroeder, Rev. Stephen Sizer, Marc Ellis, Rev. Carolyn Boyd, Rev. Lucas Johnson, Rick Ufford-Chase, Gary Burge, Tom Getman, Rev. Tinyiko Maluleke, John de Gruchy, Janneke Stegemann, Meta Floor, Giet ten Berge, Jan van der Kolk, Fawzieh al-Kurd, Rev. Warren Bardsley, Rev. Walt Davis, Steve Haas, Rabbi Lynne Gottlieb, Mike Daly, Munther Isaac, Daoud Nassar, Colin Chapman, Sami Awad, Neve Gordon, Rabbi Margaret Holub, Rev. David Good, Rev. Steve Hyde, GJ and Kay Tarazi, Len Rodgers, Adam Estle, Todd Deatherage, Rick Malouf, Carl Medearis, Rev. Richard Toll, Rev. Steven Martin, Kay and Bill Plitt, Gloria and Bill Mims, Nadia Itraish, Steve France, Rev. Katherine Cunningham, Allison Schmitt, Pauline Coffman, Rev. Cotton Fite, Noushin Framke, Rev. Don Wagner, Rev. John Wagner, Michel Nseir, Rev. Cotton Fite, John Van Wagoner, Elaine and Jack Brouillard, Serge Duss, Beth Corrie.

Mehre Organisationen und Kirchengemeinden haben für die Erfahrungen und die Arbeit, die in dieses Buch geflossen sind, eine wichtige Rolle durch ihre Hilfe und Inspiration gespielt: Interfaith Peace Builders, Friends of Tent of Nations North America, Sabeel Ecumenical Liberation Theology Center, Friends of Sabeel North America, Evangelicals for Middle East Understanding, Holyland Trust, First Congregational Church of Old Lyme, Ravensworth Baptist Church, Tent of Nations, Kairos Palestine, Kairos USA, the U.S. Campaign for Palestinian Rights, Zochrot, New Profile, Israel Palestine Mission Network PC (USA).

Jetzt geht die lang geplante deutsche Ausgabe in den Druck und ich bin meinem Freund, Kollegen und Übersetzer Christian Kercher dankbar für seine Vision und Beharrlichkeit, auch für das Projektmanagement und Fundraising. Christians Engagement für Gerechtigkeit und sein unermüdlicher Einsatz für die palästinensische Sache inspirieren mich und ich schätze unsere Freundschaft. Er möchte herzlich all denen danken, die ihm den Rücken gestärkt und beim Lektorieren und Korrekturlesen geholfen haben, besonders Shivaun Heath, Ruth Karzel, Nicole Spitz, Kerstin Jage-Bowler, Dorle Dilschneider, Judith Bader, Sabine Werner, Dorothea Hartung, Clémence Bosselut, Stephan Clauß, Rainer Luce, Giselher Hickel, Nicolaus Raßloff, Winfried Belz, Hans-Georg Kercher, Janina und Johannes Zang, Leo Petersmann, Reinhard Kober, der Benediktinerabtei Königsmünster in Meschede und der Ansveruskommunität in Hamburg-Aumühle für ihre Gastfreundschaft.

Danksagung

Ich freue mich auch über die treue Unterstützung durch viele Förderer und Freunde in Deutschland während der letzten Jahre: Ellen and Martin Breidert, Hans-Werner von Wedemeyer, Heike Goebel, Robert Jewett, Karin Gleixner, Dorle und Gerhard Dilschneider, Irmgard und Manfred Wüst, Barbara und Giselher Hickel, Ulrich Duchrow, Hildegard Lenz, Monika und Eberhard Wolkenhaar, Ursula und Gerhard Vöhringer und George Schuppan.

Der Schatzmeisterin und dem Vorstand der Arbeitsgemeinschaft Völkerrecht und Menschenrechte in Palästina und Israel e.V. gilt mein großer Dank für das Verwalten der Spenden für die Druck- und Übersetzungskosten. Und natürlich den zahlreichen Spendern: Sie haben das vorliegende Buch erst ermöglicht!

Zum Schluss möchte ich Dietmar Lütz und seinem WDL-Verlag gegenüber meine große Wertschätzung ausdrücken. Die Veröffentlichung von „Die Mauer überwinden" passt zu seinem kontinuierlichen Engagement für Gerechtigkeit und zu seiner Überzeugung, dass der Glauben heilende Kraft hat und die Arbeit für eine bessere Welt vorantreibt.

Dieses Buch ist meiner Frau Susan Braverman gewidmet. Ich könnte ihr Sprachgefühl beim Redigieren nennen, ihre Ermutigung während der größten Durststrecken und die Opfer an Zeit, Geld und Familienleben, die für das Schreiben gebracht wurden. Für all das bin ich dankbar. Aber bei der Widmung geht es nicht darum. Die Widmung „Für Susie" spricht für sich selbst. Wie alles andere ist dies für sie.

Portland, Oregon im November 2017

ÜBER DEN AUTOR

Dr. Mark Braverman ist in Philadelphia an der Ostküste der USA als Kind einer jüdischen Familie aufgewachsen, die tiefe familiäre Wurzeln im Heiligen Land hat. Die Begegnung mit Palästinensern im besetzten Westjordanland während einer Reise nach Israel und Palästina im Jahr 2006, mit Friedensaktivisten und Verantwortlichen muslimischer, christlicher und jüdischer Herkunft, veränderte ihn grundlegend. In seinen Büchern und Vorträgen geht es dem gelernten Psychologen und Traumatherapeuten besonders um die Rolle von Glauben und Theologie im aktuellen Diskurs und die Aufgabe von interreligiösen Beziehungen bei der Suche nach einem gerechten Frieden. Braverman gehört zur weltweiten Bewegung an der Kirchenbasis, die sich für die Rechte der Palästinenser einsetzt. Im Dezember 2009 war er an der feierlichen Veröffentlichung des Kairos-Palästina-Dokuments in Bethlehem beteiligt. Kairos USA, wo Braverman *Program Director* ist, trägt dessen Botschaft in die amerikanische Gesellschaft und ermutigt besonders die Christen dazu, im Sinne der Propheten für einen gerechten Frieden in Palästina und Israel ihre Stimme zu erheben. Er lebt mit seiner Frau Susan im pazifischen Nordwesten in Portland, Oregon. Mehr Informationen und seinen Blog gibt es auf seiner Webseite www.markbraverman.org.

Der Übersetzer

Der Anglist und Historiker Christian Kercher war als Menschenrechtsbeobachter in Jerusalem und Yanoun bei Nablus tätig im Rahmen des Ökumenischen Begleitdienstes in Palästina und Israel (EAPPI). Als Redakteur hat er von 2011 bis 2016 die PalästinaIsraelZeitung geprägt.

Mark Braverman (r.) und Dolmetscher Christian Kercher im Juni 2015 in Kiel (Foto: Gabriele Rennert). Der Vortrag ist auf Video festgehalten (www.youtube.com/watch?v=VElJ5juv6LM).

ANHANG

WEITERE INFORMATIONEN

Organisationen und Internet-Medien

Alternative Tourism Group ist eine Organisation in Bethlehem für Reisende, die für einen gerechten Frieden unterwegs sein wollen und sich nicht auf die Pilgerwege zu den heiligen Steinen beschränken, www.atg.ps. Siehe auch gute Broschüre von Tourism Watch u.a.: „Kommt und seht! Reisen und Pilgern im Heiligen Land", 48 S., gratis unter www.shop.brot-fuer-die-welt.de/images/2016-06-28_pilgern_2016.pdf

Al-Haq (=Recht) in Ramallah dokumentiert Menschenrechtsverletzungen von Israelis und Palästinensern und macht Lobby- und Öffentlichkeitsarbeit. www.alhaq.org

Bündnis zur Beendigung der israelischen Besatzung: Initiative von Juden, Palästinensern und anderen Engagierten in Deutschland (Gründungsmitglied Rupert Neudeck) mit informativem Blog/ Newsletter, www.bib-jetzt.de

Bewegung für Boykott, Desinvestition und Sanktionen (BDS): Aufruf und Kampagne des nationalen palästinensischen BDS-Kommittees, einer breiten Koalition palästinensischer Organisationen, www.bdsmovement.net

BDS-Gruppen in Österreich, Deutschland und der Schweiz: www.bds-info.at, www.bds-kampagne.de, www.bds-info.ch

Christlichen Zionismus herausfordern: Darum geht es der Webseite mit Material zu Religion, Politik und Theologie in bezug auf Christentum und Heiliges Land. www.christianzionism.org

Jewish Voice for Peace ist eine starke Stimme von Aktivisten in den USA, inspiriert von der jüdischen Tradition, für Frieden, soziale Gerechtigkeit und Menschenrechte in Israel/Palästina. www.jvp.org

Jüdische Stimme für gerechten Frieden in Nahost: Organisation engagierter Juden und Israelis in Deutschland, www.juedische-stimme.de

Sabeel (=Quelle, Weg) ist das palästinensische, ökumenische Zentrum für Befreiungstheologie in Ostjerusalem. www.sabeel.org

BADIL Resource Center for Palestinian Residency & Refugee Rights geht es um die Rechte palästinensischer Flüchtlinge durch Forschung, Öffentllichkeitsarbeit und Beteiligung Betroffener bei der Suche nach Lösungen. www.badil.org

Breaking the Silence ist eine Organisation ehemaliger israelischer Soldaten, die Augenzeugenberichte von Veteranen über ihren Einsatz in den besetzten Gebieten sammeln. www.breakingthesilence.org.il

B'tselem (=als Bild von: Genesis 1,27) ist die israelische Organisation, die Verstöße gegen die Menschenrechte in Ostjerusalem, Westjordanland und Gaza dokumentiert. www.btselem.org

Christian Peacemaker Teams wohnen in Hebron zwischen israelischen Siedlern, Soldaten und Palästinensern und versuchen, letztere dort und in den südlichen Dörfern vor der Gewalt der jüdischen Siedler zu schützen. www.cpt.org

Combatants for Peace: Ehemalige israelische Soldaten und ehemalige palästinensische Freiheitskämpfer informieren und streiten gemeinsam für ein Ende der Besatzung und gewaltfreien Widerstand. www.combatantsforpeace.org

Ecumenical Accompaniment Program in Palestine and Israel (EAPPI) = Ökumenisches Begleitprogramm in Palästina und Israel, internationales Freiwilligenprogramm zur Menschenrechtsbeobachtung in den besetzten Gebieten unter dem Dach des Genfer Weltrates der Kirchen, www.eappi-netzwerk.de, www.peacewatch.ch, www.katastrophenhilfe.diakonie.at/eappi, www.eappi.org

Holy Land Trust bietet Reisen und Begegnungen in Bethlehem und Umgebung an und informiert über palästinenisches Leben unter Besatzung. www.holylandtrust.org

Kairos Palästina sind palästinensische Christen, die sich um die weltweite Verbreitung ihres Plädoyers für Gerechtigkeit von 2009 bemühen: "Die Stunde der Wahrheit. Wort des Glaubens, der Hoffnung und der Liebe aus der Mitte des Leidens der Palästinenser". www.kairospalestine.ps

Das **Kairos-Palästina-Solidaritätsnetz** unterstützt in Deutschland eben das Anliegen des Kairos-Palästina-Dokuments von 2009. www.kairoseuropa.de/kairos-palaestina-solidaritaetsnetz/

Kairos USA macht das in den Vereinigten Staaten. www.kairosusa.org

Weitere Informationen

Kairos Southern Africa hält das Erbe der Kairos-Theologie im südlichen Afrika hoch, in Solidarität mit anderen auf der Welt. www.kairossouthernafrica.wordpress.com

Deutscher Koordinationskreis Palästina und Israel: Zusammenschluss deutscher Friedens-, Menschenrechts- und Solidaritätsorganisationen: www.koopi-online.de

Israeli Committee Against House Demolitions protestiert durch direkte Aktionen gegen die Zerstörung palästinensischer Häuser durch die israelische Armee in den besetzten Gebieten. www.icahd.org, www.icahd.de/icahd-deutschland/

Machsom Watch (Checkpoint Watch) sind israelische Frauen, die das Verhalten der Soldaten an den Checkpoints in den besetzten Gebieten beobachten, dokumentieren und öffentlich für die Beendigung der Besatzung eintreten. www.machsomwatch.org

Open Bethlehem ist eine internationale Kampagne für die Befreiung der abgeschnürten Stadt. Gute Fotos, www.openbethlehem.org

Palestine Portal ist der digitale Treffpunkt zur Vernetzung für engagierte kirchliche Organisationen und Gemeinden weltweit, www.palestineportal.org

Palestine Remembered bietet ausführliche Informationen über die von Israel zwischen 1947 und 1949 zerstörten palästinensischen Dörfer. www.palestineremembered.com

New Profile widmet sich der Aufklärung über die alles durchdringende Militarisierung der israelischen Gesellschaft und bekämpft sie, zum Beispiel durch die Unterstützung von Kriegsdienstverweigerern. www.newprofile.org

Rabbis for Human Rights ist die rabbinische Stimme des Gewissens in Israel. www.rhr.israel.net

UN OCHA, Büro der Vereinten Nationen zur humanitären Situation in den besetzten Gebieten, Jerusalem, detaillierte aktuelle Berichte, Landkarten, Statistiken, www.ochaopt.org

US Campaign for Palestinian Rights: Bündnis von 400 Gruppen, die sich gegen die Unterstützung der amerikanischen Regierung für Israels Besatzung von Westjordanland, Gaza und Ostjerusalem einsetzen, www.endtheoccupation.org

Wer profitiert? Auflistung von Unternehmen und Markennamen, die von der israelischen Besatzung profitieren, also zum Beispiel in den Siedlungen produzieren lassen, www.whoprofits.org

Zochrot (=die sich Erinnernden) will die israelische Gesellschaft an die Zerstörung von mehr als 500 palästinensischen Dörfern 1948 erinnern und an die Auslöschung palästinensischer Kultur. www.zochrot.org

Nachrichten und Hintergrundinformation

Das **Alternative Information Center** ist eine gemeinsame Organisation von Palästinensern und Israelis, die über beide Gesellschaften und den Konflikt kritisch informiert. www.alternativenews.org

Reiner und Judith Bernstein, Dokumente, Berichte, Nachrichten, Bücher aus und zu Nahost, www.reiner-bernstein.de

Electronic Intifada ist ein unabhängiger Nachrichtendienst, der alternativ zu den Mainstream-Medien umfassend zu Palästina/Israel informiert. www.electronicintifada.net

Ha'aretz ist Israels wichtigste liberale Tageszeitung. Erscheint auch auf englisch, www.haaretz.com

Medico international: Artikel zu Nahost, www.medico.de/blog/

Mondoweiss: Kritische jüdische Nachrichtenseite über amerikanische Außenpolitik im Nahen Osten, www.mondoweiss.net

+972: unabhängige israelische Webseite mit aktuellen Reportagen und Kommentaren, www.972mag.com

Palästina Portal, aktuelle deutschsprachige Nachrichten und umfassende Informationen zum Thema, www.palaestina-portal.eu

Ludwig Watzal, Nahostexperte und Publizist, www.between-the-lines-ludwig-watzal.blogspot.de/

Filmtipps für You Tube

[Titel ins Suchfeld bei You Tube eingeben]

Israeli Palestinian conflict explained: an animated introduction to Israel and Palestine (Eine Einführung mit Animation), 6 Min., Jewish Voice for Peace

Weitere Informationen

Closed Zone: 90 animated seconds on the closure of Gaza | Gisha - Trickfilm über das Eingesperrtsein der Menschen in Gaza durch die Blockade Israels von israelischer Menschenrechtsorganisation GISHA

WDR HD Die Story - Five Broken Cameras - Oscarnominierter Film über den gewaltlosen Protest des Dorfes Bil'in im Westjordanland gegen Mauer- und Siedlungsbau, Deutsche gekürzte Fassung 2014, 44 Min.

Dokumentarfilme

Wir weigern uns Feinde zu sein. *Den Nahostkonflikt verstehen lernen. Deutsche Jugendliche begegnen Israelis und Palästinensern*, Dokumentarfilm von Stefanie Landgraf und Johannes Gulde, 2013, 89 Min.; ideal für Schule, Erwachsenenbildung, Reisevorbereitung; mit Medienpaket und Vorführrecht: www.filmsortiment.de. Film im Internet: http://kenfm.de/blog/2013/05/07/wir-weigern-uns/

Die Steine schreien - *Stimmen palästinensischer Christen*, Yasmine Perni, deutsche Untertitel, 55 Min., 2013: www.thestonescryoutmovie.com

JERUSALEM - *THE EAST SIDE STORY*, Mohammed Alatar, 57 Min., deutsche Untertitel, 2008, kostenloser Verleih: www.evangelische-medienzentralen.de / www.ezef.de

BIBLIOGRAFIE

John Allen, *Rabble Rouser for Peace,* New York, 2006

Naim Stifan Ateek, *Justice and Only Justice: A Palestinian Theology of Liberation,* New York 1989

Ders., Recht, nichts als Recht. Entwurf einer palästinensisch-christlichen Theologie, Luzern 1990

Ders., Gerechtigkeit und Versöhnung. Eine palästinensische Stimme, Berlin 2010

Allan Boesak, *Farewell to Innocence,* New York 1984

Robert McAfee Brown, Hg., *Kairos: Three Prophetic Challenges to the Church,* Grand Rapids 1990

Gary M. Burge, *Whose Land? Whose Promise? What Christians Are Not Being Told about the Holy Land,* Cleveland 2003

Ders., *Jesus and the Land: The New Testament Challenge to "Holy Land" Theology,* Grand Rapids 2010

Marc H. Ellis, *Beyond Innocence and Redemption: Confronting the Holocaust and Israeli Power: Creating a Moral Future for the Jewish People,* New York 1991

Ders., *Toward a Jewish Theology of Liberation,* Waco 2004

Ders., *Zwischen Hoffnung und Verrat. Schritte auf dem Weg einer jüdischen Theologie der Befreiung,* Luzern 1992

Ders., *Encountering the Jewish Future,* Minneapolis 2011

Arnold Forster u. Benjamin Epstein, *The New Anti-Semitism,* New York 1974

Bibliografie

John W. de Gruchy u. Steve DeGruchy, *The Church Struggle in South Africa*, Minneapolis 2005

Richard A. Horsley, *Jesus and Empire: The Kingdom of God and the New World Disorder*, Minneapolis 2003

Ders., "Jesus and Empire" in R. A. Horsley, Hg., *In the Shadow of Empire. Reclaiming the Bible as a History of Faithful Resistance*, Louisville 2008

Rifat Odeh Kassis, *Kairos for Palestine*, Palestine/India: Baday Alternatives 2011

Rashid Khalidi, *Brokers of Deceit: How the U.S. has Undermined Peace in the Middle East*, Boston 2013

Martin Luther King Jr., "Letter from Birmingham Jail," in James M. Washington, Hg., *I Have a Dream: Writings and Speeches That Changed the World*, San Francisco 1986

Charles Marsh, *God's Long Summer: Stories of Faith and Civil Rights*, Princeton 1997

Charles Marsh, *The Beloved Community: How Faith Shapes Social Justice, from the Civil Rights Movement to Today*, New York 2005

Brian D. McLaren, *Why Did Jesus, Moses, the Buddha, and Mohammed Cross the Road?: Christian Identity in a Multi-Faith World*, New York 2012

Ders., *A New Kind of Christianity: Ten Questions That Are Transforming the Faith*, New York 2010

Ilan Pappe, *The Ethnic Cleansing of Palestine*, Oxford 2007

Ders., Die ethnische Säuberung Palästinas, Berlin 2014

Miko Peled, *The General's Son*, Charlottesville 2012

Ders., Der Sohn des Generals. Reise eines Israelis in Palästina, Zürich 2016

Mitri Raheb, Faith in the Face of Empire. The Bible through Palestinian Eyes, New York 2014

Ders., Glaube unter imperialer Macht. Eine palästinensische Theologie der Hoffnung, Gütersloh 2014

Bob Roberts Jr., *Real Time Connections: Linking Your Job with God's Global Work*, Grand Rapids 2010

Brant Rosen, *Wrestling in the Daylight: A Rabbi's Path to Palestinian Solidarity*, Charlottesville 2012

Shlomo Sand, *The Invention of the Jewish People*, Brooklyn 2009

Ders., Die Erfindung des jüdischen Volkes. Israels Gründungsmythos auf dem Prüfstand, Berlin 2010

Ders., *The Invention of the Land of Israel: from Holy Land to Homeland*, Brooklyn 2012

Ders., Die Erfindung des Landes Israel. Mythos und Wahrheit, Berlin 2012

Howard Thurman, *Jesus and the Disinherited*, Boston 1976

Charles Villa-Vicencio, *Between Christ and Caesar: Classic and Contemporary Texts on Church and State, Eerdmans*, Grand Rapids 1986

Ders., *Trapped in Apartheid, New York* 1988

Walter Wink, *Engaging the Powers*, Minneapolis 1992

Ders., Verwandlung der Mächte. Eine Theologie der Gewaltfreiheit, Regensburg 2014

Bücher und Broschüren zur Orientierung

Susan Abulhawa, Während die Welt schlief, Roman, München 2012

Rüdiger Baron u.a., Die Evangelische Kirche und der Staat Israel. Appelle, Analysen, Stellungnahmen, Broschur, Berlin 2017

Bibliografie

Helga Baumgarten, Kampf um Palästina – Was wollen Hamas und Fatah?, Freiburg i. Br. 2013

Peter Bingel u. Winfried Belz, Israel kontrovers. Eine theologisch-politische Standortbestimmung, Zürich 2013

Breaking the Silence (Hg.), Israelische Soldaten berichten von ihrem Einsatz in den besetzten Gebieten, Berlin 2012

Gerhard Dilschneider u.a., Wenn ein Glied leidet – leiden alle Glieder mit? Eine Argumentationshilfe zum Kairos-Palästina-Dokument, Berlin 2013

www.kairoseuropa.de/wp-content/uploads/2015/10/Argumentationshilfe.pdf

Lizzie Doron, Sweet Occupation. Die Tragödie des Anderen zu verstehen, ist die Voraussetzung, um einander keine weiteren Tragödien zuzufügen, Roman, München 2017

Fritz Edlinger, Hg., Palästina - Hundert Jahre leere Versprechen. Geschichte eines Weltkonflikts, Wien 2017

Evangelisches Missionswerk, Hg., Hoffnung und Widerstand. Erfahrungen und Berichte aus dem Ökumenischen Begleitprogramm in Palästina und Israel (EAPPI), Bd. Nr. 80, Hamburg 2017 (gratis zu bestellen: www.emw-d.de)

Alexander Flores, Der Palästinakonflikt. Wissen was stimmt, Freiburg i. Br. 2009

Annette Groth, Norman Paech, Richard Falk (Hg.), Palästina – Vertreibung, Krieg und Besatzung. Wie der Konflikt die Demokratie untergräbt, Köln 2017

Annette Groth, Günter Rath (Hg.), Meinungsfreiheit bedroht? Die Gefährdung der Meinungsfreiheit in Deutschland durch die Kampagnen der sogenannten „Freunde Israels", Stuttgart 2017, Broschur (zu bestellen bei gunrath@posteo.de, 5 € inkl. Porto)

Jakob Farah u.a., Israel und Palästina. Umkämpft, besetzt, verklärt, Zeitschrift Edition Le Monde diplomatique N°21, Berlin 2017

Kairos-Palästina-Dokument als Textheft mit Arbeitshilfe: Arbeitsgemeinschaft Christlicher Kirchen in Baden-Württemberg (ACK), Impulse zum Gespräch 2, 2011 (für 2 € zu bestellen bei www.ack-bw.de > Publikationen)

Christian Sterzing, Hg., Palästina und die Palästinenser. 60 Jahre nach der Nakba, Berlin 2011, Heinrich-Böll-Stiftung, Schriften zur Demokratie, Bd. 25, nur noch als pdf: www.boell.de/sites/default/files/Palaestina_und_die_Palaestinenser_kommentierbar.pdf

Rolf Verleger, Israels Irrweg. Eine jüdische Sicht, Köln 2009

Ders., Hundert Jahre Heimatland? Judentum und Israel zwischen Nächstenliebe und Nationalismus, Berlin 2017

Petra Wild, Apartheid und ethnische Säuberung in Palästina. Der zionistische Siedlerkolonialismus in Wort und Tat, Wien 2013

Johannes Zang, Begegnungen mit Christen im Heiligen Land. Ihre Geschiche und ihr Alltag. Mit Reisetipps, Würzburg 2017

Ders., Unter der Oberfläche. Erlebtes aus Israel und Palästina, Berlin 2014

Der Verlust palästinensischen Landes

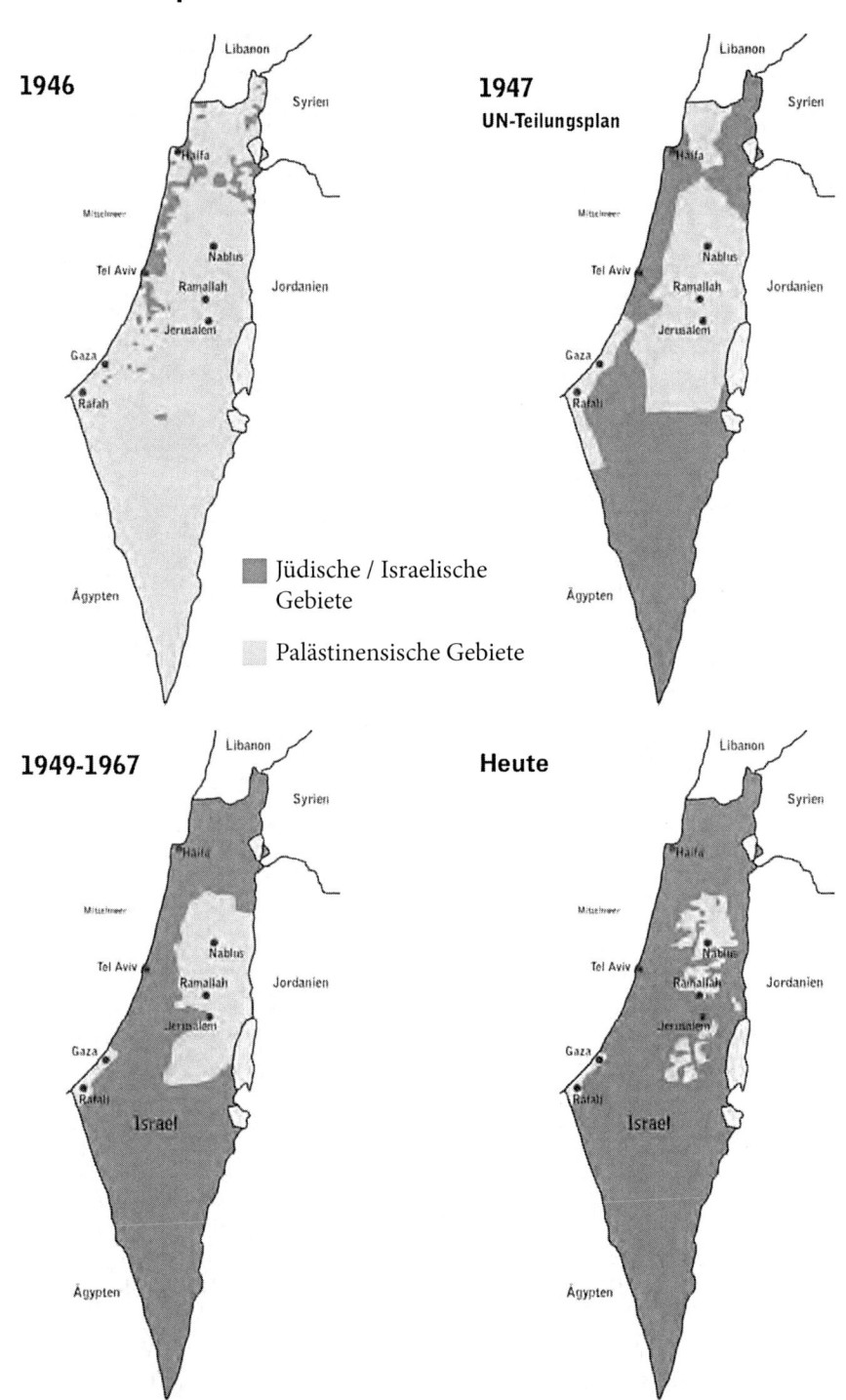

1946

1947
UN-Teilungsplan

■ Jüdische / Israelische Gebiete

□ Palästinensische Gebiete

1949-1967

Heute

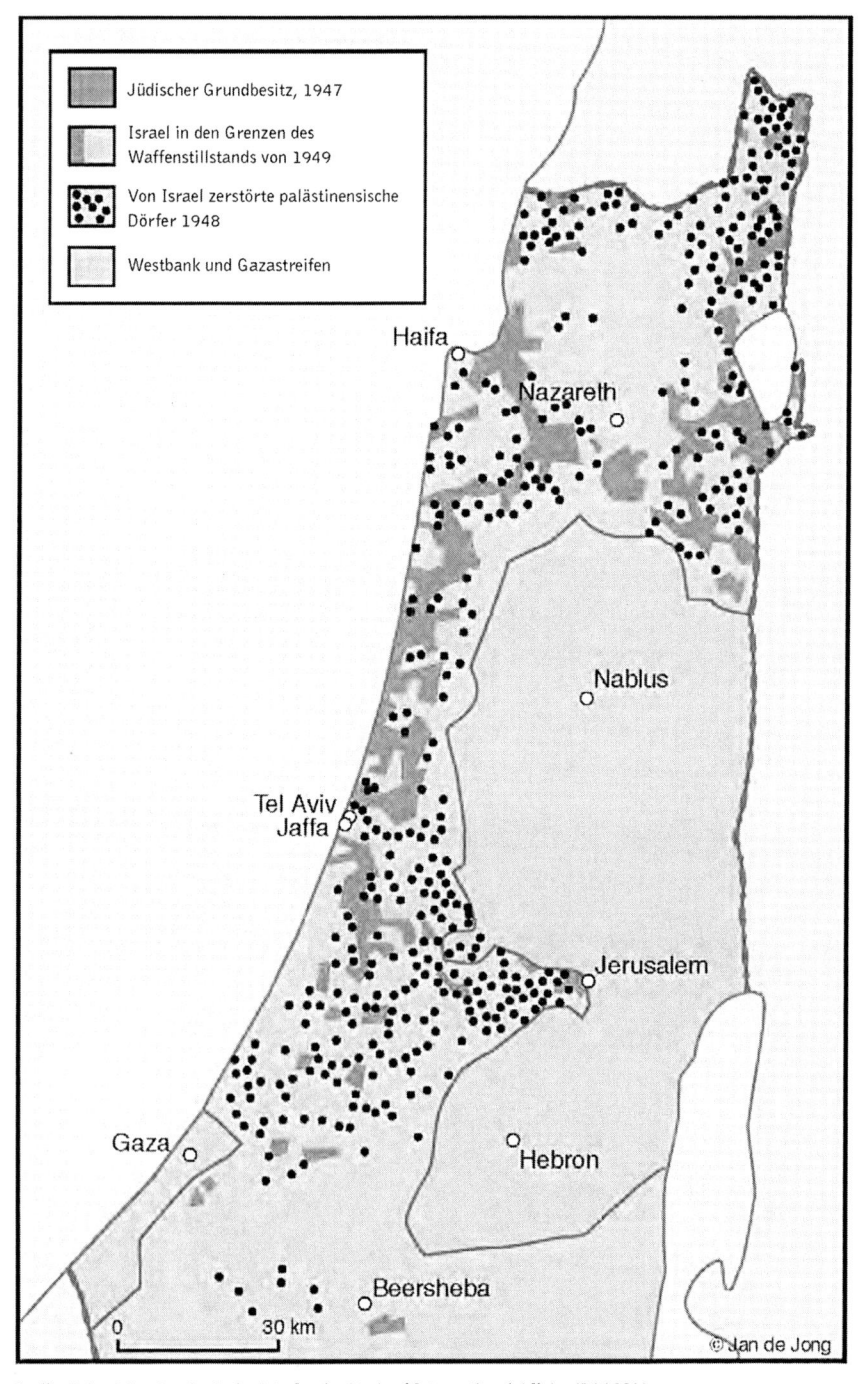

Von Israel zerstörte palästinensische Dörfer

- Jüdischer Grundbesitz, 1947
- Israel in den Grenzen des Waffenstillstands von 1949
- Von Israel zerstörte palästinensische Dörfer 1948
- Westbank und Gazastreifen

Quelle: Palestinian Academic Society for the Study of International Affairs (PASSIA)

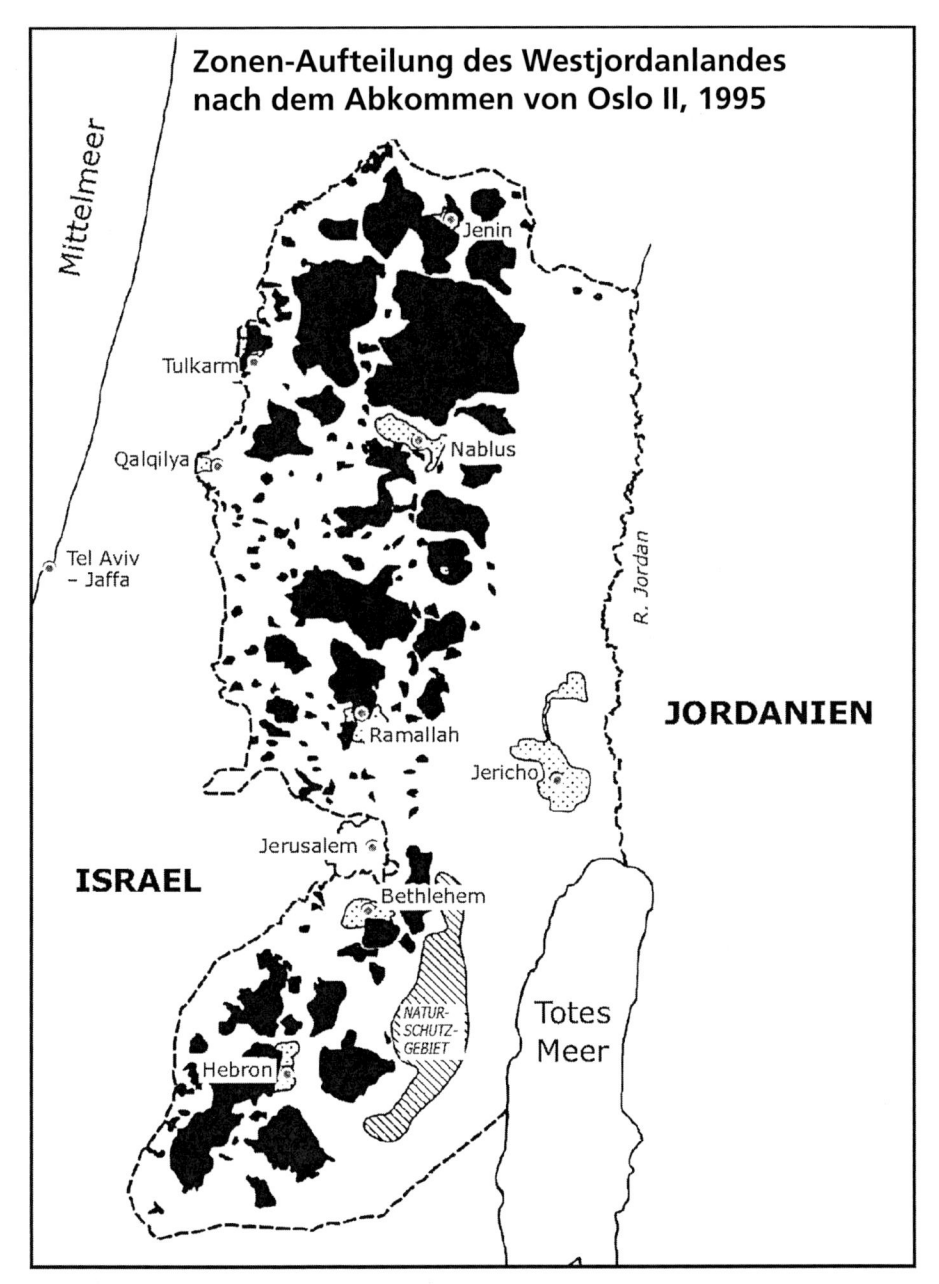

Zonen-Aufteilung des Westjordanlandes nach dem Abkommen von Oslo II, 1995

Orte auf der Karte: Mittelmeer, Jenin, Tulkarm, Qalqilya, Nablus, Tel Aviv – Jaffa, R. Jordan, Ramallah, Jericho, JORDANIEN, Jerusalem, ISRAEL, Bethlehem, NATURSCHUTZGEBIET, Hebron, Totes Meer

- ⁛ Zone A (volle palästinensische Verwaltung)
- ■ Zone B (palästinensische Verwaltung und israelische Sicherheitskontrolle)
- ☐ Zone C (israelische Besatzung)
- – – – Waffenstillstandslinie 1949 („Grüne Grenze")

Quelle: Böhme/Kriener/Sterzing, Kleine Geschichte des israelisch-palästinensischen Konfliktes, Schwalbach/Ts., Wochenschau Verlag 2009, 4. vollst. überarb. und akt. Aufl.

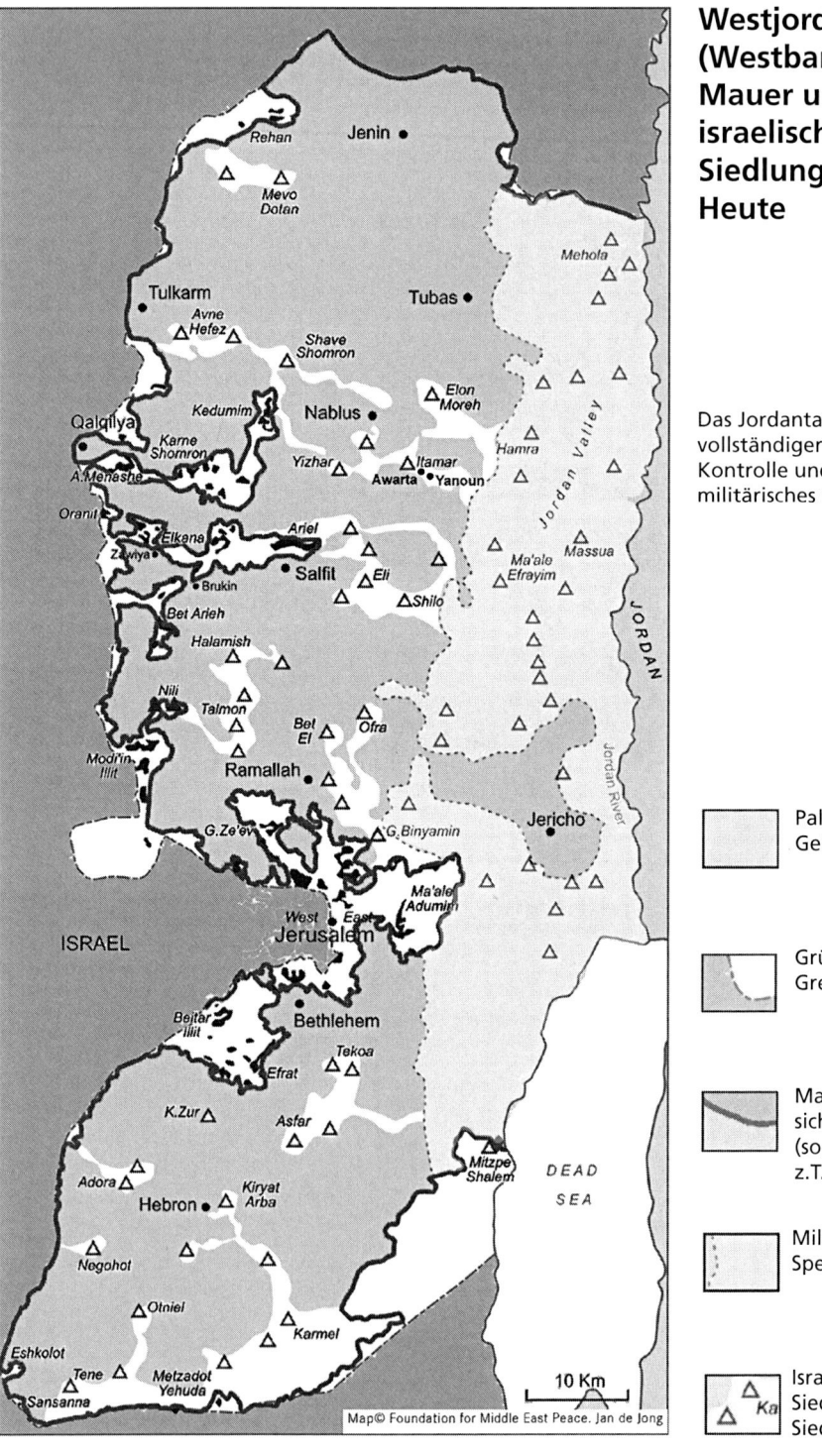

Westjordanland (Westbank): Mauer und israelische Siedlungen, Heute

Das Jordantal ist unter vollständiger israelischer Kontrolle und zum Teil militärisches Sperrgebiet

- Palästinensische Gebiete
- Grüne Linie, Grenzen von 1967
- Mauer bzw. Hochsicherheitszäune (sog. ‚Sperranlage', z.T. noch im Bau)
- Militärische Sperrzone
- Israelische Siedlungen/ Siedlungsgebiete

Map© Foundation for Middle East Peace. Jan de Jong

Zum Beginn des 500. Reformationsjubiläums fand im Januar 2017 in Wittenberg eine Konferenz des Projekts »Die Reformation radikalisieren« statt. Die Abschlusserklärung wurde von Mark Braverman mitverfasst und unterzeichnet. Der Abdruck geschieht mit freundlicher Genehmigung der Übersetzer:

Einladung, sich der Wittenberger Erklärung 2017 anzuschließen:

Gerechtigkeit allein!

Die Reformation radikalisieren – provoziert von der heutigen Systemkrise

Die internationale Arbeitsgemeinschaft „Die Reformation radikalisieren" traf sich vom 7.-10. Januar 2017 in der Leucorea, der altehrwürdigen Universität der historischen Stadt Wittenberg – 500 Jahre, nachdem Luthers Reformation, aufbauend auf früheren Reformationen, begann. ChristInnen, Juden und Muslime aus der ganzen Welt, verschiedene Disziplinen repräsentierend, nahmen an dieser 3. Internationalen Konferenz des Projekts teil. Aufbauend auf unseren früheren grundlegenden Reflexionen über die Bedeutung der Reformation war es diesmal das Ziel, Antworten auf konkrete Krisen im heutigen Kontext finden.[1]

Wir kamen in Wittenberg zusammen – dankbar für das Erbe der Reformation und die Revolution in Kirche und Gesellschaft, die von dieser Stadt ab 1517 ausging. Wir waren uns aber auch der Fehler bewusst, die von der Re-

---

[1] Das Projekt „Die Reformation radikalisieren – provoziert von Bibel und Krise" begann 2010. Als bisherige Ergebnisse wurden im Lit-Verlag 6 Bände Studien und von Kairos Europa 94 Thesen veröffentlicht (www.radicalizing-reformation.com und http://kairoseuropa.de/?page_id=337) Auf dieser Website befindet sich auch der gesamte Band in englischer Sprache mit den Studien als Grundlage für die Erklärung (darunter auch ein Beitrag von Mark Braverman). Auf Deutsch liegt der Band auch gedruckt vor: DUCHROW, Ulrich/ ULRICH, Hans (Hrsg.): *Religionen für Gerechtigkeit in Palästina/Israel - Jenseits von Luthers Feindbildern (Band 7 der Reihe 'Die Reformation radikalisieren')*. Münster: Lit, 2017.

formation und den nachfolgenden Traditionen gemacht wurden und die wir im Licht der Bibel bekennen und überwinden müssen. Wir sind der Überzeugung, dass dies am besten dadurch geschieht, dass wir den Propheten und Jesus folgen und Gottes großzügige Gabe der Gerechtigkeit mitten in gefährlichen Krisen ausleben. Das Dokument Gerechtigkeit allein! ist in erster Linie ein Protest gegen unsere eigene Komplizenschaft mit den Systemen, die Hunger, unfreiwillige Migration, Spaltungen unter den Menschen und Zerstörung der Erde erzeugen.

„Das Evangelium ist gewaltfrei – verheißend, einladend, willkommen heißend, bezeugend – niemals Zwang ausübend oder nötigend" (Wittenberger Erklärung 2017). Das ist der Geist, in dem wir die Empfängerinnen und Empfänger dieses Briefs einladen, sich unserem Versuch anzuschließen, unseren Glauben auf der Basis der Bibel und anderer abrahamischen Traditionen angesichts der gegenwärtigen Krisenerfahrungen zu bekennen. Natürlich werden von uns die multiplen Krisen, die alle in der Systemkrise unserer Zivilisation wurzeln, nur beispielhaft angesprochen. Auch erwarten wir von Ihnen nicht, jeden Satz zu unterschreiben. Vielmehr hoffen wir, dass Sie Ihre eigene Glaubensgemeinschaft stimulieren, sich ernsthaft mit den hier aufgeworfenen Fragen zu beschäftigen und Entscheidungen zu treffen, so dass wir gemeinsam umkehren und Teil von Gottes Werk für das Leben werden können, indem wir die Mächte des Todes in dieser kritischen Situation der Menschheitsgeschichte überwinden lernen.

Wittenberg, der 10. Januar 2017,

3rd International Conference "Radicalizing Reformation – Provoked by the Bible and Today's Crises":

Junaid Ahmad/ Pakistan, Walter Altmann/Brasilien, Charles Amjad Ali/Pakistan, USA, Christoph Anders/Deutschland, Maraike Bangun/Indonesien, Claudete Beise Ulrich/Brasilien, Daniel Carlos Beros/Argentinien, Karen Bloomquist/USA, Conrad Braaten/USA, Mark Braverman/USA, Nancy Cardoso Pereira/Brasilien, Silfredo Bernardo Dalferth/Germany, Brasilien, Moiseraele Prince Dibeela/Botswana, Ulrich Duchrow/Deutschland, Viktoria Fahrenkamp/Deutschland, Heino Falcke/Deutschland, Gedeon Freire Alencar/Brasilien, Hannes Fuchs/Deutschland, Ludger Gaillard/Deutschland, Antonio González/Spanien, Martin Gück/Deutschland, Martin Hoffmann/Deutschland, Munther Isaac/Palästina, John Mammoottil Itty/Indien, Brigitte Kahl/USA, Rainer Kessler/Deutschland, Kathryn Kieckhafer/USA, Carolin Fionna Kloß/Deutschland, Sam Kost/USA, Tom Martin-Erickson/USA, Maake Masango/Südafrika, Kailea Mattheis/USA, Marthie Momberg/Südafrika, Adriel Moreira Barbosa/Brasilienl, Craig L. Nessan/USA, Axel Noack/Deutschland, Wanderley Pereira da Rosa/Brasilien, Praveen Perumalla/Indien, Erik and Megan Preston/USA, Jaime Prieto/Costa Rica, Raman Christopher Rajkumar/Indien, Evangeline Anderson Rajkumar/Indien, Priscilla Araòjo Rodrigues Rosa/Brasilien, Rudiyanto/Indonesien, Surya Samudera/Indonesien, Mungki Aditya and Mrs. Sasmita/Indonesien, Daniel Augusto Schmidt/Brasilien, Peter Schönhöffer/Deutschland, Franz Segbers/Deutschland, Chris and Lucille Sesvold/USA, Wesley Silva Bandeira/Brasilien, Yvonne Smith/USA, Lilia Solano/Kolumbien, Yusak Soleiman/Indonesien, Kuntadi and Indriani Sumadikarya/Indonesien, Hans Ulrich/Deutschland, Mammen Varkey/Indien, Ailed Villalba/Kuba, Deutschland, Antonella Visintin/Italien, Paul Wee/USA, Dietrich Werner/Deutschland, Vitor Westhelle/Brasilien, USA, Josef Purnama Widyatmadja/Indonesien, Renate Wind/Deutschland, Lauri Emilio Wirth/Brasilien, Christoph Zimmer/Deutschland.

UnterstützerInnen (offen für weitere Personen):

Anna Marie Aagaard/Dänemark, Javier Alanis/U.S.A., Rick Barger/U.S.A., Gregory Baum/Kanada, Sigurd Bergmann/Schweden, Brad A. Binau/U.S.A, Allan Boesak/South Africa, Walter Brueggemann/USA, John B. Cobb, Jr./ U.S.A., Susan E. Davies/USA, Katie Day/U.S.A., Gabriele Dietrich/Deutschland, Beat Dietschy/Schweiz, Jane Douglass/U.S.A., Bishop Duleep Kamil de Chickera/Sri Lanka, Paul S. Chung/Korea/U.S.A., Chris Ferguson/Kanada, Jerry Folk/U.S.A., Hartmut Futterlieb/ Deutschland, Peter Heltzel/U.S.A., John Hiemstra/Kanada, George Johnson/USA, Keum Jooseop/Korea, M.P. Joseph/Taiwan, Peter Kjeseth/U.S.A., William Lesher/U.S.A., Gerhard Liedke/Deutschland, David J. Lull/U.S.A., Cynthia D. Moe-Lobeda/U.S.A., Jürgen Moltmann/Deutschland, The Ecolife Centre-Rogate Reuben Mshana/Tanzania, Ched Myers/USA, Oikotree Movement – Park Seong Won/Korea, Winston D. Persaud/U.S.A., Guyana, Shanta Premawardhana/USA, David Ratke/U.S.A., Nelson Rivera/U.S.A., James Rowe/U.S.A., Stylianos Tsompanidis/Griechenland, Alicia Vargas/U.S.A., Petros Vassiliadis/Griechenland, Philip L Wickeri/USA,

"Wittenberger Erklärung 2017"
von der 3. Internationalen Konferenz
"Die Reformation radikalisieren" (10.1.2017)[2]

GERECHTIGKEIT ALLEIN!

Die Reformation radikalisieren – provoziert von der heutigen Systemkrise

"Es wälze sich heran wie Wasser das Recht und Gerechtigkeit wie ein starker Strom" (Amos 5,24)

Gerechtigkeit ist der Schrei der Mehrheit der Weltbevölkerung – und unseres Planeten, der seit 500 Jahren der Logik, dem Geist und der Praxis des imperialen Kapitalismus unterworfen ist.

Gerechtigkeit ist der rote Faden der Schrift – der hebräischen Bibel und der messianischen Schriften des Zweiten Testaments.

"Befreiung zur Gerechtigkeit" ist der Titel des ersten Bandes unserer Buchserie "Die Reformation radikalisieren".

Martin Luther formulierte angesichts des entstehenden Frühkapitalismus:

»Sollen die (Bank- und Handels-)gesellschafften bleyben, so mus recht und redlickeyt untergehen. Soll recht und redlickeyt bleyben, so mussen die gesellschafften unter gehen«
(Von Kaufshandlung und Wucher, 1524).

Die jüngsten Katastrophen, die diese kapitalistische Zivilisation produziert hat sind die Klimakatastrophe und die anderen Krisen, die Millionen Menschen aus ihrer Heimat treiben und zu Flüchtlingen ma-

---

[2] Übersetzung aus dem englischen Original von Ulrich Duchrow, Martin Hoffmann und Hans G. Ulrich.

chen. Diese Zivilisation tötet und ist zugleich selbstmörderisch. Sie muss langfristig ersetzt werden durch eine Kultur, die auch in Zukunft Leben durch gerechte Beziehungen möglich macht. Aber es gibt konkrete Krisen, wo wir Widerstand und Transformation sofort beginnen müssen und können. Wir laden Menschen aller Glaubensgemeinschaften und insbesondere christliche Kirchen in der Tradition der Reformation ein, auf den Kairos zu antworten und

1. den ökumenischen Konsens umzusetzen durch Verwerfung der immer totalitärer werdenden, vieldimensionalen kapitalistischen Zivilisation und durch Arbeit an gerechten und Leben ermöglichenden Alternativen;

2. am weltweiten Kampf der Kleinbauern teilzunehmen, indem sie Agrobusiness und Landraub verwerfen und lebensförderliche Landwirtschaft unterstützen;

3. in interreligiöser Solidarität Gerechtigkeit für PalästinenserInnen und Israelis zu schaffen durch die Überwindung der notorischen Verletzung des Menschen- und Völkerrechts gegenüber den PalästinenserInnen durch den Staat Israel und auch durch die Verwerfung derjenigen Theologien, Wirtschaftspraktiken und Politiken, die die Besetzung des Westjordanlands und die Blockade des Gazastreifens unterstützen;

4. alle militärische, sexuelle, rassistische, strukturelle und kulturelle Gewalt zu verwerfen und an gewaltfreien Aktionen für das Leben teilzunehmen;

5. partizipatorische Institutionen und Praktiken in den Glaubensgemeinschaften, Gesellschaften und der Politik zu entwickeln – auf der Basis, dass kein Mensch illegal ist, sondern alle das Bild Gottes in sich tragen.

DIE MAUER ÜBERWINDEN

I. Gerechtigkeit durch die Überwindung der kapitalistischen Zivilisation

„Ihr könnt nicht Gott dienen und dem Mammon"
(Lukas 16:13)

Wir glauben, dass Jesus von uns eine endgültige Entscheidung zwischen Gott und Mammon fordert. Alle Menschen haben das Grundrecht auf Gerechtigkeit, Freiheit, Würde und Frieden. Daher kritisierte Martin Luther scharf das sich entwickelnde ungerechte und unterdrückende kapitalistische System. Das alles beherrschende kapitalistische Modell entwickelt zunehmend eine totalitäre Herrschaft mit allen Konsequenzen. Eine davon ist das immense Anwachsen erzwungener Migration. Die große Zahl von Flüchtenden ist die Folge aus der Sünde der politischen Ökonomie und des Exports von Waffen und Kriegen in periphere Länder. Die erzwungene Migration unausgebildeter Arbeiter überall auf der Welt ist die Folge von verborgenen Mechanismen der kapitalistischen Akkumulation, eingebettet in die neoliberale Wirtschaftspolitik.

Wir bekennen, dass wir Teil einer „babylonischen Gefangenschaft" sind, die die konstruktive Macht des revolutionären Geistes der Reformation und bürgerliche und soziale Rechte verhindert.

Wir verwerfen alle Arten von Systemen und Praktiken, die Freiheit, Demokratie und die Teilhabe aller verhindern.

Wir rufen alle Glaubensgemeinschaften und ihre Glieder auf, die „Weisheit" des gierigen Geldes zu verwerfen und sich der Weisheit des Kreuzes anzuvertrauen, ebenso die wirtschaftlichen, politischen und sozialen Systeme wie auch der religiösen Institutionen so zu rekonstruieren, dass Würde und Wert der Menschen gewährleistet werden.

Wir appellieren an die Christen und die Kirchen, neue Wege der Mission zu entwickeln, um die politischen Systeme zu transformieren, so dass sie humaner werden.

Gerechtigkeit allein!

Wir appellieren auch an die Gemeinden, Synoden und missionarischen Einrichtungen der Kirchen, Aktionsprogramme zu entwerfen, die Frieden und Gerechtigkeit in der Gesellschaft fördern.

Wir verpflichten uns selbst, unverfälschten christlichen Glauben und reformatorische Spiritualität zu befördern, die denjenigen Kräften in Gesellschaft und Politik entgegentreten, welche Gewalt, Armut, Verelendung und die Verehrung der Geldvermehrung verursachen.

Wir verpflichten uns auch, Ressourcen der Gemeinde zu teilen, so dass größere ökonomische Gleichheit und Gerechtigkeit entstehen kann.

II. Gerechtigkeit durch ökologisch sensible Landwirtschaft und Landverteilung

„Wir wissen, dass die ganze Schöpfung bis zu diesem Augenblick mit uns seufzt und sich ängstet" (Römer 8,22).

Wir glauben, dass Gottes Mission für ein Leben in Fülle alle Christen und Christinnen und alle Kirchen verpflichtet, am ökumenischen Prozess für "Gerechtigkeit, Frieden und Bewahrung der Schöpfung" intensiv teilzunehmen. Wenn wir wirklich auf die radikalen Stimmen der Reformation hören wollen, müssen wir aus einem Weltwirtschaftssystem aussteigen, das in Landraub und Naturzerstörung mündet. Das biblische Landverständnis betont die Werte der Subsistenz und kämpft für gesunde Beziehungen zwischen Land und Menschen.

Wir bekennen, dass wir in der Tradition Luthers stehen, der gegen die Bauern die feudal-ständische Ordnung unbiblisch legitimiert hat und dass spätere lutherische Traditionen daraus die falsche Konsequenz gezogen haben, Ökonomie und Politik für eigengesetzlich zu erklären, obwohl Luther das frühkapitalistische Wirtschaftssystem klar verwarf.

Wir bekennen, dass sich auf dieser Basis Kirchen später an die Modernisierung, Industrialisierung und finanzielle Spekulation mit der Landwirtschaft angepasst haben und dass die protestantische Arbeitsethik und das spirituelle Interesse an materiellem Erfolg sogar für die ideologische Untermauerung des Kapitalismus sorgten. Kirchen und Theologen vertraten oft eine Ideologie und Theologie der Entwicklung, die das unterstützen.

Wir verwerfen das imperiale hegemoniale System von neoliberaler Politik, Finanzkapitalismus und seinen Modellen des Agrobusiness, das schwere Ungleichheiten in den Beziehungen von Produktion und Handel hervorruft. Die fortdauernde Landentfremdung, Landkonfiszierung und das Verhindern von Subsistenzwirtschaften sind ebenso wie die wachsende Praxis von Monokulturen wirtschaftlicher Missbrauch. Genetisch verändertes Saatgut und der intensive Einsatz von Pestiziden sind extraktive Produktionsmodelle mit hohem Risiko für Menschen und Umwelt.

Wir rufen Kirchen dazu auf, sozial-ökonomische Gerechtigkeit und Umweltgerechtigkeit als Schlüsselaufgaben für ihren Auftrag zu begreifen. Es sind Räume für Reflexion, Auseinandersetzung und Alternativvorschläge aus einer Befreiungsperspektive auf Landwirtschaft und Landnutzung zu schaffen.

Wir verpflichten uns, Seite an Seite mit solchen Bewegungen zu kämpfen, die gesundere Land-Mensch-Beziehungen anstreben, zu helfen, die Agrarpolitik unserer Kirchen und Gesellschaften weiterzuentwickeln und diese Themen in Bildungsprogramme zu integrieren. Dabei sollten die Bemühungen berücksichtigt werden, die UN-Erklärung über die Rechte der Landwirte anzuerkennen und umzusetzen.

III. Interreligiöse Solidarität für Gerechtigkeit in Palästina/Israel

„Barmherzigkeitsgefäße zu sein, dazu hat Gott uns herausgerufen – nicht nur aus dem jüdischen Volk, sondern auch aus den anderen Völkern"
(Römerbrief 9,24)

Wir glauben mit dem Apostel Paulus, dass im Messias Jesus die ethnischen, Klassen- und Gendergegensätze und Machtasymmetrien überwunden sind (Galaterbrief 3,28). Wir sind überzeugt, dass der nach-

Gerechtigkeit allein!

konstantinische christliche Antijudaismus und speziell Luthers abscheuliche und grausame Pamphlete gegen die Juden, die von den Nazis als Rechtfertigung für ihren Mord an Millionen von Menschen benutzt wurden, ein Verbrechen gegen die Menschlichkeit darstellen. Aber wir sind auch der festen Überzeugung, dass ChristInnen und Kirchen diese Verbrechen nicht damit wieder gut machen können, dass sie zu den nicht hinzunehmenden Verletzungen der Menschenrechte und des Völkerrechts schweigen, die der Staat Israel durch seine Kolonisierung des historischen Palästinas über die von der UNO anerkannten Grenzen hinaus und durch die ethnischen Säuberungen an Palästinenserinnen und Palästinensern zu verantworten hat.

Wir bekennen, dass wir selbst Teil dieser langen Geschichte des christlichen Antijudaismus und auch des Schweigens der christlichen Kirchen angesichts der unerträglichen Unterdrückung der Palästinenser sind.

Wir verwerfen alle Formen von Antisemitismus und gleichzeitig alle Theologien, die die Enteignung und andauernde Unterdrückung der Palästinenser unterstützen und legitimieren. Ebenso verwerfen wir die dem Schweigen der Kirchen zugrunde liegende Kirchentheologie, die Versöhnung und Dialog ohne Gerechtigkeit predigt.

Wir rufen unsere Kirchen, einschließlich der EKD, dazu auf, Luthers antijüdische Schriften öffentlich zu verwerfen und sich gleichzeitig klar an die Seite ihrer Schwesterkirchen und Menschen aus allen Glaubensgemeinschaften in Palästina/Israel und weltweit zu stellen, die ihre Regierungen dazu herausfordern, alle Hilfsprogramme und Kooperation mit dem Staat Israel an die Befreiung Palästinas im Sinn der Beschlüsse der UNO und der grundlegenden Prinzipien der Menschenrechte zu binden. Dies wird auch dazu helfen, den Staat Israel davon zu befreien, Unterdrücker zu sein und Wege für eine gemeinsame Stadt Jerusalem zu öffnen. Wir bitten alle Kirchen, dem Beispiel der vielen Kirchen u.a. in den USA, Südafrika, Schottland zu folgen, die die gewaltfreien Maßnahmen des Boykotts, der Desinvestition und der Sanktionen (BDS) unterstützen, wie sie von der palästinensischen Zivilgesellschaft schon 2005 gefordert wurden. Dieser Aufruf wurde 2009 von den Kirchen der Region bekräftigt und sollte heute verstärkt werden – angesichts der nunmehr 50 Jahre illegaler Kolonisierung des Westjordanlands und der unmenschlichen Blockade des Gazastreifens. Wir bitten die Kirchen auch, klare Standards für alle kirchlichen Reisen ins Heilige Land zu entwickeln.

Wir verpflichten uns, für Frieden und Gerechtigkeit in Palästina/Israel zu beten und auf allen genannten Ebenen zu arbeiten, um diesen theologischen und politischen Verpflichtungen selbst gerecht zu werden. Das schließt die Herausforderung ein, bekennende Kirche zu werden, sich in gewaltfreiem zivilen Ungehorsam zu engagieren, Flüchtlinge aus der Region aufzunehmen und mit Menschen jeden Glaubens und jeder Überzeugung zusammenzuarbeiten, um dort und hier eine Kultur des Lebens zu entwickeln.

IV. Gerechtigkeit durch gewaltfreie Aktion

»Frieden hinterlasse ich euch. Meinen Frieden gebe ich euch«
(Joh 14,27)

Wir glauben, dass das Evangelium seinem Wesen nach das „Evangelium des Friedens" ist (Epheserbrief 6,15). Bei diesem Frieden geht es nicht allein um den Frieden der Menschheit mit Gott, sondern auch um den Frieden unter den Menschen und mit der Schöpfung. Das Evangelium ist gewaltfrei – verheißend, einladend, willkommen heißend, bezeugend – niemals Zwang ausübend oder nötigend. Angesichts der gegenwärtigen Krisen bedeutet das: Frieden auf der Basis von Gerechtigkeit.

Wir bekennen, dass gewaltfreie Aktion ein wesentliches Merkmal des christlichen Zeugnisses in der Welt ist. Gewalt kann niemals als Mittel zur Erreichung eines Zieles dienen, denn Gott hat alle Dinge mit sich versöhnt (Kolosserbrief 1, 29f.). Frieden praktizieren bedeutet, teilzunehmen an disziplinierter und organisierter gewaltfreien Aktion, um auf spezielle Kontexte einzuwirken, die sozialen Wandel nötig haben.

Wir verwerfen alle Formen von Gewalt – strukturelle, technische, militärische, physische und psychologische Gewalt jeder Art, ebenso den Missbrauch von Religion für die Rechtfertigung von Gewalt. Weiter verwerfen wir den internationalen Waffenhandel, der Gewalt rund um den Globus aufrecht erhält. Wie universal Gewalt ist, wird besonders in der vorherrschenden Praxis deutlich, andere als „Feinde" zu identifizieren, insbesondere, wenn man andere zu Sündenböcken macht. Jesus starb als der endgültige Sündenbock, um die Spiralen der Furcht zu beenden, die uns dazu führen, andere zu Sündenböcken zu machen. Dieses gewaltfreie Verständnis des Kreuzes brauchen wir dringend in diesem historischen Augenblick.

Wir rufen unsere Kirchen auf, den Segen von Gottes ganzheitlichen Frieden (Schalom/Salaam) zu empfangen: Leben spendende Beziehungen mit Gott, anderen Menschen und der ganzen Schöpfung. Frieden zu praktizieren bedeutet, ohne Gewalt zu leben, zu sprechen und zu handeln. Frieden praktizieren beginnt damit, wie man spricht – ohne rhetorische Gewalt. Frieden praktizieren bedeutet das Tun des Gerechten: zuhören, willkommen heißen, vergeben, teilen, geben, heilen, barmherzig sein und helfen. All dies sind Taten des Widerstands gegen Gewalt. In diesem Kontext sind wir gerufen, gegenseitigen und bewussten Dialog aufzubauen – besonders im Blick auf die Verschiedenheit von Herkunft, Volkszugehörigkeit, Geschlecht, Ethnie, politischer Loyalität und besonders Religion – um gegen Vorurteile und Stereotype anzugehen, damit Menschlichkeit und harmonisches Leben wachsen können.

Wir verpflichten uns, am gemeinsamen Leben aller teilzunehmen – in einer politischen Gemeinschaft, die einzig durch friedliche Handlungsweisen und das Aussprechen der Wahrheit charakterisiert ist. Außerdem verpflichten wir uns, die nächste Generation – Kinder und Jugendliche – zu befähigen, Gewalt abzulehnen. Frieden praktizieren bedeutet, nachhaltig die Bemühungen der „Dekade zur Überwindung von Gewalt" aufrecht zu erhalten und dabei realistisch die eigene Verantwortung einzuschätzen, weil nur so Frieden in der Welt gelingen kann.

V. Gerechtigkeit durch Widerstand und Transformation

*„Denn er ist unser Friede.
Er hat aus beiden, Fernen und Nahen, ein Volk gemacht
und die trennende Zwischenwand eingerissen.
Die Feindschaft überwand er durch sein Leben"*
(Eph 2,14)

Wir glauben, dass die reformatorischen theologischen Einsichten Menschen aus Furcht und Gefangenschaft im herrschenden System befreien und uns ermächtigen, uns für Gerechtigkeit und das Gemeinwohl einzusetzen, und zwar für Mitmenschen in der ganzen globalen Gemeinschaft. Luther setzte sich mit den systemischen Herausforderungen seiner Zeit auseinander. Genau das müssen wir heute auch tun.

Wir bekennen, dass wir zu oft diejenigen, die nicht wie „wir" glauben, aussehen oder leben, so ansehen, als seien sie nicht nach dem Bild Gottes geschaffen. Dieser Dualismus des „Wir" gegen „Sie" steht in direktem Gegensatz zum Herz des Evangeliums. Wir versuchen, wirksamere Vermittler der öffentlichen Implikationen dieses Evangeliums zu sein, das diejenigen hätte umwandeln können, die – aus Wut und Frustration – auf populistische Aufrufe reinfallen, die denjenigen die Schuld zuschieben, die verschieden von uns sind.

Wir verwerfen Ausdrucksformen „völkischer" Selbstbezogenheit und Fremdenfeindlichkeit, die heutzutage viele Menschen anziehen. Wir verwerfen auch, dass Religion dazu missbraucht wird, andere auszugrenzen oder auszubeuten, statt Brücken zu Menschen anderen Glaubens und anderer Herkunft zu bauen.

Wir rufen Kirchen und Erziehungsinstitutionen auf, eine befreiende öffentliche Theologie zu pflegen, die effektiv und transformativ auf die systemischen ökonomischen, politischen und ökologischen Ungerechtigkeiten einwirken und sie überwinden helfen kann. Denn diese sind Grundursachen für das vielfältige Leiden von Menschen. Wir rufen auch dazu auf, die Regierungen für diese Ungerechtigkeiten zur Rechenschaft zu ziehen.

Wir verpflichten uns, mit MigrantInnen, unseren neuen Nachbarn, als Gleiche unter Gleichen zu leben, Beziehungen zu entwickeln und offen dafür zu sein, uns durch diese Beziehungen verändern zu lassen.

Wir bitten Gemeinden und andere Gemeinschaften dringend, sich in kritischen Bibelstudien mit den systemischen Herausforderungen in ihren lokalen und globalen Kontexten auseinanderzusetzen. So können sie Menschen dazu ermutigen, Systeme, die ihr Leben beeinflussen, kritisch wahrzunehmen und zu reflektieren, ihnen Widerstand entgegenzusetzen und sie zu transformieren, damit Würde und Gerechtigkeit für alle Wirklichkeit werde.

"Ohne Öffentlichkeit gibt es keine Kommunikation"
(Chaim Potok)

Verlagsanzeige

WDL VERLAG
Der Verlag für die Freikirchen
Ein Spezialist für kleine Auflagen

Wenn Sie ein Buch veröffentlichen wollen, schreiben Sie uns oder rufen Sie uns an! Ob es eine Dissertation, eine Festschrift, ein Gedichtband, Ihre Memoiren oder einfach „Ihr" Roman ist, fragen Sie uns. Vielleicht passt Ihr Buch in unser Programm. Eine moderne Verlagskonzeption erlaubt selbst bei niedrigen Auflagen hohe Qualität zum guten Preis.

Folgende Reihen und Rubriken sind vorhanden:

> Freikirchliche Beiträge zur Theologie
> Ökumenische Existenz in Berlin-Brandenburg
> Biographien: Mein Leben - ein Buch
> Glauben - Leben - Lernen
> Texte der Mission
> Wissenschaft im Gespräch
> Dokumente der Freikirchen
> Christliche Lyrik und Psalmen

Wir beraten Sie in allen Stadien Ihres Projektes und sorgen für die termingerechte Veröffentlichung im Buchhandel. Rufen Sie uns an:

> WDL-Verlag
> Dr. Dietmar Lütz
> Holsteiner Chaussee 243 a
> D-22457 Hamburg
> Tel.: (040) 9479 2525
> Fax: (040) 9479 2526
> e-mail: info@wdl-verlag.de

BITTE BESUCHEN SIE UNSERE WEBSITE MIT GESAMTKATALOG
www.wdl-verlag.de

Verlagsanzeige WDL-Verlag

DIESE BÜCHER KÖNNTEN IHNEN GEFALLEN:

Klaus Hägele
Deiner wart ich mit Verlangen

Mystische Spiritualität entdecken mit dem Evangelischen Gesangbuch

Mystik kommt von dem griechischen Wort "Myein" und bedeutet "die Augen schließen". Mystik heißt also mit allen Sinnen Gott wahrnehmen und ist die wartende Offenheit für Gottes Einfälle in unser Leben. Eine Schatztruhe für Liebhaber des evangelischen Liedgutes.

ÖEBB Bd. 7, 132 Seiten
Preis: EUR 12,50
ISBN 978-3-86682-103-3
ISSN 1439-1910

E. Geldbach, M. Wehrstedt, D. Lütz (Hgg.)

Religions-Freiheit
Festschrift zum 200. Geburtstag
von Julius Köbner

m. Beiträgen von
E. Geldbach, A. Strübind, K.H. Voigt, W.E.Heinrichs, G. Balders, E. Lüllau, Th. Lorenzen, E. Rockel, H. Kelbert, E. Malessa, B. Hylleberg, W. Bruske, M. Wehrstedt, B. Wittchow, D. Lewin, V. Bonnis, A. Kallweit, R. Pöhler, D. Dahm, I. Traudisch, D. Lütz
WDL-Verlag, 2006
ISBN 978-3-932356-90-2
392 Seiten

PREIS: EUR 20,00

BESTELLUNGEN UND ANFRAGEN AN:

WDL-Verlag, Holsteiner Chaussee 243a, D-22457 Hamburg.
Tel.: 040 - 9479 2525   Fax: 040 - 9479 2526
e-mail: info@wdl-verlag.de
Gesamtkatalog: www.wdl-verlag.de